# 딥 라이프

# DEEP LIFE 딥라이프

**삶의 깊이를 더하는 3가지 인생 질문**

**초 판 1쇄 2026년 01월 22일**

**지은이** 이다연
**펴낸이** 류종렬

**펴낸곳** 미다스북스
**본부장** 임종익
**편집장** 이다경, 김가영
**디자인** 임인영, 윤가희, 윤영빈
**책임진행** 이예나, 안채원, 김은진, 국소리, 송가희, 이지영

**등록** 2001년 3월 21일 제2001-000040호
**주소** 서울시 마포구 양화로 133 서교타워 711호, 808호
**전화** 02) 322-7802~3
**팩스** 02) 6007-1845
**블로그** http://blog.naver.com/midasbooks
**전자주소** midasbooks@hanmail.net
**페이스북** https://www.facebook.com/midasbooks425
**인스타그램** https://www.instagram.com/midasbooks

ISBN 979-11-7355-669-2 03190

값 18,500원

**미다스북스**는 다음세대에게 필요한 지혜와 교양을 생각합니다.

삶의 깊이를 더하는 3가지 인생 질문

# DEEP LIFE

딥 라 이 프

이다연 지음

미다스북스

더 깊고 행복한 삶으로 나아갈

_____을(를) 위하여

# DEEP LIFE

# 인생 사색으로 깊어지는 삶,
# 더 행복해지는 우리

**행복 집착 시대, 그럼에도 행복하지 않은 우리**

저는 모두가 행복하면 좋겠습니다. 타인이 제 곁에서 안전해지고 편안해질 때, 저는 보람을 느낍니다. 그래서 제 시선은 종종 자신보다도 세상을 향합니다. 누군가 마음이 아프다면, 그것만큼 제게 중대한 사안은 없습니다. 삶을 열심히 사는 이유는 주변 사회가 저로 인해 조금 더 나아지고 행복해지는 모습을 보고 싶기 때문입니다. 저를 향해 있는 얼굴에 미소가 번져가면 좋겠어서 오늘을 기꺼이 살아냅니다.

이러한 제 관심 대상은 자연스레 사회 전체로 확장되었습니다. 제게는 '모두가 행복해졌으면 좋겠다.', '스스로를 괴롭히지 않았으면 좋겠다.'라는 소원이 있습니다. 하지만 비교적 짧게 살아온 제게도 선명히 들리고 보이는 것들이 있습니다. 바로 절규에 찬 신음과 고통에 허덕이는 현대인들입니다.

현대 사회는 우리를 끊임없이 위로, 더 위로 몰아붙입니다. 잠시라도 멈추면 뒤처질까 두렵게 만듭니다. 매몰찬 세상 속에서 우리 안의 '인간다움'은 점점 말라갔습니다. 서로의 아픔을 돌보는 공동체는 사라지고, 홀로 견뎌야 하는 외로움만이 남았습니다. 이제 사람들은 서로에게 적이 되고 말았습니다. 누군가가 크게 벌면 누군가는 잃게 되는, 잔인한 제로섬 구조가 만연해진 사회입니다. 자원은 한정되어 있고, 인간의 욕심은 끝이 없으니까요.

왜 우리는 더불어 살아가지 못하는 지경에 이르렀을까요. 한 가지 이유는 분명합니다. 행복해지고 싶어 하기 때문입니다. 사람들은 모두 각자의 방식대로 행복을 추구합니다. 하지만 행복에 대한 오해들이 빚어진 결과, 타인의 안위보다 당장의 이득을 보는 것이 스스로를 위하는 길이라는 인식이 굳어지고 말았습니다.

공동체주의가 강했던 지난 어떤 날들보다도 오늘날의 행복 추구 경향성은 가히 집착이라고 불릴 정도로 부피를 키웠습니다. 그러나 참, 이상한 일입니다. 우린 더 행복해지지 않았습니다. 아이러니하게도 고통을 호소하는 목소리는 줄지 않았습니다. 우울증과 생존 불안에 시달린다는 소식은 해결될 기미가 보이지 않습니다. 저는 이 지점에서 무언가 잘못됨을 느꼈습니다.

## 책의 목적과 구성

이 책은 현대인의 '행복'에 대한 잘못된 고정관념과 오해를 바로잡기 위해 썼습니다. 나아가 목적의식과 가치관, 그리고 삶의 태도에 대한 사색으로 완성되는 가장 행복하고 인간다운 삶을 전하기 위해 썼습니다.

가짜 행복이 여러분의 삶에서 갖는 절대적인 권위에 맞서고, 생존과 번식 중심으로만 흐르던 삶에서 위축되었던 인간성 회복의 단초를 마련하여, 여러분이 진짜 주체적이고 자율적인 '깊은 삶'을 살 수 있도록 격려하는 것이 책의 목적이라 할 수 있겠습니다.

　내용은 얕은 삶에서 벗어나기, 깊은 삶으로 나아가기, 깊은 삶 완성하기 순서로 구성했습니다. 이 구조는 인생 사색 질문, '왜 살 것인가, 무엇으로 살 것인가, 어떻게 살 것인가.'에 대한 답을 찾아가는 과정으로 흘러갑니다.

　이 책은 어떤 획일적인 답이나 기술적 방법론을 제시하고 있지는 않습니다. 가장 본질적인 부분인 '의식 변화'에 중점을 두어 독자 여러분이 각자의 답을 찾을 수 있도록 개인적인 통찰과 근거 그리고 결론과 제안을 담았습니다. 책을 읽으시면서 때로는 반론을 제기하고 싶으실 수도 있고, 공감을 표하고 싶으실 수도 있습니다. 새롭게 알게 된 바도 있으실 테죠. 취할 부분은 취하고 버릴 부분은 과감히 버리시길 부탁드립니다. 그리고 각자만의 통찰과 사색으로 새로운 파트를 쓰시길 바랍니다. 열린 결말로 펼쳐지는 각자의 인생 속 '나만의 답'은 결국 본인만이 정할 수 있기 때문입니다.

　왜 살 것인가, 무엇으로 살 것인가, 어떻게 살 것인가. 이 물음은 여러분을 지치게 하려는 것이 아니라 여러분을 살리기 위해 던지는 질문입니다. 이 책을 통해 각자만의 질의응답 시간이 시작되었으면 좋겠습니다. 3가지 인생 질문을 마주하고, 기존 상식에 균열이 발생해 새로운 생각이 피어나는 계기가 생기면 좋겠습니다. 우리를 괴롭혀오던 기존 방식과는 다른 삶의 형태가 시작되면 좋겠습니다. 그럼으로써 각자의 삶이 더 깊어지기를 바랍니다. 니체가 '왜 사는지 아는 사람은 어떤 상황도 견뎌낼 수 있다'라고 말했듯 어떤 시련이 와도 버틸 굳은 심지가 생기기를 바랍니다. 덜 아프게, 더 의미 있게 살아가기를 바랍니다.

우리는 지금 그 길의 문턱에 서 있습니다. 주체적으로 삶을 설계하고 살아내는 '깊은 삶'의 현장에서, 어느 화창한 날에 밝게 웃으며 만나기를 고대하겠습니다.

# 제 인생 공부는
# 이렇게 시작되었습니다

## 더불어 살고 싶다는 마음에서 시작된 인생 공부

산다는 것은 생명체의 필수 기관이 훼손되지 않는 이상 지속되므로 의식할 필요 없이 자연스레 이어지는 현상입니다. 이미 태어난 이후이므로, '산다'라는 개념은 그리 특별한 생각 주제로 떠오르지 않습니다. 저도 그랬습니다. 지극히 자연스러운 일이었기 때문에 구태여 살아있다는 사실을 의식하지 않은 채 제 행복을 위해 살았던 나날이었습니다.

중학생 때까지는 학생의 신분을 가진 청소년으로서 시험 기간에는 열심히 공부하기, 평소에는 친구들과 신나게 웃고 떠들기, 가끔 소소한 일탈들에 설레면서 잠에 들기를 반복했습니다. 학생, 아직 보호받아야 할 청소년, 학교를 다녀야 하는 의무가 있는 존재. 정체성에 따른 모든 기능에는 어떠한 오류도 발생하지 않았고, 저는 착실하게 제 정체성이었던 '학생'의 역할을 이행했습니다.

하지만 이 익숙한 '산다'라는 개념에 '고통'과 같은 비정상적인 이벤트가 발생한다면, 말은 달라지더군요. 도구를 쓸 때 사용자는 고장나기 전까지 원리를 들여다보지 않습니다. 그러나 도구에 이상이 생기는 순간, 쓰는 이는 오류를 바로잡기 위해 도구를 뜯어보고 분석합니다. 그러면서 도구에 대해 더 자세히 알게 되기도 하고 올바른 사용법도 익히게 되기도 합니다.

'산다'라는 것도 마찬가지였습니다. 고등학교에 진학한 뒤부터 제 '산다'라는 기능에는 자꾸 오류가 발생하기 시작했습니다. 삶에 '고통'이 끼어들기 시작한 것입니다. 대인 관계나, 만족 지연 등의 차원이 아닌 존재 목적 자체가 뒤흔들리는, 저를 둘러싼 세상이 통째로 신음하는 그런 고통이었습니다. 되돌아보면 이는 사르트르가 말한 '실존적 공허'였던 것 같습니다. 이 감각은 단순히 '텅 비어있다'는 느낌이 아니었습니다. 어떠한 이유도 없는데 영문도 모른 채 고문 받고 있는 기분과 비슷했습니다.

## 고통스러웠던 경주마의 삶

저는 24시간 입시 경쟁 체제 모드에 돌입하면서 처음으로 구조와 환경에 지배 받는 인간의 한계를 마주했습니다. 같은 처지에 놓여있던 동급생들을 잠재적 라이벌이라고 생각해야 하고, '친구'라는 관계에서도 그 존재를 있는 그대로 사랑할 수 없게 만드는 입시 경쟁 구조. 좋은 성적을 얻기 위해 경쟁을 해야 하고, 내가 잘나기 위해선 필연적으로 내 옆 친구가 못나야 하는 경주마의 삶은 너무 괴로웠습니다. 심지어 그렇게까지 해서 갖고 싶은 것도 없었습니다. 명문 대학, 높은 연봉, 좋은 집, 비싼 차…. 순간은 기쁘겠지만 '갖는다'라는 소유감은 꽤나 부질없을 것이라고 생각했습니다. 그래 봤자 뇌 호르몬 분비 현상에 불과한 것 아닌가요. 부자가 되기 위해 지금 이 순간을 악하게 그리고 생각 없는 기계처럼 살아야 한다면 차라리 당장 삶을 중단하는 것이 낫겠다고 생각했습니다. 부자가 되어 좋은 집에 살고 좋은 차를 끈다고 해도 사실상 얻어지는 것은 일말의 행복감과 생존에 대한 만족감뿐일 텐데. 그런 삶이 과연 화합과 사랑, 헌신보다 경쟁과 질투, 자책, 배척을 먼저 배워야 할 만큼의 정당성을 지니고 있는지 의문이 들었습니다.

학교는 국영수사과 외에는 가르쳐주지 않았습니다. 공부에 방해되는 모든 사유와 사건들은 묵살됐습니다. 삶을 사는 것에 필요한 물음과 논의, 생각의 발전과 인간으로서 가져야 할 성숙함, 인간성, 화합 같은 건 시험 성적보다 중요하지 않은 것으로 다뤄졌습니다. 우리 사회는 '학교를 나와야 인간 취급해준다'라고들 말합니다. 하지만 학교에서도 정작 '인간'에 대한 건 크게 배우지 못했습니다. 그런데도 졸업장 하나로 인간 취급을 받는다는 것에는 굉장히 석연치 않은 구석이 있었습니다. "'인간'이 무엇인데요?" 대답해주지 못하는 학교. 하지만 학교는 나와야 '인간' 취급. 씁쓸한 일이었습니다.

선생님들은 매번 "나중에 하고 싶은 것이 생겼을 때, 무언가 간절히 바라는 것이 생겼을 때, 후회하지 않으려면 지금 공부해야 한다"라고 말했습니다. 이 말은 합당하게 들리기도 합니다. 하지만 어떻게 살지는 아무도 모르는 일 아닌가요. 카이스트 대학의 김대식 교수는 AI 관련 강의에서 바보상자라고 불리던 TV를 보고 자란 덕에 영화감독이 될 수 있고, 만화를 보며 자란 덕에 웹툰 작가가 될 수 있는 것이라며 일부 사람들에게만 잘 맞는 '공부 위주의 교육'을 모든 이에게 적용하는 체제는 잘못되었다고 말했습니다. '공부해야 한다'라는 것을 마치 정해 놓았다는 듯이 당연하게 요구하는 선생님들. 하지만 제가 미래에 어떻게 살 줄 알고 '경쟁'이라는 고통을 감내해야 한다는 것인지, 저는 도통 이해할 수 없었습니다. 불확실한 나중을 위해 주체성을 빼앗긴 채 공부를 하게 만들고, 자립심과 정신적 성숙함을 등한시한다는 것은 참으로 어리석은 일이라고 생각했습니다.

　공부를 시켜주는 교육 기관이 싫었던 것은 아닙니다. 사실 저는 공부하는 것 자체는 좋아했던, 말 그대로 재밌어서 공부한 사람이었습니다. 단지 저는 국영수사과가 인생의 전부인 것처럼, 본질적 사유를 덮어두는 한국 교육에 의문이 들었을 뿐입니다. 작은 사회라는 학교에서조차 같은 운명을 지고 사는, 가장 가까운 친구조차 생존의 적으로 인지하게 만드는 교육이 너무 싫었습니다. 학교마저도 이러한데, 더 큰 사회는 얼마나 서로를 죽이지 못해 안달일지. 고등학교 2학년이었던 저는 다음과 같은 생각으로 공허감에 시달린 채 기숙사 생활을 해야 했습니다.


　　　"공부를 잘해야 하는 이유는 좋은 대학에 가고, 좋은 직장에 들어가서, 좋은 남편을 만나, 좋은 집에서 좋은 가정을 꾸려서, 아이가 의대에 입학하도록 어려서부터 대치동 학원에 보내고, 그렇게 떵떵거리며 살다가 '인생 잘 살았다' 하고 만족하면서 죽기 위함인가? 그렇다면 우리가 인생을 이토록 열심히 살아야 하는 궁극의 이유는 그냥 남들보다 좀 더 잘나기 위해서인가? '우월하다'라는 감각을 느끼는 것이 그렇게도 중요한가? '비참하다'라는 감각을 느끼는 것이 그렇게도 혐오스러운가? 그게 왜 중요한가? 감정은 주관적이고 인식의 전환을 통해 충분히 해소할 수 있는 영역인데 왜 정신과 감정까지도 외부 환경에 내맡기어, 어떤 조건은 비참하지 않고, 어떤 조건은 비참하다고 생각하며 인생의 주도권을 빼앗긴 채 살아야 하는가? 물질적인 풍족 그리고 뇌의 행복 호르몬 분비가 지금의 고통을 정당화 시켜줄 만한 가치인가? 누군가를 짓밟는 경쟁을 계속 이어 나가면서까지 내 세계를 완성시켜야 하는 것일까. 누구에게 잘 보이려고 인생을 그렇게 가꾸는 것일까. 그건 자기만족인가? 자아실현 같은 가치가 정말 중요할까? '내가 내게 인정받기 위해 내 삶을 가꾼다'라는 자기만족을 이유로 대곤 하지만 우리는 대개 많은 영역에서 스스로에게 떳떳하지 못다. 우리 사회는 '신독'[1]의 자세가 너무 결여되어 있다. 누가 보지 않는다면, 다른 사람이 간섭하지 않고 피해가 가지 않는다면 부끄러울 만한 행동을 서슴없이 한다. 감추면 그만이라고 생각하기 때문이다. 그런데도 삶을 완벽하게 꾸리고 싶어하는 이

---

1    홀로 있을 때에도 도리에 어그러짐이 없도록 몸가짐을 바로 하고 언행을 삼감.

유를 자기만족이라고 할 수 있을까?

자기만족이라고 할 수 있다 쳐보자. 우리는 과연 무엇 때문에 스스로를 만족시켜야 하는 것일까. 개인 본연의 욕구가 타인의 존재보다 소중한가? 타인이 존재하지 않는다면 인간은 살아갈 수 없다. 욕구가 존재하지 않아도 인간은 살아갈 수 없다. 타인과 욕구는 한 명의 개인을 정상적으로 살아갈 수 있게 만든다. 하지만 우린 우리의 욕구 때문에 타인을 짓밟는다. 우리는 과연 무엇을 사랑하고 있고 무엇 때문에 살아가야 하는 것일까."

어느 날, 저희 학교는 큰 슬픔에 뒤덮였습니다. 한 다리만 건너면 아는 친구가 극단적 선택을 했다는 소식을 접했기 때문입니다. 평소 그 아이와 가깝게 지냈었던 제 친구는 눈물을 멈추지 못했습니다. 사유는 쉽게 짐작해볼 수 있듯, 성적 압박이었다고 합니다. 아아, 정말이지 제 안에서는 무언가 잘못되어 가고 있다는 생각이 멈추질 않았습니다. 이 사회에 형성된 어떤 기조가 우리를 망치고 있음이 분명했습니다.

저는 알고 싶었습니다. 어떻게 살아야 인간으로서 의미 있게 사는 것인지를 파악하고 싶었습니다. 고통스러운 원인을 찾고 해결 방안을 알아내어 저를 포함한 모두가 비로소 행복해지는 것을 두 눈으로 확인하고 싶었습니다. 왜냐하면 저는 사회가 만들어 놓은 시스템 안에서 불행했기 때문이며, 그러했던 것은 비단 저 혼자만이 아닌 것처럼 보였기 때문입니다. 주변 사람들이 아파하고 힘들어하는 이유를 반드시 알고 싶었습니다. 원인도 없이 불구덩이에서 고통을 받아야 하는 존재는 지구 상 그 어디에도 없습니다. 해결 방안. 해결 방안이 필요했습니다.

그래서 전 고장난 샤프를 뜯어보는 것처럼 '산다'라는 개념에 대해 집 착하듯이 사유하기 시작했습니다. 왜 살아야 하는지, 무엇으로 살아야 하는지, 어떻게 살아야 하는지에 대해 끊임없이 자문했고 탐구했습니다. 저와 주변 사람들의 괴로움의 원인을 관찰했고, 좋은 삶이란 무엇인지, 진리적 가치는 무엇인지, 어떤 것에 몰입하면서 살아야 하는지를 공부했습니다.

그렇게 삶에 대한 올바른 답을 찾고자 하는 한 청년의 치열한 인생 공부가 시작되었고, 이 책이 탄생하게 되었습니다.

# Part 1

얕은 삶에
머무르는 우리

### 우리, 이대로 살아도 괜찮을까요?

우리는 살면서 숱한 고통과 좌절을 겪습니다. 자원은 한정되어 있고 노력하지 않으면 내일이 불안정해질 것이란 불안이 올라옵니다. 그런 상태에서는 자연스럽게 '고통이 없는 상태'를 지향하게 됩니다. 권력과 물질, 행복과 쾌락을 좇는 사회의 소란함은 어쩌면 '그만 고통스럽고 싶어요.'라는 신음일지도 모릅니다.

그러다 간간히 찾아오는 행복이라는 감정, 얼마나 달콤한지요. 힘들기만 했던 삶이 갑자기 살 만하게 느껴집니다. 그렇게 고통의 부재를 위한 현대인들의 셀프 처방전은 '조건부 행복'에 대한 집착으로 이어졌습니다.

그런데 조건부 행복 정신은 삶을 조건 달성 게임으로 전환시켰습니다. 이 게임 속에서 현대인들은 자연이 심어둔 본능, '생존과 번식'만을 목적으로 두고 살아가게 되었습니다. 이로 인해 우리는 더욱 불행해졌고, 이성과 개별성, 주체성 같은 인간적 요소를 잃고 말았습니다.

# Chapter 1

## 우리는 정말
## 잘 살고 있는가?

# 1

# 행복 집착 시대

"새로운 집단적 우매함이 서양 사회를 침범하고 있다. '행복합시다.'라고 떠
드는 행복교가 그것이다. 행복해야만 한다는 의무가 새로운 이데올로기
로 등장한 것이다."

- 파스칼 브뤼크네르

인생은 고통이다.

쇼펜하우어는 이렇게 말했습니다. 요즘 사회를 둘러보면 크게 틀린
말은 아닌 것 같습니다. 저성장·고물가·고금리가 세계 경제를 짓누르
면서 사람들은 생존에 위협을 느끼고 있습니다. 청년층 체감 실업률을
두고 '고용 시장에서 약자인 청년들이 느끼는 어려움이 너무 크다'라는
말이 나올 정도로, 무한한 가능성을 지니고 있다는 청년들의 취업에는
빨간 불이 꺼지지 않고 있습니다.

어떻게 변동될지 알 수 없는 경제 속에서 현대인들은 단 하루도 마음
을 놓지 못하고 있습니다. 서울 집값은 하늘 높은 줄 모르고 치솟습니

다. 연일 쏟아지는 코스피 급락 소식에 사람들은 '경제가 언제쯤 좋아질까'라는 걱정과 숨이 턱 막히는 듯한 압박을 견딥니다. 그러다 국내 증시에 잠깐이라도 그린라이트가 켜지면, 이번엔 '나만 이득 창출의 황금 기회를 놓치면 어떡하지?'라는 'FOMO(기회 상실에 대한 공포)'가 불안을 밀어 올립니다. 살아남기 위해 움츠리다가도 뒤처질까 두려워 다시 뛰어들게 되는 이 모순된 압력이 사람들을 몰아붙였고, 이는 결국 사상 최대 규모의 '빚투(빚내서 투자하는 방법)' 열풍으로까지 번졌습니다.

'언제 잘릴지 모른다'라는 위협을 느끼게 하는 글로벌 기업의 대규모 해고 소식과 일자리를 언제 빼앗을지 모르는 AI의 발전은 양쪽에서 심리적 안전망을 좁혀옵니다. 학교에서의 입시 경쟁은 취업 전쟁으로 이어지고, 직장에서는 실적 그래프와 연봉이 인간의 가치를 대신하는 실상이 이어지고 있습니다. 일상을 공유하며 유대감을 다지도록 고안된 SNS 플랫폼조차 또 다른 전장이 되었습니다. 더 화려하고 안정적으로 보이는 타인의 삶에, 이보다 더 잘나야 된다는 강박과 상향 비교는 끊이지 않고 있습니다.

### 현대인의 목적의식, 행복

이런 상황 속에서 '산다는 것'이란 때로는 버겁게 느껴집니다. 사회를 떠나고 싶다는 마음마저 들게 합니다. 그래서 저는 종종 만나는 사람마다 같은 질문을 묻곤 했습니다. 왜 살아가느냐고. 궁극적인 꿈이 무엇이냐고. 무엇이 당신을 버티게 만들고, '내 삶 전체를 견인한다'고 느끼게 하냐고. 인간은 목표 지향적인 존재라 모든 행동에는 목표와 목적이 따른다고 합니다. 그렇다면 가장 근본적인 행위인 '산다는 것'에도 목적이 있어야 하지 않을까 싶었습니다.

질문을 받았던 몇몇 사람들은 질문의 효용성 자체를 이해하지 못했습니다. 태어났으니 사는 것이지, 그 이상의 이유가 필요하냐고 반문했습니다. 이유를 생각하다 보면 공허함만 느껴지니, 굳이 그런 고민을 하는 것은 쓸모가 없다는 것입니다. 그냥 잘 살기 위해 최선을 다하면 그게 전부이지 않겠냐고요.

그 외 대부분은 '삶에 명확한 목적이 있다'라고 말했습니다. 그리고 그 답으로 여러 가지를 내놓았습니다. 버킷 리스트 전부 이루기, 단란한 가정 꾸리기, 건물주 되기, 큰 자산 쌓기, 높은 사회적 지위 획득하기, 유명해지기, 집 장만하기, 세계 일주하기, 스포츠카 사기 등. 이는 매력적이었지만 '삶의 목적'이기보다는 '목표'에 가까웠습니다. 목적과 목표는 다릅니다. 목표는 특정 목적을 이루기 위해 설정한 구체적 대상이고, 목적은 삶의 방향성을 규정하는 상위 개념입니다. 저는 해당 목표들을 왜 이루고 싶은지, 즉 목표들을 아우르는 '목적'이 무엇인지 파악하기 위해 차근히 꼬리를 무는 질문을 던졌습니다.

그 결과 인식의 가장 깊은 곳에서 '행복하기 위해 산다'라는 목적의식을 발견했습니다. 사람들은 자신을 행복하게 만들 조건들을 목표로 세워두고 살고 있었습니다.

## 행복 집착의 사회적 단서

사회를 둘러보아도 사람들의 목적의식은 대부분 '행복하기 위함'에 머물고 있음을 알 수 있습니다. 미국에서 진행된 한 *조사에 따르면, 매년 '웰니스(Wellness) 시장'은 전 세계적으로 연간 5~10%씩 성장하고 있습니다. 웰니스는 웰빙(Well-being)과 행복(Happiness), 건강(Fitness)의 합성어로, 단순히 질병이 없는 상태를 넘어, 신체적·정신적·사회적·정서적 건강까지 포함하는 전반적인 삶의 질을 의미합니다. 건강하고 균형 잡힌 삶을 통해 높은 만족도를 추구하는 것이 해당 시장 소비의 주된 목표입니다. 미국 소비자의 82%는 웰니스를 일상의 최우선순위 또는 중요한 우선순위로 여기고 있으며, 이는 영국(73%)과 중국(87%) 응답률과 유사한 수준입니다. 한국도 당연히 이러한 흐름을 따라가고 있습니다. '웰니스' 시장에 가장 많은 소비를 하는 주요 고객층은 MZ 세대로 나타났고, 이를 통해 세대가 지날수록 건강하고 행복한 삶에 대한 관심도가 높아지고 있음을 짐작할 수 있습니다. (※참고: 「McKinsey Future of Wellness Survey」, Aug 2023)

현대의 언어 관습은 사람들의 사고방식을 반영합니다. 몇 년 전부터 '행복'에 관한 신조어와 문화가 큰 인기를 끌고 있습니다. '복세편살(복잡한 세상, 편하게 살자)', '소확행(소소하고 확실한 행복)', '노멀크러시(화려하고 특별한 것보다 평범하고 소소한 일상에서 행복과 만족을 느끼고자 하는 경향성)', '욜로YOLO족(You Only Live Once의 약자로, 불확실한 미래보다 '현재의 행복'을 추구하며 현재를 즐기기 위해 소비하는 사람들을 의미)' 등 행복과 관련한 다양한 용어가 등장했고, 누군가의 안녕을 진심으로 바란다는 의미의 '꽃길만 걸어.'라는 표현은 관용구처럼 굳어졌습니다. 유행하는 표현들을 들여다보면 '행복하게 살고 싶다'라는 간절함이 곳곳에 묻어 있습니다.

소비 문화 사정도 비슷합니다. 정신적 안정과 만족감을 위한 지출은 당연해졌고, 또 중요해졌습니다. 신조어 '쓰담 비용'은 부정적인 감정을 해소하기 위해 충동적으로 지출하는 소비 행태를 일컫는 용어입니다. 구매를 통해 스트레스를 해소하고 만족감을 얻고자 하는 젊은 세대의 욕망을 엿볼 수 있죠.

글로벌 투자은행 모건 스탠리(Morgan Stanley)의 분석에 따르면, 2024년 기준 한국인의 1인당 명품 소비액은 약 325달러로 세계 1위를 기록했습니다. 이러한 소비 패턴은 특정 계층이나 나이대에 국한되지 않고 20~30대의 젊은 층은 물론 10대에서까지 드러났습니다. 전주매일신문에 실린 한 칼럼은 이러한 세태를 '보여 주기식 소비 문화의 가속화', '현 순간의 만족을 중시하는 소비 경향'이라고 분석했습니다. (※참고: 칼럼, 〈한국, 세계 1인당 명품 소비 1위의 빛과 그림자〉)

세계가치관조사(WVS) 데이터를 분석한 한 논문*에 따르면, 세계적으로 삶의 만족에는 '재정 만족'이 영향을 가장 크게 미친다는 인식이 공통적이라고 합니다. 그런데 특히 한국은 '돈이 나를 행복하게 해줄 것이다'라는 인식이 강한 듯 보입니다. 미국의 여론조사기관 퓨 리서치 센터에서 17개 선진국에 사는 성인들을 상대로 '삶을 의미 있게 하는 것은 무엇인가'에 대해 조사한 결과, 타국은 대부분 1순위로 '가족'을 뽑은 반면,

유일하게 한국만 '물질적 번영'을 뽑았다고 합니다. 유독 이 사회가 "경제적 부를 쥐어야 만족할 수 있다."라고 생각하는 경향성이 강한 것입니다. 오랫동안 유지되어 왔던 이러한 흐름에 행복과학계 권위자 에드 디너(Ed Diener) 교수는 한 인터뷰에서 "한국인의 물질중심주의적 가치관은 세계 최빈국인 짐바브웨보다 심하다."라는 비판을 내놓은 바 있습니다. (※참고: 논문 「Life Satisfaction: Insights from the World Values Survey」, 2024)

데이터는 한국의 '재테크 붐' 현상을 적나라하게 보여줍니다. *2022년 기준 한국의 주식시장 연간 거래액에서 개인 투자자가 차지하는 비중은 64%로, 이는 미국과 일본의 두 배 이상의 수치였습니다. 2025년 금융투자협회가 발표한 '주식 거래 활동 계좌 수'는 9533만 3114개로, 이는 국민 1명당 2개의 계좌를 보유하고 있는 셈이라고 합니다. 또한 한국은 2023년에 OECD 노동시간 순위로도 최상위권을 기록했습니다. (※참고: 기사 「Retail investors take up 64% of Korean stock market」, 2023)

우리나라가 이렇게 투자와 노동에 열심을 올리며 돈을 버는 이유는 단순합니다. '돈이 많은 삶이 가장 행복하고 좋은 삶'이라는 인식이 강하기 때문입니다. 서울 청년들이 '좋은 삶(the good life)'을 어떻게 인식하는지를 탐구한 독일의 어떤 논문*에서는 '한국의 젊은 층이 스펙 세대라고 불리고 있다'라며, '중산층의 라이프 스타일 재생산'이 이들에게 가장 중요한 목표로 세워져 있다고 분석했습니다. 서울 명문대 졸업, 서울에 본사를 둔 한국 대기업의 화이트칼라 취업, 이성애자와의 결혼, 아파트 소유 등이 좋은 삶을 만들어줄 것이란 믿음이 강하다는 것이죠. (※참

고: 「Aspiring to the Good Life in Seoul: Ethics and Economics in the Narratives of Young South Koreans」, 2021)

에리히 프롬은 『소유냐, 존재냐』에서 이러한 현상, 특히 자산을 통한 만족감 증대 갈망 현상을 '소유지향적 양식'이라고 표현했습니다. 이는 "돈, 명예, 권력에의 탐욕이 삶의 지배적인 주제가 되어버린 서구 산업 사회 인간들의 특성"을 뜻합니다. 프롬은 소유지향적 인간은 남들보다 자신이 우월하다는 데에서, 힘을 지니고 있다는 인식에서, 그리고 타인을 언제든 정복하고 약탈하고 죽일 수 있는 능력에서 행복을 느낀다고 보았습니다. 그의 통찰은 현대인들이 행복을 마치 탐욕의 대상으로 여기고 있으며, 이를 '남들보다 우월해지는 조건'에서 느끼고 있다는 사실을 시사합니다.

 **삶의 깊이를 더하는 질문**

여러분은 왜 살고 계신가요? 삶을 열심히 살고 계신 목적이 무엇이신가요? 이 장을 넘기기 전에 각자 삶의 목적과 지향점은 무엇이었는지 고민해보면 좋겠습니다.

# 2

# 역설적 결과: 더 불행해졌다

"우리는 악명 높게 불행한 사람들의 사회다. 외롭고, 불안하고, 우울하고,
파괴적이고, 의존적이다."

- 에리히 프롬

## 불행으로 뒤덮인 사회

우리는 매일 '행복'이라는 단어를 소비하고 있습니다. 광고는 '행복한 라이프스타일'을 팔고, 사회는 '행복한 문화'를 말하고, SNS는 '행복한 순간'을 전시합니다. 그런데 이상하게도 행복을 더 많이 말할수록 더 불행해진 사회라는 평가를 듣게 되었습니다. '한국은 지나치게 물질 중심적이고 사회적 관계의 질이 낮은데, 이는 한국의 낮은 행복도와 밀접하게 관련된다'라고 에드 디너 교수가 지적*했을 정도입니다. (※참고: 〈한국인 낮은 행복감, 물질주의 때문〉, 2010, 동아일보)

실제로 우리는 행복에 집착해왔지만 여전히 행복해지지 않았고, 오히려 더 불행해졌습니다. 2024년 보건복지부 발표에 따르면 최근 1년 동

안 정신 건강 문제를 경험했다고 답한 비율은 조사 대상자의 73.65%였습니다. 이는 2년 새 9.7%p 증가한 수치로, 구체적으로 이들이 경험했다고 답한 정신 건강 문제 1위는 '심각한 스트레스'였으며, '수일간 지속되는 우울감', '인터넷 등 기타 중독', '자살 생각'이 그 뒤를 이었습니다.

같은 해의 우리나라 정신질환 진료자 수는 약 283만 명에 달한 것으로 나타났습니다. 이는 5년 전보다 40% 가까이(78만 명) 늘어난 것으로, 국민 100명 중 6명이 지난해 정신 질환 진료를 받았다는 것을 의미합니다. 여기에는 최근 몇 년 사이 우울증 환자가 늘어난 것의 영향이 크다는 분석이 있습니다.

한국의 OECD 자살 사망률은 20년째 부동의 1위입니다. 2024년의 자살률은 13년 만에 최고치를 달성했는데, 특히 40대 사망 원인에서 1위로 나타났습니다. 여기서 '40대'라는 단어가 유독 아프게 느껴집니다. 한 사람의 인생에서 40대는 '막연히 미래를 꿈꾸는 시기'라기보다, 삶의 성과가 실물로 쌓이는 시기입니다. 가족, 커리어, 건강, 돈, 관계. 이 모든 결과가 눈에 보이는 시기지요. 그런데 그 시기의 사망 원인 1위가 자살이라는 사실은 사회가 개인에게 지워온 무게가 얼마나 가혹했는지를 말해주는 것 같습니다. 아등바등 버텨도 달라지는 것은 없다는 사실, 쌓아왔던 것들이 전부 무너졌다는 절망, 열심히 살아왔는데 곁에 남은 건 아무것도 없다는 허무함이 그들의 삶을 집어삼키고야 말았습니다.

한국은 OECD 행복지수에서 최하위권의 나라입니다. 이에 행복 지수와 GDP 모두 최상위권인 덴마크와 우리나라를 비교분석한 어떤 아티클*에서는 '평균 점수 높은 우등생 덴마크, 돈만 버는 한국인'이라는 표현을 사용하며, 우리나라의 건강하지 못한 생활 양식에 안타까움을 드러냈습니다. (※참고: 기사 〈덴마크, 2025년 세계에서 2번째로 행복한 나라…밥 한끼가 행복한 공동체 짓는다〉, 2025)

사회의 유대 관계는 무너져 죽음도 혼자 맞이하게 되었습니다. 보건복지부가 발표한 2024년 고독사 실태조사에 따르면, 2024년 고독사 사망자는 3924명으로 전년 대비 7.2% 증가했습니다.

19세 이상 국민의 3명 중 1명이, 도움이 필요해도 도움 받을 곳이 없는 '사회적 고립' 상태에 있었다는 조사 결과도 존재합니다. '살아 있으나 연결되지 못한 사람들'이 늘어난 사회에서, 불행은 필연처럼 번지고 있습니다.

## 자아의 성숙을 방해하는 현대 사회

사람은 본래 자아가 불완전하다고 느낄 때, 직위나 재산 같은 외부의 상징을 통해 스스로를 완성시키려는 경향이 있습니다. 심리학에서는 이를 '상징적 자기완성 이론'이라고 부릅니다. 자기를 있는 그대로 받아들지 못할수록 남들이 인정해줄 법한 상징을 더 많이 두르고 싶어하는 것이죠.

행복에 대한 집착과 극심한 물질주의로 뒤덮인 한국은 구성원에게 소유 지향을 부추겨 자아를 계속 불완전한 채로 남게 합니다. 자신을 있는 그대로 받아들이는 방법을 가르치는 대신, 경쟁을 통해 재화를 차지하는 법부터 가르치기 때문입니다. 그 결과 요즘 사람들은 재산과 직위, 명품 같은 외부 상징들로 자신을 증명하는 방법 외에는 떠올리지 못하게 되었습니다. 그런데 자아가 불완전하다는 뜻은 성숙하지 않고 단단하지 않다는 뜻입니다. 연약한 그릇은 쉽게 상처가 나고 깨지기 마련인지라, 각 개인들은 불완전한 자아로 인해 더 풍족하고 화려해진 삶 속에서 오히려 더 많은 고통을 느끼게 되었습니다.

그저 행복하고 싶었을 뿐이었는데, 오히려 고통의 수위는 더 높아진 것 같습니다. 이런 상황에서는 잠깐씩 끼어드는 '만족감'이라는 작은 공기 방울로만 연명해갈 수밖에 없죠. 그 몇 안 되는 공기 방울을 조금이라도 더 얻기 위해, 자산과 같은 조건에 대한 맹목성과 집착은 더 심해집니다. 그러나 물속에서는 몸부림을 칠수록 더 깊이 가라앉는 법입니다. 집착할수록 더 불행해지는 이 멈추지 않는 악순환은 이미 시작되었고, 지금도 많은 이들의 삶은 불행 속으로 잠식하고 있습니다.

 **삶의 깊이를 더하는 질문**

여러분은 삶에서 행복을 어떻게, 얼마만큼 추구하고 계신가요? 그리고 그 추구하는 경향으로 인해 행복해졌다고 생각하시나요? 혹시 자신의 행복 집착 방식이 오히려 불행을 불러온 부분은 없는지 점검해보면 좋겠습니다.

# 3

# 헤겔의 변증법적 관계로 본 현대인의 삶

현대인들의 생활 양식이 불러온 결과는 '불행'이라는 점도 있지만 또 다른 문제도 있습니다. 프랑스의 법률학자 자크 엘륄(Jacques Ellul)은 "현대 문명은 삶에서 해야 할 일, 이루려는 목표 자체는 사라지고, 목표를 이루기 위한 수단(명예, 부, 지위, 인증 등)이 목적이 되어버렸다."는 말을 남겼습니다. 이는 애초에 삶을 더 잘 살기 위해 만든 도구들이, 어느새 삶의 주인 자리를 차지해 버렸다는 지적입니다. 이러한 현상은 헤겔의 주인과 노예의 변증법적 관계를 발생시켰습니다.

## 헤겔의 변증법적 관계

헤겔은 『정신현상학』에서 주인-노예 변증법을 통해 인간의 자의식이 어떻게 역전되는지를 설명합니다. 겉보기에 주인은 노예에게 명령을 내리는 쪽입니다. 그는 노예를 지배하면서 노예가 만들어 낸 생산물만을 받아 소비하는 식으로 '우월한 권력자'라는 자의식을 키우게 됩니다. 반대로 노예는 주인의 명령에 복종하고 봉급을 받으면서 '피지배자'라는 자의식을 가지게 되죠.

그러나 시간이 흐르면서 상황은 미묘하게 뒤집히기 시작합니다. 주인은 노예가 만든 노동의 결과물 없이는 살아갈 수 없게 되며, 노예의 노동에 점차 깊이 의존하게 됩니다. 자유로운 것처럼 보이지만 실제로는 노동 과정과 세계의 실제 모습에서 점점 멀어지고 소외되는 것입니다. 반대로 노예는 자신의 노동을 통해 세계를 변형시키고, 그 과정에서 기술과 지식을 익히면서 '내가 이 세계에 영향을 미칠 수 있는 존재'라는 실감을 얻게 됩니다. 그래서 처음에는 종속된 위치였지만, 점차 세계와 직접 맞닿아 자생 능력을 키우게 되어 주인보다 더 자유로워집니다. 이러한 과정을 통해 주인과 노예의 우위와 열의는 서서히 뒤집힙니다.

## 돈과 인간 관계의 역전

현대의 근본적 모순은 바로 이 헤겔의 변증법적 관계의 재현에서 비롯됩니다. 돈은 원래 '교환의 매개 수단'이었습니다. 인간의 욕망을 더 효율적으로 교환하기 위해 만든 합리적인 약속이었지요. 처음에 돈은 분명 인간이 만든 도구였고, 인간은 돈의 주인이었습니다. 그런데 돈을 통해 물건을 사고, 집을 사고, 타인의 시간을 사고, 더 많은 선택지를 사는 등 세계를 경험하면서 '돈이 있어야 비로소 세계에 접근할 수 있다'라는 감각이 굳어지고 점차 의존성은 커져 갔습니다.

문제는 그 과정에서 인간은 정작 '세계와 직접 관계 맺는 능력'을 잃어버렸다는 점입니다. 돈 없이도 나 자체로서 세계 앞에 설 수 있는 힘, 즉 '나라는 정체성을 드러내고 관계 맺는 능력'은 뒤로 밀려났습니다. 우리는 종종 어떤 사람이 무엇을 생각하고 어떤 의미를 추구하며 사는지보다, 얼마나 버는지, 어떤 집에 사는지, 연봉이 얼마나 되는지로 사람의 가치를 짐작하려 듭니다. 마치 주인이 노예의 노동 생산물 없이는 더 이상 살 수 없게 되어, 오히려 노예에게 종속된 것과 비슷합니다.

더욱 심각한 것은, 우리가 이 전복된 관계를 제대로 자각하지 못한다는 점입니다. 수단에 불과했던 돈은 이제 삶의 궁극적인 목적처럼 여겨지기 시작했습니다. 그 결과 인간은 돈의 사용자에서, 돈이 허락하는 범위 안에서만 움직일 수 있는 피지배자로 전락하게 되었습니다. 행복의 실현을 돕던 돈은 어느새 사람의 존재 가치를 증명하는 척도로 승격된 것입니다. 상징적 자기완성 이론이 보여주듯, 돈은 이미 단순한 도구가 아니라 자아를 구성하는 핵심 요소가 되었습니다. 우리는 이미 심리적 종속의 길에 들어서고 말았습니다.

## 행복한 시간이 가난해진 현대인

퓰리처 상을 수상한 적이 있는 미국의 기자이자 작가인 브리짓 슐트(Brigid Schulte)는 현대인의 삶을 기술한 『타임 푸어』를 출간했습니다. 이 책은 '현대가 물질적으로는 풍족해졌을지도 모르겠지만, 되레 시간적으로는 가난해졌다'라는 사실을 지적합니다. 바쁜 일상을 살아야 성공한 것처럼 보이는 현대 문화로 인해 시간을 쪼개 쓰는 '시간 파편'들만 넘쳐나게 되었는데, 이로 인해 정작 행복의 요소인 놀이와 사랑에 쓸 시간이 없어졌기 때문입니다. 돈을 버는 행위를 하느라 진정한 행복에 쓸 시간이 극히 적어졌다는 이 통찰 역시 헤겔의 변증법적 관계를 연상케 합니다. 행복하기 위해 돈을 번 것이었는데, 이제는 돈을 벌기 위해 행복을 반납하는 지경에 이르고야 만 것이죠. 행복 집착 행동이 행복을 빼앗아 간 것입니다.

주인은 겉보기에는 자유를 상징합니다. 하지만 관계가 역전된 이후에는, 그 자유조차 노예의 노동을 전제로 합니다. 오늘날 우리의 자유도 마찬가지입니다. 분명 인간은 수단을 창조한 주인이었습니다. 그러나 돈, 그리고 각종 '물질적 조건'들이 곧 생존과 지위, 관계와 가치의 척도가 되면서 인간은 그것 없이는 스스로를 증명하지 못하는 존재로 전락했습니다. '돈이 있으면 뭐든 할 수 있다'라고 말하며 돈을 행복의 조건으로 여기고 이에 집착하지만, 그 말 속에는 이미 '돈이 없으면 아무것도 할 수 없다'라는 역설이 자연스럽게 포함되어 있습니다. 현대인은 언젠가부터 돈이라는 도구 없이는 단 한 발짝도 움직이지 못하는 존재가 되어버렸습니다.

**삶의 깊이를 더하는 질문**

여러분의 삶에서 돈이 갖는 지위는 어떠한가요? 혹시 돈이 있어야 행복하게 살 수 있다는 생각으로 행복에 쓸 시간을 반납하고 있지는 않으신가요? 돈이 허용하는 범위로 자유를 제한하고 있지는 않으신가요? 돈과 자신의 주종 위치가 역전된 것은 아닌지 점검해보면 좋겠습니다.

# Chapter 2

불행해진 이유는
무엇인가?

# 1

## 조건부 행복이라는 잘못된 가설

"그대가 행복을 추구하고 있는 한, 그대는 언제까지나 행복해지지 못한다."

- 헤르만 헤세

### 잘못 설정된 가설

왜 우리는 더 불행해지고, 나아가 돈에 매이게 되었을까요? 행복해지고 싶어서 열심히 돈을 벌고 여러 조건을 달성하고자 했을 뿐인데, 왜 정작 행복에 쓸 시간은 가난해지게 되었고, 사회는 우울과 불안, 시간 파편으로 가득해진 것일까요?

보통 인과관계를 연구할 때 가설을 설정합니다. 'A는 B를 야기한다.' 와 같은 형태로 독립 변수 A와 종속 변수 B의 관계성을 추측해보는 것입니다. 만일 이 가설에 따라 실험을 해보았을 때 원하는 결과값이 도출되지 못한다면 두 변수가 잘못 설정되었다는 뜻이므로 그 가설은 폐기해야 합니다.

현대인의 믿음을 가설이라는 형태로 표현해보자면, 독립 변수는 자산의 크기, 배우자 및 본인의 우월성, 사회적 입지와 같은 환경적 조건들이고 종속 변수는 '행복'입니다. '어떤 조건을 성취하면 행복해질 것이다'라는 믿음을 가지고 현재를 열심히 살고 있는 것이죠. 이 가설은 아주 오랫동안 사람들의 마음 속에 뿌리를 내려 그 생명력을 유지하고 있습니다. 헤겔의 변증법적 관계가 재현될 정도로 말입니다.

[현대인 가설]

(독립 변수)자산, 명예, 권력 등의 조건을 획득하면

→ (종속 변수)행복해질 것이다

그런데 이 가설을 거대한 사회 실험의 형태로 검증하려는 시도가 수십 년 동안 이어져 왔으나, 수없이 반박되어 왔습니다. 더 좋은 대학과 연봉, 더 비싼 집과 많은 자산 등 원하는 조건을 상당 부분 충족한 사람들조차 불안과 우울, 공허감으로부터 자유롭지 못하다는 사실이 곳곳에서 드러났기 때문입니다. 신흥 재벌 '빅 5'로 불렸던 어떤 한 기업 창업자는 돈과 명예를 둘 다 거머쥐었지만 이른 나이에 유명을 달리했습니다. 해당 창업자는 오랫동안 극심한 우울증을 앓아왔고 결국 우울증 치료를 받는 도중 증세가 악화되어 극단적인 선택을 한 것으로 보인다는 분석이 있었습니다.

인간과 결핍은 결코 뗄 수 없는 관계로 묶여 있습니다. 만족스러워 보이는 조건을 하나 채우는 순간, 뇌는 잠시 안도한 뒤 곧바로 새로운 결핍을 대기시킵니다. 지속적인 결핍 발생으로 인해 "이 정도면 됐다"라는 감각 대신 "이 정도로는 안 된다"라는 생각이 더 크게 자라나죠. 인간의 욕심은 끝이 없다는 말처럼 우리는 결코 쉽게 만족할 수 없습니다. 그렇다면 '조건이 충족되면 행복해질 것'이라는 현대인의 보편 가설은 처음부터 잘못 설정된 것이 아닐까요?

그런데 우리는 행복하지 않을 때마다, 가설이 틀렸을 가능성보다 여전히 '내가 덜 이뤘기 때문'이라는 생각에 주목합니다. '아직 조건을 다 충족시키지 못했기 때문'이라고 자책하는 데 더 익숙합니다. '돈으로 행복을 살 수 없다면, 그것은 돈이 부족하기 때문이다.'라는 유명한 우스갯소리에도 이러한 정신이 담겨있습니다. '행복'이라는 결과값이 제대로 도출되지 않는 것의 원인으로 실험 기반이 되는 가설을 의심하는 대신 실험자의 자격과 능력 부족을 상정하는 것입니다.

[현대인의 논리]

조건을 획득하면 행복해질 것이다.

그런데 지금 행복해지지 않았다.

→ 그렇다면 내 능력부족으로 인해 조건을 덜 획득했기 때문이다.

이 지점에서 조건들은 더 이상 삶을 풍요롭게 만드는 수단이 아니라, 끊임없이 기준을 높이며 숨통을 조여 오는 족쇄가 됩니다. 행복은 어느

새 '지금 여기에서 경험할 수 있는 어떤 상태'가 아니라, '내가 많은 돈을 벌 수 있을 만큼 유능하지 못하기 때문'에 받지 못하고 있는 '보상'으로 밀려나 버립니다.

그러나 우리가 더 불행해진 이유는 실험자의 능력이나 조건이 부족해서가 아닙니다. '조건을 달성하면 행복해진다'라는 식의 조건부 행복 가설 자체에는 다양한 오류가 숨어있기 때문에 그렇습니다.

### 1) 자산은 행복을 보장하지 못한다

우선 '돈이 많으면 행복할 것'이라는 가설에는 '자산은 행복을 완벽히 보장하지는 않는다'라는 오류가 숨어 있습니다. 여러 연구들을 살펴보면, 행복과 자산의 관계는 일정 수준을 지나면 급격히 느슨해지는 경향을 보입니다. 기본적인 의식주와 안전이 확보된 이후에는, 그 이상의 자산이 반드시 더 큰 행복으로 이어지지 않는 것입니다. 인간이 진짜 좋은 삶, 행복하고 번영하는 삶을 살아가는 데에 외부적 조건은 우리 생각만큼 결정적인 영향력을 가지지 않습니다. 전 세계에 행복학 열풍을 불러일으킨 긍정심리학자 탈 벤 샤하르(Tal Ben-Shahar) 교수는 의식주의 기본적인 욕구를 충족하고 나면 그 이후의 재산 증가는 행복감을 높이는 데 큰 도움이 되지 않는다고 말했습니다. 이어서 그녀는 그럼에도 많은 사람들은 어떠한 목표를 이루기 위해 현재의 행복을 유보하고 외면하고, '대학에 입학할 때까지', '목표한 금액의 돈을 저축할 때까지'와 같은 제한을 두면서 지금 누릴 수 있는 것들을 참고 목표에 집중하지만, 그렇게 해도 행복은 찾아오지 않을 것이란 지적을 남겼습니다. 행복은 갑자기 찾아오는 것도, 원하는 목표를 이루었을 때 가질 수 있는 것도 아니며, 오히려 끊임없이 발견하고 선택해야 하는 것이자 훈련이 필요한 것이기 때문입니다.

노벨 경제학상 수상자인 대니얼 카너먼(Daniel Kahneman)과 앵거스 디턴(Angus Deaton)은 소득과 행복 간의 관계를 파헤치기 위해 45만 명의 미국 성인을 정교하게 분석*했습니다. 우선 그들은 행복을 두 가지로 쪼개어 보았습니다. 하나는 "내 삶은 전반적으로 어떠한가?"를 평가하는 '삶의 평가'이고, 다른 하나는 "어제 얼마나 웃었거나 슬펐는가?"를 묻는 '정서적 행복'입니다.

결과는 아주 흥미로웠습니다. 소득이 늘어날수록 '삶의 평가'는 꾸준히 올라갔지만, 매일 피부로 느끼는 '정서적 행복'은 특정 소득 구간에서 멈췄습니다. 특정 기준선에 도달하고 나면 소득이 더 늘어도 기분이 그만큼 좋아지지 않았다는 것입니다. (※참고: 논문 「High income improves evaluation of life but not emotional well-being」 2010)

이러한 현상은 미국뿐만 아니라 전 세계적으로 나타났습니다. 앤드류 제브(Andrew Jebb) 등은 164개국 170만 명이 넘는 방대한 데이터를 분석*해 소득과 행복의 '포만점'을 찾아냈습니다. 뷔페에서 어느 정도 먹으면 음식이 더 이상 맛있게 느껴지지 않는 것처럼 소득에도 그러한 포인트가 있는 것입니다. 심지어 일부 지역에서는 이 지점을 넘어선 소득이 낮은 삶의 평가와 연관된다는 점이 관찰되기도 했습니다. (※참고: 논문

「Happiness, income satiation, and turning points around the world」 2018)

여기서 중요한 사실이 있습니다. 연구자들은 소득이 행복에 미치는 영향이 '신뢰할 만하지만 생각보다 약할 수 있다'라는 선행 연구 흐름을 배경으로, '얼마나 버는가'뿐 아니라 오히려 '어떻게 쓰는가'가 행복과 연결될 수 있다고 제안한다는 점입니다. 사회 심리학자 엘리자베스 던 (Elizabeth Dunn) 등은 전국 표본 조사에서 '자기 자신을 위한 지출'은 행복과 관련이 없었던 반면, '타인을 위한 지출(선물, 기부 등 친사회적 지출)'은 더 큰 행복과 관련됨을 보고했습니다. 또 보너스를 받은 직장인 연구에서는 보너스의 '크기'보다 그 보너스를 '타인을 위해 사용한 정도'가 이후 행복을 더 잘 예측했고, 실험에서도 타인을 위해 돈을 쓰도록 배정된 참가자들이 자신을 위해 쓰도록 배정된 참가자들보다 더 행복하다고 보고했습니다. 돈의 액수보다 돈을 얼마나 이타적으로 쓰는지가 더 강한 행복의 핵심 변수였던 것입니다. 이는 돈이 행복의 수단이 되기 위해서는 그 사용 방향이 타인을 향할 때 비로소 효과적임을 시사합니다. (※참고: 논문「Spending money on others promotes happiness」 2008)

이렇듯 물질이 주는 만족감에는 한계가 있습니다. 오히려 관계나 이타성과 같은 변수가 행복에 더 큰 영향을 미치죠. 이러한 사실을 간과하고 '자산 증대'에만 집착한다는 점이 바로 조건부 행복 가설의 첫 번째 오류입니다.

## 2) 조건도 행복을 보장하지 못한다

가설의 두 번째 오류는 자산과 비슷하게 외적 조건 또한 행복을 보장하지 않는다는 점입니다.

우리는 종종 상상합니다. "로또 1등에 당첨되면 내 인생은 영원히 행복할 거야." 반대로 끔찍한 상상도 합니다. "불의의 사고로 다리를 잃는다면 내 인생은 영원히 불행하겠지." 우리는 외부의 '조건'이 바뀌면 내 행복의 운명도 완전히 뒤바뀔 거라 믿습니다. 하지만 1978년, 심리학자 필립 브릭먼(Philip Brickman)은 이 직관이 일부 틀렸음을 증명하는 연구*를 내놓았습니다.

연구진은 극적인 대조를 이루는 두 집단을 추적했습니다. 한쪽은 엄청난 행운을 거머쥔 로또 당첨자들, 다른 한쪽은 사고로 하반신 마비가 된 피해자들이었습니다. 사람들은 보통 '로또에 당첨되면 인생이 행복해질 거야.'라고 상상하고 또 '사고로 불구가 되면 인생이 불행해질 거야.'라고 상상합니다. 그런데 연구 결과는 예상을 빗나갔습니다. 로또 당첨자들은 시간이 지날수록 일반인보다 더 행복하지 않았습니다. 오히려 그들은 평범한 일상의 즐거움, 친구와의 수다나 맛있는 커피 한 잔에서 느끼는 기쁨에 무뎌졌습니다. 반면 사고 피해자들은 초기에는 깊은 절망을 겪었지만 시간이 지나면서 예상보다 서서히 행복을 회복했습니다.

브릭먼은 이를 '헤도닉 적응(Hedonic Adaptation)'이라고 불렀습니다. 해당 개념은 인간에게는 놀라운 적응력이 있어서 꿈꾸던 조건도 손에 넣으면 금세 '당연한 것'이 되어버리고, 끔찍한 비극도 시간이 지나면 점차 회복이 된다는 것을 의미합니다. 아무리 극적인 사건이 벌어져도 정서는 기준선으로 돌아가는 경향이 있는 것입니다. 사람들은 아무리 좋은 조건을 추가하더라도 만족감은 금세 사그라들 것이라는 사실을 간과하고 있습니다. (※참고: 논문 「Lottery Winners and Accident Victims: Is Happiness Relative?」 1978)

긍정 심리학의 권위자 류보머스키(Lyubomirsky)는 저서 『행복해지는 법』에서 외적 조건이 행복에 미치는 영향력은 단 10%라는 파격적인 수치를 내놓았습니다. 그리고 50%는 타고난 유전적 기질, 그 외 나머지 40%는 우리가 매일 선택하는 '의도적인 활동과 태도'에서 비롯된다고 보았습니다. 이 대목에서 조건부 행복 가설의 오류는 크게 드러납니다. 그녀의 주장에 따르면 우리는 그저 10%에 불과한 '조건'을 채우기 위해 인생의 모든 에너지를 쏟느라, 정작 4배나 더 중요한 40%의 영역인 감사하기, 관계 맺기, 나누기, 사색하기에 소홀하고 있던 것일지도 모르기 때문입니다.

그럼에도 우리가 자꾸 조건에 집착하는 이유는, 뇌 속에 있는 '정서 예측 시스템'의 오류 때문입니다.

심리학자 티모시 윌슨(Timothy Wilson)과 대니얼 길버트(Daniel Gilbert)는 "인간은 미래의 감정을 예측하는 기능이 떨어진다."고 말하면서 인간이 미래의 감정 변화를 예측할 때 그 강도와 지속 시간을 실제보다 과대평가하는 경향이 있음을 '충격 편향(Impact bias)'이라는 용어로 정리했습니다. 특정 사건이 발생하면 그 기쁨이 매우 크고 영원할 것이라 상상하지만, 실제로는 예상보다 기쁨의 강도가 낮고 훨씬 빨리 사라지기 때문입니다. (※참고: 「Affective Forecasting」, 2003)

이러한 예측 오류가 발생하는 원인 중 하나는 '초점주의(Focalism)*'입니다. 뇌는 특정 사건 하나에만 과도하게 초점을 맞추느라, 그 사건 이후에도 여전히 감정에 영향을 미치는 '일상의 수많은 다른 사건들'을 간과합니다. 결과적으로 뇌는 미래의 특정 단면만을 과장하여 기대하거나 두려워하는 것이죠. (※참고: 논문 「Focalism: A Source of Durability Bias in Affective Forecasting」, 2000)

'초점 착각(Focusing illusion)'이라는 개념도 있습니다. 이는 심리학자 데이비드 슈케이드(David Schkade)와 대니얼 카너먼(Daniel Kahneman)이 사용*한 표현으로 어느 한 조건에 초점을 맞추고 그것만 충족되면 행복할 것이라 믿는 현상을 의미합니다. 예를 들어 우리에게 누군가 '캘리포니아와 추운 지방에 사는 사람 중 누가 더 행복할까요?'를 묻는다면, 대다수는 화창한 날씨를 근거로 캘리포니아 사람들이 훨씬 행복할 것이라 답할 것입니다. 하지만 실제로 두 지역 대학생들의 삶의 만족도를 비교한 연구에서는 전반적인 행복도에 차이가 없었습니다. 이러한 결과가 나타나는 이유는 우리가 캘리포니아를 떠올릴 대 '화창한 날씨'라는 두드러진 특징에만 집중해, 그것이 전체 행복을 결정할 것이라고 오판하기 때문입니다. 그러나 실제 삶에는 날씨 외에도 교통 체증, 물가, 인간관계 등 수많은 일상이 존재하며, 날씨와 같은 환경적 조건에는 금세 적응하기 마련입니다. 이와 같은 연구는 '조건'이라는 단편적인 정보에 매몰되면 행복의 실체를 놓칠 수 있음을 경고합니다. (※참고: 논문 「Does Living in California Make People Happy?」, 1998)

행동 변화 전문가 마이클 이스터(Michael Easter)는 자신의 저서 『편안함의 습격』에서 부탄의 최고 불교 사상가 중 한 명인 '켄포 푼초 타시'와 만나서 대화한 일화 하나를 소개합니다. 해당 장면에서 켄포는 미국 현대인들의 조건부 행복에 대한 집착을 지적합니다. 좋은 것들을 이미 가졌음에도 엉뚱한 것을 좇느라 불행을 느끼고 있다고요. 그는 사람들이 인생의 목적을 '좋은 아내, 좋은 차, 좋은 회사, 좋은 직업과 좋은 집… 등 체크리스트 완수하기'로 두고 있지만 행복해질 것이란 계획이 완벽히 실현되는 일은 절대로 없을 것이라고 비판했습니다.

『내면소통』을 저술한 연세대학교 언론홍보학부 김주환 교수는 조건부 행복을 '가짜 행복'으로 규정했습니다. 사람들이 흔히 "나는 이런 이유 때문에 행복하다"라고 말할 때, 사실은 특정 조건이 충족된 덕분에 잠시 만족을 느끼고 있는 것일 뿐, 진짜 행복은 아니라는 것입니다. 조건에 집착하는 순간, 그것은 행복의 근거가 아니라 오히려 불행을 증폭시키는 덫이 되기 때문입니다. 또한 그는 행복을 돈, 권력, 지위, 외모 같은 조건에 의존하려는 경향을 비판했습니다. 돈에 매달리는 사람일수록 더 부족하다고 느끼고 권력을 가진 사람일수록 약하다고 느끼며 지위가 높아질수록 더 높은 곳을 바라보며 불안해할 것이기 때문입니다. 그는 행복을 특정 조건이 갖춰졌을 때 생겨나는 것이 아니라, 그 조건에 집착하지 않고 상황을 수용하는 태도에서 비롯되는 것임을 강조했습니다.

### 3) '행복 강박'은 불행을 야기한다

'행복을 강박적으로 추구하는 경향성' 자체도 조건부 행복 가설의 오류를 야기합니다. '행복하게 살고 싶다'라는 마음, 즉 행복에 강한 초점을 맞추고 사는 것은 삶의 만족도에 그리 득이 되지 않을 수 있기 때문입니다.

심리학에서는 "행복을 추구하는 행위로 인해 어떤 일이 벌어질까?"라는 질문에 답을 찾고자 했습니다. 그리고 지난 20년간 축적된 연구들은 이에 놀랍도록 일관된 결론을 내놓았습니다. "행복을 '반드시 달성해야 할 목표'로 만들수록 그것과 멀어지게 된다."라고 말이죠. '나는 행복한 인간'이라는 증명을 멈춰서는 안 된다는 듯이 자신을 행복하게 만드는 조건에 집착하는 것은 아이러니하게도 행복과 더 멀어지는 길이 될 수 있는 것입니다.

심리학자는 아이리스 마우스(Iris Mauss)는 2011년 발표한 연구*에서, 행복을 매우 중요히 여기는 사람일수록 '행복해야 정상'인 긍정적 상황에서조차 행복을 덜 느끼고 더 크게 실망한다는 것을 발견했습니다. 실험에서 그는 사람들에게 '행복을 얼마나 중요시 여기는가'에 대한 인식과 '현재 삶의 만족도' 등을 물었습니다. 결과를 확인해보니 행복을 더 중요하게 여기는 사람일수록 쾌감과 삶의 만족 그리고 심리적 안녕은 낮았고, 우울 증상은 더 높았습니다. 또한 최근 18개월간 스트레스가 낮았던 사람들을 비교했을 때조차 행복을 많이 중시하는 사람일수록 덜 행복하고 더 우울했습니다. (※참고: 논문 「Can Seeking Happiness Make People Unhappy? Paradoxical Effects of Valuing Happiness」, 2011)

두 번째 실험에서 그는 '행복은 정말 중요한 것'이라는 인식을 주입한 뒤, 이로 인해 정말로 덜 행복해지는지를 검증했습니다. 그는 집단을 둘로 나누어 실험 집단에게는 행복을 예찬하는 기사, 통제 집단에게는 일반적인 기사를 읽도록 요청했습니다. 이후 피겨 스케이팅 선수가 금메달을 따는, 누가 봐도 기뻐해야 할 영상을 보여주었습니다. 시청 결과, "행복은 인생에서 최고로 중요해!"라는 메시지를 읽은 사람들은 덜 행복감을 느꼈습니다. 이를 통해 연구진은 행복을 더 소중히 여길수록 현재 상태에 실망감을 느낄 가능성이 더 커지므로, 행복에 집착하는 것은 부정적인 결과를 초래할 수 있다고 결론 내렸습니다.

실험 결과의 핵심은 '기대감 상승'이라고 할 수 있습니다. 행복을 목표로 삼는 순간, 더 만족스러운 감정을 기대하게 되어 웬만큼 좋지 않고서는 "어? 나 왜 안 행복하지? 실패했네."라고 느끼게 되는 것이죠. '남들보다 행복하게 살아야 한다'라는 강박은 자신의 정서 기준점을 꼭대기에 매다는 행위일 수 있습니다.

심리학자 포드(Ford) 역시 2014년 발표한 연구*에서, 행복을 극단적으로 중시하는 태도가 오히려 우울과 불행을 강화할 수 있다는 점을 보여줬습니다. 그는 우울 장애 이력이 있는 성인들을 대상으로 '행복은 얼마나 중요한가?'와 '현재 얼마나 우울한가?'를 동시에 측정했습니다. 그 결과 행복을 더 중요하게 여기는 사람일수록 더 우울했습니다. 즉, 단순한 기질이나 현재 기분 때문이 아니라 행복을 지나칠 정도로 가치 있게 여기는 태도 자체가 사람을 더 우울하게 만들 수 있음을 발견한 것입니다.

우울 장애 병력이 있는 사람들과 정신적으로 건강한 사람들을 비교한 실험에서도 결과는 마찬가지였습니다. 우울 장애에서 회복된 집단과 정신질환 이력이 없는 집단을 나누어 그들이 행복을 얼마나 중요한 목표로 삼는지를 측정한 결과, 우울 장애 이력이 있는 집단이 건강한 집단보다 행복을 훨씬 더 중요한 가치로 여기는 경향을 보였습니다. 이는 '우울해서 행복을 갈망하는 것'이 아니라, 애초에 행복을 지나치게 높이 평가하는 성향 자체가 우울의 위험 요인일 가능성을 보여주었습니다. (※참고: 논문 「Desperately Seeking Happiness: Valuing Happiness Is Associated With Symptoms and Diagnosis of Depression」, 2014)

참고로 '행복한 삶'을 무조건 기피할 필요는 없습니다. 행복을 추구하느라 지금 자신의 상태를 이상과 비교하면서 염려하는 '완벽주의적' 태도가 문제되는 것이기 때문입니다. 심리학자 마이케 루만(Maike Luhmann)은 한 연구를 통해 단순히 행복을 원하는 마음이 문제가 아니라, 행복을 '점검하고 관리해야 하는 대상'처럼 다루는 태도가 오히려 불행과 결핍감을 키운다는 것을 확인했습니다. 이는 곧 조건부 행복 가설의 오류가 단순히 '행복을 바라서 생기는 문제'가 아니라, 행복을 결과 중심으로 평가하고 통제하려는 방식에서 비롯됨을 드러냅니다. 행복하고 싶다는 마음은 자연스러운 욕구지만 그것을 기준으로 '나 지금 왜 안 행복하지? 무엇이 부족하지?' 고민하면서 현재 감정 상태를 지속적으로 평가하고 비교하는 순간, 불만족과 실망이 누적되고 웰빙은 하락할 수 있는 것입니다. (※참고: 논문 「Is Valuing Happiness Associated With Lower Well-Being? A Factor-Level Analysis Using the Valuing Happiness Scale」, 2016)

그렇다면 "행복을 중요시 여기는 경향성은 그대로 두되, 너무 집착만 안 하면 되는 것 아닌가."하는 의문이 드실지도 모르겠습니다. 자기 검열 경향성을 조심하는 것이 명쾌한 해결방법 같지만, 글쎄요. 안타까운 것은 우리가 '행복 강박'이 너무 쉽게 생겨나는 사회에서 살고 있다는 점이 아닐까 싶습니다. SNS의 급진적인 발달은 얼굴도 모르는 타인의 초호화 리조트에서의 휴가 소식을 알게 합니다. 친구가 고급 식당에서 밥을 먹거나, 대기업 취업 및 이직에 성공하거나, 한강 뷰 아파트를 구매했다는 사실까지도 실시간으로 확인할 수 있게 되었습니다. 본인의 못난 모습은 보여주려고 하지 않는 반면 '우월하다'라고 느끼는 순간은 여지없이 사진을 업로드하기 때문입니다. 그렇게 SNS상에는 자연스럽게 행복해 보이는 자랑거리만 둥둥 떠다니게 되었습니다.

원래 인간은 상향 비교와 하향 비교를 적절히 해감으로써 자신의 위치에 대한 객관적인 판단을 해야 정신적으로 가장 건강합니다. 성적표 상에서 자신의 등수보다 위를 올려다보면서는 '더 성장 해야지!'하고 다짐하면서도, 아래를 내려다보면서 '등수를 많이 올린 나, 너무 대견해.' 라는 식으로 자기 효능감을 느껴야 하는 것입니다. 하지만 지금은 상향 비교 상황이 압도적으로 많아져 적절한 하향 비교의 기회가 희미해졌습니다. 어디를 둘러보나 '나보다 잘난 것 같은' 사람들만 눈에 띕니다. 어떻게든 인정받고자 화려한 치장과 수식어를 두르고 있는 사람들 사이에서 '나'는 언제나 초라해집니다. 아직 취업도 못 한 나, 이직에 실패하는 나, 연봉이 남보다 낮은 나, 일류 대학을 못 간 나, 덜 예쁘고 잘생긴 나, 키와 몸매가 아쉬운 나, 강남에 집을 구하지 못하는 나… 정말로 쉽게 불행을 느낄 수밖에 없는 환경이 되어버렸습니다. '나는 나로서 행복할 수 있다'라는 것을 깨닫기 전까지는 '내 행복은 너무 초라해.'라고 느낄 수밖에 없는 괴로운 사회가 돼버렸습니다. 수혜자는 그 누구도 없는데, 서로 수혜자인 척하느라 피해자만 잔뜩 생겨버린 사회 같달까요.

## 4) 외재적 목표 추구의 부정적인 영향

돈, 명예 등, 외적 성공에 대한 추구는 정신적, 신체적 건강에 좋지 않은 영향을 미친다는 연구 결과가 있습니다. 심리학자 팀 카서(Tim Kasser)와 리처드 라이언(Richard M. Ryan)은 1996년에 돈, 명예, 외적 성공이 실제 행복과 어떤 관계에 있는지 확인하기 위해 연구*를 진행했습니다. 이들은 인간의 장기 목표를 '외재적 목표'와 '내재적 목표'로 나누었는데, '돈(재정적 성공), 사회적 인정(명예), 매력적인 외모' 등을 외재적 목표로, '자기 수용, 친밀한 관계, 공동체 기여, 신체 건강'은 내자적 목표로 분류했습니다.

연구 결과, 외재적 목표의 상대적 비중이 높을수록 자아실현과 활력은 낮고, 부정적 신체 증상은 더 높았습니다. 그러나 내재적 목표의 상대적 비중이 높은 사람들의 자아실현과 활력은 더 높았고 부정적 신체 증상은 더 낮았습니다. 또한 외재적 목표가 삶의 중심에 가까울수록 일상에서 경험하는 긍정 정서는 줄고 나아가 자기애적 성향과도 더 강하게 연결되는 현상이 나타났습니다. (※참고: 논문 「Further Examining the American Dream: Differential Correlates of Intrinsic and Extrinsic Goals」, 1996)

　결론적으로 좋은 집, 높은 연봉과 자산, 타인의 인정 같은 조건을 인생의 중심 목표로 삼을수록, 자기 자신에게 집중할수록 삶의 만족과 정신 건강은 오히려 나빠질 수 있습니다. 하지만 자기 수용, 관계, 기여, 건강처럼 내재적인 기준을 중심에 둘수록, 자신보다 타인에게 집중할수록 삶이 더 건강해지고 만족스러워질 수 있습니다. '잘 먹고 잘 살기 위한 외적 조건들은 나를 행복하게 만들 것이다.'라는 현대인의 직관은 심리학적 결론과 정면으로 어긋나 있는 셈입니다.


　'좋아하는 일을 직업으로 삼지 마라'는 충고를 들어본 적이 있으실 것입니다. 이는 '흥미'에 의해서 시작한 일이 '돈과 명예'를 얻기 위한 것으로 바뀐다면 더 이상 그 일 속에서 즐거움이나 행복을 느끼기 어려울 수 있음을 암시합니다. 실제로 외재적 보상은 인간의 내재적 동기를 약화시킨다는 연구* 결과가 있습니다. 예상되는 유형의 보상(돈, 물질, 명예 등)이 목적이 된 순간부터 활동 그 자체가 주던 흥미와 즐거움이 줄어들어 사람은 그 활동을 덜 좋아하게 될 수 있는 것입니다. (※참고: 논문「A Meta-Analytic Review of Experiments Examining the Effects of Extrinsic Rewards on Intrinsic Motivation」, 1999)

보상과 조건을 중심에 두는 방식은 단기간의 행동을 이끌 수는 있지만 장기적 동기를 무너뜨리는 토대가 될 수 있습니다. 외적 조건 충족의 결과로 행복을 기대하는 가설에 왜 오류가 나는지, 그리고 왜 많은 현대인이 목표를 달성하고도 허무함을 느끼는지는 외적 보상이 내재적 동기를 약화시키는 메커니즘을 확인한 연구들을 통해 조금 더 선명해졌다고 볼 수 있죠.

## 행복은 수반되는 것

인간에게 행복은 필수적입니다. 그러나 확신하건대 조건부 행복에 매달릴 필요는 없습니다. 행복은 조건에 의해 좌우되는 것이 아닐뿐더러 행복해지기 위해 특정 결핍을 메우려는 노력에 집착하는 순간, 불행 가능성을 확장하는 공사는 시작됩니다. 진정한 행복에 이르고 싶으면 행복을 조건에 달아놓는 가설을 폐기해야 합니다. 조건을 성취한 뒤 오는 성취감과 만족감이 동기 부여의 원천이 될 수는 있으나 그렇다고 그 보상이 삶을 완벽하게 만들어주지는 못할 것입니다. 여러 연구와 학자들의 말을 종합해볼 때, '행복'을 느끼고 싶다는 일념으로 외적 보상에 매몰된 채 스스로를 고통스럽게 몰아치고 있다면 그것은 어쩌면 '자학'이 아닐까도 싶습니다.

학자들은 행복을 삶의 목적으로 삼지 말라고 말합니다. 그들은 행복을 우연히 발생하는 부산물이자, 다른 목적을 추구하다가 수반되는 것이라 보기 때문입니다. 유대인 학살 사건 '홀로코스트(Holocaust)'의 생존자이자 정신과 의사인 빅터 프랭클(Viktor Frankl)은 유대인 수용소에서 인간의 가장 밑바닥을 경험했습니다. 그는 지옥 같은 환경 속에서 '사람'의 본질에 대해 끊임없이 분석하고 연구했고 그 결과, '행복은 추구해야 할 것이 아니라, 주어진 삶의 의미를 충실히 살아내는 과정에서 자연스럽게 수반되는 것'이라는 결론을 내렸습니다.

공리주의 철학자 존 스튜어트 밀(John Stuart Mill)도 오랫동안 우울과 회복을 오가며 치열하게 고민한 끝에, '오직 자기 행복만을 인생의 목적이라고 붙잡는 태도'는 사람을 더 불행하게 만든다는 결론에 도달했습니다. '자기 행복 이외의 목적'에 정신을 집중하는 사람들, 이를테면 타인의 행복, 인류의 진보, 혹은 예술과 같은 더 큰 가치를 이상적인 목적으로 추구하는 사람들만이 진정으로 행복해질 수 있다고 본 것입니다. 밀의 관점에서 이들은 행복을 정면에서 붙잡으려 하지 않고, '행복이 아닌 다른 어떤 것'을 목표로 삼아 살아가다가 부차적으로 행복을 얻습니다. 인생의 즐거움이란 '제일의 목표로 삼지 않고 지나가는 길에서 취할 때 비로소 얻어지는 것'이기 때문입니다. 그는 행복 자체를 인생의 1순위 목표로 올려놓는 순간, 그것이 얼마나 불충분하고 공허한지 깨닫게 될 수 있다고 경고합니다.

심리학자 미하이 칙센트미하이(Mihaly Csikszentmihalyi) 역시 비슷한 관점이었습니다. 그는 행복을 '자신의 기술과 도전이 맞아떨어지는 활동에 깊이 몰입할 때 경험되는 최적 경험의 결과'라고 설명했습니다. 다시 말해 행복은 지금 눈앞의 일을 밀도 있게 다루고 나에게 주어진 능력과 과제를 자발적으로 받아들이며 나와 세계가 맞부딪히는 순간으로 뛰어들어갈 때 뒤따라오는 감정인 것입니다. 그 또한 행복을 목적지가 아니라 '몰입해서 사는 삶'이 남기는 자취일 때 더 진하게 다가오는 것으로 이해했습니다.

이제껏 살펴본 것처럼 조건부 행복을 좇는 경향성에는 잘못된 믿음이 담겨있습니다. 그리고 행복은 목표로 둬야 할 대상이 아니라 '의미 있는 활동을 통해 수반되는 것'으로 재정의할 필요가 있죠. 그런데 이는 여러분이 이미 전부터 알고 있던 사실일지도 모릅니다. 행복은 성적순이 아니라는 말, 돈이 전부가 아니라는 외침은 간간이 들려오고 또 많은 사람이 공감해오던 바이니까요. 하지만 현실로 돌아가는 순간, '살아남을 수 있을까?'라는 생존 불안은 또 다시 기어 나오고 '더 빨리 목표에 도달해야 한다'라는 조바심은 숨통을 조여오며, '멈추면 도태될 것'이라는 공포는 몸통을 감쌉니다. 머리로는 조건부 행복이 '가짜'임을 알면서도, 10%의 영향력밖에 없음을 알면서도 왜 우리는 이 가설에서 벗어나지 못할까요?

이는 어쩌면 우리가 삶을 끊임없이 미션을 클리어해야 하는 '게임'으로 착각하고 있기 때문일지도 모릅니다. '학벌, 취업, 한강 뷰 아파트 매

매'라는 퀘스트를 깨면 엔딩 크레딧과 함께 행복이 주어질 것이라 믿는
착각 말입니다.

**Q 삶의 깊이를 더하는 질문**

여러분도 혹시 조건부 행복 가설을 강하게 지지하셨던 적이 있으신가요? 이번 장에
서 다뤘던 조건부 행복 가설의 오류 중 기존에 믿고 있었던 바가 있었는지 살펴보면
좋겠습니다.

# 2

## 조건 달성 게임으로 전환된 삶

*"우리는 '강철같이 단단한 껍질'에 갇혔다. 합리성과 효율만이 지배하는 체제 속에서 수단이 체계의 궁극 목적처럼 굴러간다."*

*- 막스 베버*

현대 사회는 '어떻게 존재할지'보다 '다음으로 달성해야 하는 퀘스트는 무엇이지?'를 더 고민하게 합니다. 현재의 삶이 인간다운지 점검할 여유를 줄이고 체크리스트에 몰두하게 만듭니다. 조건부 행복을 좇는 경향성은 그렇게 삶의 틀을 '조건 달성 게임'으로 형성해버린 것 같습니다.

헝가리의 경제학자였던 카를 폴라니(Karl Polanyi)는 '자율적 시장'이라는 가혹한 유토피아 사상이 인간과 자연의 토대 그리고 사회를 파괴한다고 평가했습니다. 이는 인생의 전반이 '교환과 거래' 구조에만 갇히게 되면 인간성은 쉽게 훼손된다는 뜻을 포함합니다. 모든 생명체는 각 본연의 역할과 존재 방식으로 있을 때 가장 행복할 수 있습니다. 그러나 조건 달성 게임은 대부분 교환과 거래, 실패와 성취로만 이루어져 우리가 온전히 '인간답게' 존재하기 어렵습니다. 이 게임은 인간성을 퀘스트 뒤로 미룹니다. 여기서는 '안분지족(편안한 마음으로 자기의 분수를 지키며 만족할 줄을 아는 것)'의 정신마저 패배자의 합리화로 취급되기 쉽습니다.

조건 달성 게임은 단계별 목표, 즉 '좋은 대학 가기', '좋은 기업 취업하기' 등의 레벨업을 요구하고, 그때마다 짧은 '만족감'으로 중독을 강화합니다. 끝이 보이지 않을 정도의 무수한 챌린지를 제시합니다. 이 시스템은 감각을 자극하는 것들로 이루어져 있어, 유저들이 게임에 접속하는 시간을 무한정으로 늘려 놓습니다. 그렇게 게임 종료를 누르고 싶지 않게 만듭니다.

그런데 이 게임 양식은 실패 대가가 과도하게 크다는 점에서 심각한 문제가 있습니다.

## 러시안 룰렛과 비슷한 구조

'러시안 룰렛'이라는 게임이 비합리적인 이유는 성공과 실패 시의 대가가 등가적이지 않기 때문입니다. 탄창에 단 한 발의 총알을 넣고 돌린 뒤 순서를 돌아가며 자기 머리를 향해 방아쇠를 당기는 이 게임은, 6연발을 기준으로 하면 성공 확률이 5/6처럼 보입니다. 하지만 단 한 발의 실패는 목숨의 상실로 직결됩니다. 이미 살아있는 게임 대상자들이 굳이 운명의 총알에 생명을 건다는 것은 전혀 합리적이지 않습니다.

조건 달성 게임 또한 마찬가지입니다. 우리는 '존재하는 것'만으로도 충분히 행복할 수 있습니다. 『피로사회』라는 책을 써 한국과 유럽을 뒤흔든 철학자 한병철은 『관조하는 삶』에서 참된 행복의 핵심은 "유용성이

나 효용성, 경제성 등 아무것도 목적으로 삼지 않고 그저 아름다움을 즐기고자 하는, 행위 없는 무위에서 나온다"라고 말했습니다. 즉, 인간은 생존을 위한 쓸모 있는 행동 중 그 무엇도 하지 않고 그저 존재함을 누릴 때 가장 참된 행복을 누릴 수 있다는 것입니다. 그럼에도 우리는 생존을 위한 조건들에 '행복'을 자발적으로 걸어 놓고 삶을 러시안 룰렛처럼 설계해버렸습니다. 환경적 조건이 있어야만 행복해질 수 있는 것도 아닌데 말입니다.

### 잔혹한 게임 패배의 대가

조건 달성 게임에서는 성공할 경우 단기적 만족감을 누릴 수 있지만, 실패할 경우에는 그 즉시 '낙오자'가 됩니다. 러시안 룰렛 게임처럼 실패의 대가가 너무 큰 것입니다. 이는 마치 실패가 뜨면 삶이 무너질 수 있다는 위험성에도 불구하고 '그 한 발만 피하면 극적인 해피 엔딩을 손에 쥘 수 있으므로 최악의 경우의 수 따위는 외면하면 그만'이라는 심정이 아닐까요. 일확천금에 대한 기대로 전 재산을 투자하는 사람들이 설마 '투자금이 휴지 조각으로 분해될 가능성이 있다'라는 사실을 충분히 고심하고 뛰어드는 것이겠습니까. 한국자본시장연구원(KCMI) 보고서에서 개인 투자자들이 특히 주식 투자를 '대박 기회'로 본다고 말했던 것과, 「Are You Investing or Gambling?(2023)」이라는 논문에서 시장의 흥분과 활동에서 오는 쾌락을 위해 주식을 도박성으로 하는 경우가 많다고 지적한 것을 비추어 볼 때, 사람들은 분명 최악의 상황보다는 역전의 기회에만 초점을 맞추고 있는 듯 보입니다. '나는 5/6의 확률로 성공할 것이다.'라고 생각하는 러시안 룰렛은 이미 시작돼 버린 것이죠.

조건 달성 게임에서 목표로 두고 있던 전문직 혹은 자격증 시험에서 낙방을 할 경우, 이는 '레벨 업 실패'와 같으므로 스스로 '낙오자가 되었다'는 감각을 느끼기 쉽습니다. 원하는 직장 획득의 실패는 자신의 무가치함을 마주한 경험으로 새겨질 수 있습니다. 이 게임은 스스로를 '열등해서 불행한 존재'로 전락시킬 여지를 만들고 시작하는 게임입니다. 목표를 이루면 짧은 쾌감을 얻지만 실패하면 좌절과 자괴, 절망 같은 감정적 비용이 삶을 아득히 갉아먹습니다. 외재적 목표(돈, 명예, 외부 인정 등)를 달성한다고 하더라도 앞에서 살펴본 것처럼 이 요소들은 정신적, 신체적 건강과 더불어 활기와 즐거움, 몰입을 낮출 수 있기 때문에 이 목표가 중심이 되는 조건 달성 게임에서는 진정한 행복을 누리기 어렵습니다.

인트로에서 한 다리만 건너면 아는 친구가 '자살'이라는 선택을 했던 적이 있음을 밝혔습니다. 그런 선택을 하게 만들었던 것은 부모와 학교가 요구하는 성적 조건을 달성하지 못했다는 수치심 그리고 이러한 삶의 양식에 대한 환멸이 아니었을까 싶습니다. 또한 어느 날, SNS에서 누군가 '죽고 싶다'라는 내용으로 쓴 글을 본 적이 있습니다. 부모님에게는 자랑스럽지 못한 자식이 되어버렸고, 우울증에 빠져 하루하루를 루저가 된 것 같은 기분으로 살아내는 자신이 끔찍하다며, 어떻게 하면 부모님께 더 이상 부담을 지우지 않고 조용히 죽을 수 있겠냐는 글을 본 스무 살 적의 저는 심장이 찢어지는 줄 알았습니다. 자살하고 싶다는 말은 '죽도록 잘 살고 싶어서, 차라리 죽기를 선택한다'라는 뜻이라고 생각합니다. 그에겐 분명 본인만의 '살아있길 잘 했다'라는 기준이 있었을 것이며, 이를 충족하지 못하고 있는 현재의 본인이 용납이 안 되었기에 죽고 싶었을 것입니다. 죽어서라도, 산 자로서 마땅히 이뤄야 하는 책임과 그것을 해내지 못했다는 죄책감, 하나라도 제대로 성취한 것이 없는 인간이라는, 형체 없는 독화살을 회피하고 싶었던 것일지도 모릅니다. 어쩌면, 지금 당장 허파를 찌르는 '나는 무가치하다'라는 감각에 어찌 할 바를 몰라, 가장 쉬운 해결책인 '죽음'을 바랐던 것일지도 모르겠습니다.

조건 달성 게임에서 패배한 대가는 이렇게 처절합니다. 죽음으로 그 대가를 치르고 싶다고 느낄 정도로, 빠져 나오지 못할 것 같은 늪에서 허우적대는 기분을 느낄 수 있습니다. 조건 달성 게임으로 삶이 전환된 이상, 모든 인간은 단 한순간일지라도 이런 감각을 맞이할 수밖에 없습니다. 완벽하고, 완전하고, 원하는 모든 것을 성취하는 인간이란 존재하지 않으니까요. 우리는 가지면 행복할 것이라는 잘못된 기대감에, 폐기가 시급한 가설을 설정해놓고 아슬아슬한 줄타기를 하는 심정으로 살아가고 있는지도 모릅니다.

**Q 삶의 깊이를 더하는 질문**

여러분은 혹시 학벌, 외모, 연봉, 직장, 자산 등의 원하는 조건을 성취하지 못해서 스스로를 '열등한 인간'으로 치부하고 부정적인 감정을 느껴본 적이 있으신가요? 그렇다면 혹시 지금껏 삶을 단계별 조건을 달성해야 하는 게임처럼 바라보고 있던 것은 아닌지 고민해보면 좋겠습니다.

# Chapter 3

조건 달성 게임이
만드는 얕은 삶

# 1

## 생존과 번식 중심의 삶

*"어쩌면 우리는 생존과 번식만이 인간의 궁극적 목적이라는 진화심리학의 논리 앞에서 쩔쩔매고 있는지도 모른다."*

- 최인철, 『굿라이프』

### 생존과 번식을 위한 삶

조건부 행복 가설의 오류와 조건 달성 게임 양식은 고통의 직접적인 원인이 될 수 있습니다. 그래서 저는 인간이 더 행복한 삶을 살기 위해서는 이러한 믿음과 양식에서 벗어나야 한다고 생각합니다. 하지만 이는 매우 어려운 일입니다. 왜냐하면 생존 달성 게임은 우리의 강력한 본능, '생존과 번식'과 긴밀하게 결부되어 있기 때문입니다.

### 1) 생존 욕구에서 비롯되는 조건 집착

고대 수렵 채집 시절의 인간들에게, 무리에서 이탈하거나 도태되는 것은 죽음으로 이어지는 과정이곤 했습니다. 맹수의 공격을 받기 쉽게 되거나, 식량을 제대로 확보하는 데 어려움을 겪게 되기 때문입니다. 그래서 인간의 뇌는 공동체에 안전하게 속해 있으려는 경향을 강하게 발달시켜왔습니다. 이러한 뇌를 그대로 이어받은 현대인들은 더 신뢰받고, 더 유능해 보이고, 더 중요한 사람처럼 보임으로써 사회의 중심에 서 있으려는 강한 욕망을 가집니다. 사회적으로 생존하지 못하면 죽음으로 이어질 것이라는 무의식적 불안을 느끼기 때문입니다.

이것이 사람들이 좋은 집을 얻고 싶어하는 이유입니다. 오늘날의 좋은 집은 도심의 한가운데, 안전한 동네, 조용한 환경, 학군이 좋은 지역, 인프라 접근성이 좋은 위치, 집값이 안정적이거나 상승할 가능성이 높은 부동산 같은 조건들을 포함합니다. 이것은 단순히 편안함에 대한 기대를 넘어서, 집단 내에서 '나의 위치'를 표시하는 신호로 작동되길 바라는 기대에서 비롯합니다. 좋은 집에서 산다는 것은 '나는 이 정도 자원을 가용할 수 있는 사람'이라는 메시지가 될 수 있으므로 사회적 생존 감각에 안정감을 선물하기 때문입니다.

'좋은 차' 역시 비슷합니다. 본래 이동 수단인 '차'의 필요성을 느끼는 이유는 이동 자체를 효율화 시켜줄 수 있는 기능 때문입니다. 하지만 요즘 사람들이 실제로 집착하는 것은 '브랜드, 옵션, 디자인, 가격, 희소성' 같은 상징 자본에 가깝습니다. 이 또한 자신의 능력과 부를 나타냄으로써 남보다 우월하다는 감각과 타인을 통제할 수 있는 위치에 있다는 자각을 통해 자신의 생존 안전성을 공고히 다지려는 전략이라고 볼 수 있습니다.

## 2) 번식 욕구에서 비롯되는 조건 집착

진화심리학 관점에서 보면, 모든 것은 결국 생존과 번식을 가능하게 하기 위한 전제입니다. 리처드 도킨스 또한 "우리는 유전자들의 생존 기계"라며, 인간은 유전자를 보존하기 위해 프로그램을 짜 넣은 로봇 기계와 같고, 인간을 포함한 생물 개체는 단지 불멸의 유전자의 운반자일 뿐이라고 말했습니다. 이처럼 인간은 강렬한 번식 본능을 갖기 마련인데, 오늘날 이 본능은 '어떤 배우자를 얼마나 좋은 조건에서 만나고, 그 관계를 얼마나 안정적으로 유지하는가'의 문제로 드러나고 있습니다. 현대 사회에서 매력적인 배우자를 얻기 위한 '보이지 않는 스펙 경쟁'이 과열되는 이유도 여기에 있죠.

'좋은 집과 좋은 차'는 짝을 선택하는 사람의 입장에서 보면 한 마디로 '안정적인 삶을 함께 꾸려갈 수 있는 능력의 신호'입니다. 특히 남녀를 불문하고, 많은 사람들은 여전히 상대의 경제력·직업·거주 환경을 배우자 선택의 핵심 요소로 봅니다. 겉으로는 '사랑이면 충분하다'라고 말하면서도, 실제 결정의 순간에는 '이 사람과 결혼해서 아이를 낳고 키우며 살아도 안전한가?'를 계산하게 됩니다. 나이가 들수록 따지는 조건들이 많아지게 되는 이유입니다. 이 계산은 매우 본능적이며, 결국 '번식에 유리한 환경'을 따지는 것과 같습니다.

'외모가 뛰어나고 능력이 좋은 이성'에 대한 집착은 더 노골적으로 번식과 연결됩니다. 외모는 진화적으로 '건강, 젊음, 유전적 적합성' 같은 요소의 신호로 작동합니다. 능력(수입, 사회적 지위, 지적 역량 등)은 '양육 자원, 후손에게 물려줄 사회적 자본'과 결부됩니다. 다시 말해 우리가 레벨업 조건들에 그토록 매달리고 있는 이유 중 하나는 '건강하고 매력적인 유전자'와 '풍부한 양육 자원'을 동시에 가진 파트너를 찾으려는 욕망이 있기 때문입니다.

### 3) 행복, 생존과 번식을 위한 자연의 전략

뇌의 보상 시스템은 생존과 번식에 유리할수록 '행복'이라는 감정을 느끼게 합니다. 그래야 생존과 번식 기여 행동을 유도할 수 있기 때문입니다.

많은 사람들은 자신이 사는 이유를 이렇게 말합니다. '행복하고 싶어서 좋은 집과 차를 사고 예쁘고 멋진 이성과 결혼하는 거야.' 이 말은 틀렸다고 할 수 없습니다. 하지만 이 말에는 '무엇을 행복으로 느끼도록 설계되어 있는지'에 대한 이해가 빠져 있습니다. 안정된 집, 넉넉한 자원, 매력적인 파트너, 높은 지위에서 오는 인정과 존중은 결국 생존과 번식 미션을 효과적으로 달성합니다. 그래서 뇌는 '생존이 안정되었다'라는 신호에 긍정적인 정서를 느낍니다. 이 긍정 정서는 사람의 행동을 강화하기 때문에 인간은 자연스럽게 생존과 번식 달성을 위한 조건들에 더욱 주목하게 됩니다. 그래서 결국 삶의 목적을 '행복'으로 두고 있어도 이는 본능이 시키는 '생존과 번식' 미션 달성을 그 삶의 궁극 목적으로 따르고 있는 것이라고 해석할 수 있습니다.

### '인류 존속'에만 기여하는 삶

이 모든 것을 한 축으로 모아놓고 보면, 현대인이 갖는 궁극적인 목적의식은 '내가 살아남고, 내가 속한 유전자·가문·계급이 다음 세대로 계속 이어지도록 하겠다.'로 모입니다. 행복에 대한 집착, 그리고 조건 달성 게임은 '나는 더 오래, 더 안전하게 살고 싶다. 그리고 더 좋은 조건에서 짝을 맺고, 내 유전적·사회적 자본을 다음 세대로 전달하고 싶다.'라는 욕구에 충실함으로써 만들어지는 결과인 셈이죠. 그런데 자연이 우리에게 생존과 번식 장치를 새긴 이유는 '인류 존속'일 것입니다. 생태계의 균형과 안정을 지키는 것이 자연의 법칙이니까요.

이렇게 되면 조건 달성 게임 속에서 사는 사람들은 '왜 사는가?'라는 질문에 '인류가 존속되어야 하니까 산다.'라고 대답하는 모양새가 됩니다. 리처드 도킨스가 말한 것처럼 유전자를 전달하는 매개체, 유전자를 담기 위해 프로그래밍된 기계와 같은 존재 정도의 의미만 갖게 되는 것입니다. 이는 개개인의 삶을 그저 인류 존속에 기여하기 위한다는 의의로만 제한합니다.

물론 생존과 번식은 우리 삶에 너무 중요한 요소입니다. 삶을 지속하기 위해서는 최소한의 생명 유지 장치가 있어야 합니다. 컴퓨터의 다양한 기능을 활용하기 위해서는 무엇보다 전력이 들어와야 하는 것처럼, 자연은 분명 우리에게 생존과 번식을 요구합니다. 그러나 자연은 거기서 멈추지 않았습니다. 오직 '먹고 번식하는 문제'만 중요시 여기는 동물들과는 다르게, 자연은 인간에게 '이성'이라는 능력을 부여했습니다. 단지 살아남고 유전자를 남기는 것만으로는 만족하지 못하게 우릴 설계해 둔 것입니다. 자연은 인간에게 동물들보다 더 고차원적인 기능을 발휘하기를 기대하고 있습니다. 우리에게 오직 생존과 번식만 요구하고 싶었다면, 굳이 이성을 부여할 필요가 없습니다. 우리보다 약한 동물도 생태계 안에서 조화를 이루며 잘 살아남고 있으니까요.

이것이 인간과 동물의 다른 지점입니다. 그럼에도 불구하고 '조건 달성 게임'으로 전환된 현대의 삶은, 이러한 인간적인 능력이 제대로 활성화되지 못한 채, 동물적인 수준으로 축소돼 있습니다. 조건 달성 게임은 그저 '생존과 번식'만을 중요시 여기는 양식이기 때문입니다. 한병철 철학가는 인간이 자극과 반응의 패턴, 욕구와 충족의 패턴, 문제와 해답의 패턴, 목표와 행위의 패턴만을 반복할 경우, 삶은 생존으로, 발가벗은 동물적 삶으로 쪼그라든다고 지적했습니다.

결국 생존 달성 게임의 문제는 '생존과 번식'이라는 생명 유지의 전제 조건을 이성을 가진 존재가 평생 추구해야 할 '목적'으로 착각하는 순간, 삶이 이상하리만치 납작해지고 만다는 데 있습니다. '얕은 삶'이 되어버리고 마는 것입니다. '먹고 사는 문제가 제일 중요하다.'라고 여길수록 더욱 그러해지는 것 같습니다. 한병철 철학가가 말한 것처럼 우리 삶은 어쩌면 우리도 모르는 사이에 발가벗은 동물적인 삶으로 쪼그라들어 있던 것일 수도 있습니다.

**Q** **삶의 깊이를 더하는 질문**

여러분의 삶에서는 한병철 철학가가 말한 생존과 번식 중심의 패턴이 얼마큼이나
나타나고 있으신가요? 혹시 지금껏 삶을 조건 달성 게임으로 바라보게 된 이유가
'생존과 번식'이 삶을 사는 유일한 목적이었기 때문은 아니었는지 고민해보면 좋겠
습니다.

# 2

# 얕은 삶은 인간성을 축소시킨다

*"생존만을 강조하고 보다 가치 있는 것, 보다 소중한 것을 말하지 않는 사회는 더 이상 '행복'을 추구하지 않는 사회와 같다. 요즘의 한국 사회는 매일상이 사는 것이 아니라 생존하는 것과 같고, '살아남아야 한다.', '생존해야 한다.' 등이 일상적인 말이 되어버린 것 같다."*

- 이명곤, 『철학, 인간을 사유하다』

철학자 이명곤 교수는 '생존하다'라는 말과 '존재하다'라는 말은 그 의미에 있어서 하늘과 땅 차이라고 말했습니다. 생존한다는 것은 생물학적으로 죽지 않고 살아있다는 것이지만, 존재한다는 것은 존재가 가지는 모든 가치를 실행함을 의미하기 때문입니다. 그러면서 "생존만을 강조하고 보다 가치 있는 것을 말하지 않는 사회는 더 이상 '행복'을 추구하지 않는 사회"라는, 이 책의 핵심까지도 관통하는 설명을 남겼습니다. 그는 이어서 한국 사회는 '생존을 잘하면 그것이 곧 행복한 삶'이라고 착각하고 있는 것 같다고 지적했습니다.

저 또한 비슷한 관점입니다. 우리가 불행해진 이유는 '생존과 번식'만을 중심으로 두고 여기서 파생되는 행복과 조건들에 집착하기 때문이 아닐까 싶습니다. 이성이라는 인간적인 능력을 제대로 활용하지 못하고 있기 때문에 사회와 인간의 토대를 파괴하는 불행한 조건 달성 게임 속에서 살게 된 것이지요.

이러한 얕은 삶, 즉 '먹고 번식하는 문제에만 초점을 둔 삶'에는 적어도 네 가지 치명적인 맹점이 있다고 생각합니다. 첫째, 이성의 기능이 제한됩니다. 둘째, 개별성을 존중받지 못합니다. 셋째, 주체성을 상실합니다. 넷째, 그렇게 살아낸 삶은 결국 참을 수 없을 정도의 허무함을 남깁니다. 제가 생각하는 인간성은 이성과 개별성, 주체성에서 비롯되는 것이라고 생각하는데 얕은 삶은 이 세 가지를 약화시킴으로써 인간성을 현저하게 축소시키는 것입니다.

이에 대해 먼저 조건 달성 게임에서 이성의 기능이 어떻게 제한되는지, 그 위험성은 무엇인지부터 살펴보겠습니다. 이를 통해 해당 양식이 우리네 삶의 깊이와 폭을 어떻게 줄이고 있는지를 논의함으로써 조건 달성 게임과 같은 얕은 양식을 완전히 탈피하고 새로운 양식을 맞이하는 계기를 만들고자 합니다.

## 1. 이성의 기능이 제한된다

인간에게 부여된 '이성'은 사물의 이치와 원리를 알아내는 힘, 논리적이고 개념적으로 생각하는 힘, 옳고 그름을 가릴 수 있는 능력입니다.

아리스토텔레스는 이성의 최고 활동이 관조적 사유라고 보았고, 이를 인간이 추구하는 진정한 행복과 연결 지었습니다.

철학자 이명곤 교수 또한 인간의 본질을 규정하는 가장 대표적인 표현으로 '사유하는 존재'를 들었습니다. 그는 '나의 존재란 무엇인지'에 대해서는 오직 '사유함'을 통해서만 의미를 부여할 수 있고 이를 통해 우리는 거의 모든 것을 바꿀 수 있다고 말합니다. 그만큼 '사유'를 가능케 하는 이성은 인간에게 강력한 힘이자, 인간 지위를 견고히 지지하는 원천입니다.

그런데 생존과 번식에만 중심을 두고 흐르는 삶은 이 기능을 최대한 단순화시킵니다. '무엇이 옳은가, 어떤 삶이 인간답다고 부를 수 있는가, 어떤 방향성을 따라야 하는가'와 같은 사색적 질문은 생존 효율을 따지는 관점에서는 번거로운 시간 낭비에 불과하기 때문입니다. 현대의 '조건 달성 게임'은 이 단순화를 극단으로 밀어붙입니다. 어떻게 하면 더 빨리 승진할까, 어떤 직업이 돈을 가장 잘 벌 수 있을까, 어떤 스펙을 쌓아야 연봉을 올릴 수 있을까, 자산을 어떻게 운용해야 남들보다 뒤처지지 않을까. 이성은 '나만의 삶의 설계'를 가능하게 해주는 사유의 힘이 아니라, '생존 경쟁에서 이기도록 돕는 계산 도구'로만 제한됩니다.

'분초사회', '시간이 파편화된 사회'라는 말처럼, 우리는 쪼개진 삶을 살고 있습니다. 회의와 업무, 자격증 공부와 자기 계발, 대입과 취업, 승진 경쟁, 부업과 재테크 속에서 '사유'가 들어설 틈은 거의 남지 않습니다. 오늘날 현대인들은 생각할 시간과 교육을 보장받지 못해 사색을 잃었습니다. 눈앞의 효율과 즉각적인 자극 속에서 살아가며, 깊은 생각과 성찰은 불필요한 낭비로 취급됩니다. 스마트폰의 푸시 알림이 생각의 여백을 대체하고 알고리즘이 판단을 대신합니다. 우리는 잠깐의 심심함도 견디지 못하고 SNS, 게임, 커뮤니티 등 어떤 화면이라도 들여다보기 위해 금세 핸드폰을 깨웁니다.

사람들은 '시간이 없다'라며 깊은 고찰을 미루지만 정작 시간을 가장 낭비하는 것은 생각하지 않는 삶입니다. 사유의 결핍은 단지 개인의 문제를 넘어 사회 전체의 사고력과 도덕성을 잠식합니다. 사유 없는 성실함, 판단 없는 순응이 일상화된 사회에서 인간은 점점 더 많은 일을 하면서도 '왜' 하는지 묻지 않습니다. 그렇게 우리는 더 똑똑해졌지만, 동시에 더 어리석어졌습니다.

인간은 사유의 시간을 잃는 순간, 사실상 '인간으로서의 지위'를 잃습니다. 사유는 인간의 이성이 제 기능을 발휘하는 최소한의 공간이기 때문입니다. 나는 왜 살고 있는지, 무엇으로 살 것인지, 어떻게 살 것인지에 대해 자문하는 시간 없이 그저 이미 짜여진 게임 판 위에서 반사적으로 반응하는 플레이어로 머무는 것은 선조들이 말하는 '이성을 발휘하는 삶'이라고 볼 수 없습니다.

독일 정치 철학가 한나 아렌트의 『예루살렘의 아이히만』은 '사유의 부재'가 어떤 파국으로 이어질 수 있는지를 보여줍니다. 그녀는 나치 정권하에서 유대인 학살을 수행했던 총괄자 아이히만의 재판 과정을 관찰하며, 그를 악의 화신이 아닌 '생각하지 않았던 평범한 인간'으로 분석했습니다. 재판장에서 마주한 그는 수백만 명을 죽인 살인자라고 하기에는 너무도 평범한 모습이었으며, 심지어 가족들에게 사랑받는 성실하고 자상한 아버지였기 때문입니다. 유명한 문장인 "저 엄청난 절대악의 현상은 평범성, 즉 생각하기의 무능, 말하기의 무능, 판단하기의 무능에서 비롯된다."라는 것은 바로 이러한 맥락에서 비롯되었습니다.

아이히만은 히틀러 정권의 유대인 추방, 수송, 학살의 최고위급 전문가로, 수많은 유대인들을 죽음으로 몰아넣은 인물이었습니다. 대표적인 설명만 읽으면 꽤나 잔학한 인물로 비춰지지만 어떻게 보면 그는 '나라가 내리는 지시를 성공적으로 수행하는 것'에 너무 몰입했던 관료일 뿐이었습니다. 그는 자신의 학살 행위의 이유나 목적에 대해 깊이 생각할 능력이 없었고, 상부의 명령을 그대로 받아들여 이행하는 것 외의 선택지는 생각하지 못했기 때문입니다.

그의 생각 능력이 왜 무능해졌는지는 다음과 같이 분석해볼 수 있습니다. 그의 눈에 영웅처럼 보이는 확신에 찬 히틀러, 세상을 뒤흔들 정도의 파격적인 학살 명령, 호도되는 학살의 의미, 자극적인 거대한 선전 문구, 타인의 생명까지도 좌우하고 있다는 우월감은 평생을 자격지심을 가지고 살았던 그를 잔뜩 고취시켰을 것입니다. 또한 히틀러 정권에 의해 주입된 선민의식을 기반으로 '독일 천하에 기여하는 영웅이 될 수 있다'라는 감각은 권력을 향한 강한 욕망이 있던 그를 잔뜩 흥분시켰을 것입니다. '상부 명령은 정의롭다'라는 자극만 주어지는 상황에서 감정에 휩쓸리지 않고 행위의 의미를 판단하기란 쉽지 않았겠죠. 그래서 그는 성찰이나 반성의 여지를 잃고 학살에 적극적으로 임했던 것일 수 있습니다.

그러나 평소에 자신의 행위를 성찰하고 삶의 의미와 목적을 고민하면서 이성을 갈고 닦았다면, 그는 마냥 상황에만 휘둘리지 않을 수 있었을 것입니다. '최종 해결책'이라는 단어로 순화되고 있는 학살의 실재를 제대로 직시할 수 있었을 것입니다. 타인의 입장에서 생각할 수 있는 능력인 죄책감은 제대로 작동했을 것입니다.

사유의 부재는 도덕적 판단까지 마비시킵니다. '악'은 특별한 괴물에게서만 태어나는 것이 아니라 평범한 사람들 속에서도 쉽게 자라난다는 것이 '악의 평범성'의 핵심입니다. "해야 하니까 한다. 내 역할은 주어진 명령에 최선을 다하는 것이다."라고 생각하며 그 행위가 어떤 결과를 낳을지, 어떤 영향을 미칠지 숙고하지 않는다면 그는 이미 아이히만과 다르지 않을 것입니다. 이는 철학자 김선욱 교수가 『한나 아렌트의 생각』에서 짚어낸 바입니다. 그에 따르면 생각을 멈춘 사람은 판단 능력을 잃고, 그 결과 현실에서 벌어지는 일의 의미를 제대로 파악하지 못합니다. 그리고 바로 그 무지의 순간에서 절대악이 활생하게 됩니다. 그는 '현대인은 바쁜 일상 속에서 이런 악의 평범성에 쉽게 노출된다'라고 말했습니다. 겉으로는 성실하게 살아가지만, 깊은 사유 없이 성실함만을 앞세운다면 우리는 어느새 '성실한 악행자'가 될 위험에 놓여 있는 것입니다.

그래서 그는 당부합니다. 우리 안에서 생각은 늘 살아 있어야 한다고. 생각이 멈추는 순간, 우리는 언제든지 지극히 평범한 악인으로 돌변할 수 있다고.

사유하는 시간이 사라진 사회에서는 모두가 같은 말을 하고, 같은 목표를 좇습니다. 하지만 그 목표는 대부분 외부에서 주어진 것입니다. '더 벌어라', '더 가져라', '더 앞서라'라는 명령이 그들을 몰아갑니다. 사람들은 그렇게 현실에 적응하려다 결국 현실에 잠식되고 맙니다. 그 결과 인간은 '사유하는 존재'가 아니라 '계산하는 존재'로 축소됩니다. 사색의 자리가 전부 실리를 계산하는 회의와 투두(To-do) 리스트로 대체되면, 인간의 이성은 자연이 요구한 최소 기능, 즉 생존과 효율적 자원 배분의 도구로만 활용됩니다. 그때, 다른 한편에서는 언제든 '성실한 악행자'로 변질될 가능성이 피어나기 시작합니다.

이것이 바로 첫 번째 맹점입니다. 생존과 번식에만 중심을 둔 삶은 가장 인간다운 기능인 사유와 성찰, 질문의 능력을 마비시키고, 결과적으로 우리를 '생각하는 존재'가 아니라 '적응하려다 잠식당하는 동물'로 후퇴시킬 수 있습니다.

## 2. 개별성을 존중받지 못한다

얕은 삶의 두 번째 맹점은 '개별성'을 존중받지 못한다는 것입니다. 우리의 이성은 우리에게 이렇게 말합니다. 인간은 모두 존엄하며, 각자의 고유성을 존중받을 권리가 있다. 인종, 계급, 성별, 능력과 무관하게 '한 사람'은 그 자체로 대체 불가능한 존재다. 이 믿음 위에 근대 인권, 민주주의, 법치, 복지, 시민 사회가 세워져 왔습니다.

그러나 현실에서 조건 달성 게임의 논리가 작동하는 방식을 보면, 이 선언은 너무 쉽게 무시됩니다. 삶이 생존, 번식 중심의 경쟁으로 축소되면 사람을 바라보는 기준도 자연스럽게 '종의 경쟁력을 높이는 데 유용한가, 그렇지 않은가'로 수렴합니다. 집이 없거나, 안정적인 수입원이 없거나, 사회적으로 인정받지 못하거나, 결혼과 출산을 하지 않은 사람들은 '실패한 인생'으로 취급됩니다. 마치 종의 번식력과 경쟁력을 떨어뜨릴 것 같은 개체를 '결함'으로 보는 태도와 비슷하죠.

현대 사회는 모두에게 단일한 사회적 기준을 들이밉니다. 좋은 대학, 좋은 직장, 좋은 집, 좋은 차, 일정 수준 이상의 연봉과 자산, 매력적인 외모와 건강, 정상적인 결혼과 출산. 이 리스트를 얼마나 채웠는지에 따라 사람의 가치를 재단하는 구조 속에서 한 사람의 고유한 개별성, 예를 들어 예술가로서의 잠재력, 돌보는 사람으로서의 섬세함, 사유하는 사람으로서의 깊이, 불의를 보면 지나치지 못하는 정의 같은 것들은 부차적인 요소로 밀려납니다. 관계에 앞서 '이 사람은 어떤 특별한 존재인가?'라는 질문 대신 '이 사람은 어떤 조건을 얼마나 갖췄는가?'라는 질문이 우선하게 됩니다. 이력, 직장, 직업, 연봉, 거주지, 외모와 스펙, 팔로워 수처럼 종의 경쟁력과 번식력이 투사된 지표들이 한 사람의 전부인 것처럼 취급되는 것입니다.

이것은 자연이 동물을 보는 시선과 정확히 겹칩니다. 개체를 '기여도'와 '적응도'로만 평가하기 때문입니다. 만일 자연이 '인류 존속'의 목적만 달성하도록 인간을 설계했다면 자연 입장에서 중요한 것은 오직 한 가지였을 것입니다. 이 종이 끊어지지 않고 이어지느냐, 아니냐. 이 관점에서는 A라는 인간이 살아남느냐, B라는 인간이 살아남느냐는 본질적인 차이가 없습니다. 극단적으로 말하면, 인간이라는 종의 번식과 존속에 유리하기만 하다면 누가 죽고 사는지는 크게 상관이 없는 것입니다. 꼭 제가 아니어도, 여러분이 아니어도 상관이 없습니다. 가장 좋은 유전자를 다양하게 확보하기만 하면 될 뿐입니다. 이렇게 되면 자연은 '인류'라는 거대한 집합을 유지하는 데만 관심을 두고 그 안에 포함된 개별자의 서사는 중요한 문제로 다루지 않을 것입니다.

또한 정말로 '먹고 사는 문제'가 인간에게 제일 중요한 것이라면 자연은 우리에게 이렇게 말하지 않을 것입니다. "너라는 존재는 대체 불가능하니, 네 고유함을 발휘하며 주체적으로 살아라.", "네가 사랑하는 어떤 가치를 위해, 기꺼이 손해를 감수하며 싸워라.", "타인을 위해 네 몫의 안락함을 줄이고, 고통 받는 사람과 빵을 나누어라.", "더 좋은 사회를 만들기 위해 네가 받은 재능으로 기여하라." 각자가 가지는 고유성은 생존과 번식에 크게 도움이 되는 요소가 아니니까요. 여타 동물들의 삶이 그러하듯 말이죠. '꿈'을 꾸라고도, 주체성을 가지라고도 요구하지 않을 것입니다. 인류가 존속하는 데 필요한 것은 '충분한 수의 번식 가능한 개체들의 집합'이지, '고유한 서사를 만들어가는 독특한 개인들'이 아니기 때문입니다. '나는 누구인가, 어떤 가치를 추구하면서 어떤 태도로 살아야 하는가'와 같은 인생 사색 질문들은, 인류 존속이라는 효율적 관점에서 보면 불필요합니다. 동물들이 이런 질문 없이도 잘 번식하며 살 수 있는 것처럼, 인간도 그런 질문 없이 충분히 먹고, 자고, 짝짓고, 아이를 낳으며 살아갈 수 있으므로, 자연은 우리로 하여금 그러한 질문이 떠오르지 못하게 막으려 들 것입니다.

하지만 우리 내면은 '고유성'을 강력히 원하고 있습니다. '나만의 삶, 자유, 주체성에 대한 욕망이 아주 커다랗습니다. 자연이 그렇게 설계했고, 생존과 번식 본능 외에 정신적 능력을 발휘하고 싶어하는 본능을 심어두었기 때문입니다. 그러나 조건 달성 게임 속에서만 살게 되면 우리는 이러한 고유성을 획득하지 못하게 됩니다. 부품의 역할에만 만족하고 안주하는 모양새가 됩니다. 획일화된 기준에 스며들어, 나만의 삶 이전에 '잘 먹고 잘 번식하는 삶'을 만드는 것에 집중하고 싶어집니다.

이 간극에서 드러나는 것이 바로 두 번째 맹점입니다. 생존과 번식의 기준으로 삶을 설계하면, 인간이 이성으로 드달한 '인간의 존엄'과 '천부적 권리'는 무너집니다. 그리고 그 무너짐의 대가로 각자의 개별성은 지워집니다. 결국 유일하게 남는 것은 자연이 인간 외 동물에게 기대했던 효율적인 조건의 조합일 수 있습니다.

## 3. 주체성을 상실한다

세 번째는 바로 '주체성의 상실'입니다. 생존과 번식 중심의 양식은 결국 한 사람의 인생에서 '나'를 지워버립니다. 겉으로 보기에는 분명 '내 인생'을 열심히 살아가고 있는 것 같이 보이지만, 막상 들여다보면 그 안에 '나'라는 주체가 지워져 있을 수 있는 것입니다. 이는 생존과 번식을 중심으로 하는 삶이 '내가 어떻게 살고 싶은지를 스스로 결정하는 힘'을 약화시키기 때문입니다.

주체성의 상실은 단순히 먹고 싶은 메뉴를 고르지 못하게 된다는 차원의 문제가 아닙니다. 어떤 삶이 좋은 삶인지에 대해 나만의 기준을 세우고, 그 기준에 따라 길을 고르고, 책임지려는 태도의 상실을 일컫습니다. 다시 말해 '어떻게 살 것인가, 어떤 가치를 추구하며 살아갈 것인가, 어떤 태도로 삶에 임할 것인가'를 스스로 묻고 답하며 그 답이 가리키는 길로 걷는 능력을 잃는 것입니다.

소아정신과 전문의 지나영 교수는 돈을 많이 버는 것, 공부해서 좋은 대학, 좋은 기업을 가는 것은 전부 외적 동기와 보상을 위한 것인데, 동기가 외부에서만 주어지는 삶은 결코 '자신이 결정한 삶'이 아니라는 것을 지적한 바 있습니다. 그리고 우리나라의 대부분이 이렇게 자율적이지 못한 삶을 살고 있음에 안타까움을 드러냈습니다. 앞에서 살펴본 연구들도 외적 보상(돈, 물질, 인정 등)이 주어지는 일에서는 내재적 동기(유능감, 자율성 등)가 저해된다는 것을 보여줬죠.

미국의 정신과 의사였던 모건 스캇 펙(Morgan Scott Peck) 박사는 『아직도 가야 할 길』에서 자신의 주체적인 판단이 결여된 행동, 즉 부모나 다른 사람의 기대 또는 사회 전체를 만족시키기 위해 결혼 및 직업을 결정하는 행동은 본질적으로 얄팍한 것이라고 보았습니다. 그리고 진정한 사랑이란 온전한 자아와 정신적 성숙으로 나아가도록 주체적인 결정을 지지하는 일이라고 가르쳤습니다.

조건 달성 게임 속에서 살다 보면, 주체성은 서서히 약해질 수밖에 없습니다. 물론 이곳 사람들은 각자 자기 인생의 경로를 설계하긴 합니다. 그러나 '어떤 인간이 되고 싶은가', '내가 중요시 여기는 인간적 가치는 무엇인가'를 기준으로 한 설계가 아니라, '어떤 경로로 가야 사회가 제시하는 조건을 효율적으로 달성할 수 있겠는가'를 기준으로 한 설계입니다. 좋은 학교, 좋은 직장, 좋은 연봉, 좋은 결혼, 좋은 집. 삶의 설계도에 사회의 명령은 있지만, 그 속에 '나'가 없는 것입니다.

철학가 한병철은 『생각의 음조』에서 자신이 자유롭다고 착각하는 신자유주의적 성과의 주체는 사실상 '노예'라고 말했습니다. 주인 없이도 자발적으로 본인을 착취한다는 점에서 절대적인 노예이며, 자본의 증식을 위해 개인의 자유가 착취당하고 있다는 점을 날카롭게 꼬집습니다. 그는 "자유로운 개인은 자본을 증식시켜주는 생식기로 전락한다."라고까지 말했습니다.

노예는 자신이 노예라는 사실을 '자연스러운 것'으로 받아들입니다. 태어날 때부터 노예였으니 그렇게 사는 것이 당연하다고 느낍니다. 계급제의 불합리성을 따질 시간에 주인의 명령을 하나라도 더 수행하는 것이 생존에 더 유리하다고 생각합니다. "이런 생각을 한들 뭐가 달라지겠어. 쓸데없다."라고 생각할 뿐, 그냥 주어진 일을 합니다. 노예는 '주인의 명령이 정당한가'를 묻지 않습니다. '이 삶이 정말 나에게 최적의 모양인가'를 묻지도 않습니다. 그저 주어진 삶의 틀 안에서 최대한 덜 맞고 덜 굶으며 버티려 합니다. 우리는 이러한 노예의 모습과 현대인이 닮아 있다는 한병철 철학가의 통찰을 '주체성을 회복하라'라는 강력한 권고로 읽어야 합니다.

주체성이 결여된 삶의 양식이 지속될수록, 우리는 점점 더 '무언가를 하고는 있지만, 그게 정말 내가 원한 것인지는 모르겠다'라는 감각 속에 빠져들게 될 수 있습니다. 하루하루 바쁘게 움직이고, 나름대로 계획도 세우고 목표도 달성합니다. 그러나 문득 멈춰 섰을 때, 이런 생각이 밀려옵니다. "이건 분명 내 인생인데, 여기에 '나'는 어디에 있는가." 주체성의 상실은 인생에 대한 공허함과 무력감을 동반합니다. 시간과 에너지, 재능과 기회는 분명 나의 것인데 그것들을 무엇을 위해, 어떤 방향으로 쓰고 있는지를 결정한 것은 대부분 내가 아닐 수 있다는 사실은 인생을 무의미하게 느끼도록 만듭니다.

결국 세 번째 맹점은 이렇게 정리할 수 있습니다. 생존과 번식 중심으로 흐르는 삶은, 우리를 '주체'에서 '사회 지시의 대리 수행자'로 만들며, 그 과정에서 '나'를 지워버릴 수 있다는 것. 사회가 제공하는 스크립트를 성실하게 수행하는 삶일수록 역설적으로 '내 삶'은 비어 갈 수 있다는 것. 삶의 겉표면은 화려해질 수 있을지언정, 그 중심은 공허해질 수 있습니다.

주체성을 회복한다는 것은 거창한 혁명을 일으키는 것도, 모두가 걷지 않는 길로 튀어 나가는 것도 아닙니다. 그보다는 아주 기본적인 질문으로 돌아가는 일입니다.

왜 살 것인가?

무엇으로 살 것인가?

어떻게 살 것인가?

이 질문들 앞에 서는 순간, 우리는 자연과 사회가 던져준 답을 그대로 베끼는 대신, 비로소 스스로 답을 쓸 수 있게 됩니다. '내' 삶을 살 수 있게 됩니다. 그때부터 삶의 중심에는 '나'라는 주체가 다시 떠오를 수 있습니다.

다시 말하지만, 생존과 번식은 중요합니다. 하지만 인간은 그것만으로 충분하지는 않습니다. 그 위에 무엇을 세울지는 온전히 각자의 몫입니다. 주체성을 상실한 생존은 노예적 삶으로 흘러가겠지만, 주체성을 회복한 생존은 인간다운 삶으로 나아갈 수 있습니다. 이제 우리는 스스로에게 이렇게 물어야 합니다. '나는 단지 살아남고 있는가, 아니면 나로서 살고 있는가.' 이 질문에 떳떳하게 답할 수 있을 때, 비로소 생존과 번식이라는 바닥 위에 '나만의 인생'이라는 건물을 짓기 시작했다고 말할 수 있을 것입니다.

출처: ChatGPT

### 4. 대가에 비해 결과가 너무 허무하다

얕은 삶이 갖는 마지막 맹점은 '허무'입니다. 인류 존속을 위한 개별적인 인생의 헌신은, 인간이 실제로 겪어내야 하는 고통의 양과 질을 고려하면 '등가성의 원리'를 충족시키지 못합니다. 다시 말해, 치러야 하는 대가에 비해 성취 목표가 너무 무상(無常)합니다.

쇼펜하우어는 인생을 '고통 그 자체'라고 표현했죠. 다소 과장된 표현처럼 들리지만, 인간의 마음 구조를 살펴보면 완전히 틀린 말도 아닙니다. 인간에게는 '부정성 편향'이 있습니다. 동등한 강도의 긍정적 사건과 부정적 사건이 동시에 있었을 때 우리는 부정적 사건을 훨씬 더 강하게, 더 오래 기억하며 그것에 더 크게 반응하는 경향을 보입니다. 칭찬 열 번보다 비난 한 번이 가슴에 더 오래 남고, 수십 번의 평온한 날보다 한 번의 비극적 사건이 인생 전체의 정조를 바꾸어 버리기도 하는 것처럼요.

어떤 한 연구에 따르면, 한 번의 부정적인 경험을 심리적으로 상쇄하기 위해 필요한 긍정적 경험의 횟수는 대략 3~4번 정도입니다. 정확한 숫자는 연구마다 차이가 있지만, 비슷한 계열의 연구들이 말하는 핵심은 동일합니다. 우리는 평생 동안 긍정적 사건보다 부정적 감정을 더 예민하게, 더 크게 인지하며 살아가는 존재라는 점입니다.

저는 이런 의문이 들었습니다. "이처럼 불균형한 감정 구조를 가진 존재가 고통을 견디며 살아야 하는 이유로 고작 '인류 존속'만 들 수 있을 뿐이라면, 우리 삶은 도대체 어떤 개인적인 의미를 가질 수 있는가?" 실직, 이별, 질병, 상실, 배신, 실패, 모욕, 자존감의 붕괴, 존재론적 공허감, 우울과 불안. 인간의 일생에는 각기 다른 형태의 고통이 끊임없이 밀려오는데, 부정성 편향 때문에 이 고통은 긍정적 순간들보다 훨씬 더 짙고 길게 새겨지는데, 이 모든 고통의 시간을 견디며 끝내 노쇠와 죽음을 향해 걸어가는 여정의 '이유'가 단지 자연이 가꾸는 '인류'라는 숲의 머릿수를 채워주기 위한 것에 불과하다면, 삶은 거의 견딜 수 없을 만큼 허무한 것이 되어 버리지 않겠습니까? 각자의 입장에서 바라볼 때 말입니다.

'나'라는 한 그루 나무의 상처, 고통, 내적 투쟁, 눈물의 밤들은 전부 '숲 전체가 유지되면 됐다'라는 말 한마디로 외면됩니다. 들인 에너지, 견뎌낸 고통, 감당한 상처에 비해 '인류 존속'이라는 보상은 개인의 입장에서 보면 아무런 실질적 가치를 돌려주지 못합니다. 종이 유지되고 역사가 이어진다고 해서 그것을 지켜보는 주체는 개인이 아닌 자연일 뿐이니까요. 인류 존속에 기여했다는 사실에 상처가 덜 아파지는 것도 아니고 결핍이 메워지는 것도 아니며 삶이 특별해지는 것도 아니고요.

이 각각의 맹점들은 우리에게 아주 불편한 진실을 들이밀어 줍니다. 생존과 번식 본능에 충실한 삶이 반드시 인간적인 삶은 아니라는 것이죠. 생존과 번식의 프로그램을 얼마나 잘 수행했는지는 인간의 입장에서 곧바로 '잘 산 삶'의 기준이 되지 않습니다. 이유는 간단합니다. 인간성은 이성의 발휘, 개별성의 부각, 주체성의 회복, 가치 있는 삶에서 피어나기 때문입니다. 그래서 이러한 요소들이 한껏 축소되어 있는 조건 달성 게임의 양식은 '인간적인 삶'이라고 부르기 어려우며 이는 정신적 고통을 유발하는 직접적인 원인이 될 수 있습니다.

따라서 저는 우리 사회가 이토록 불행해진 이유는 결국 조건부 행복 가설에 많은 오류가 담겨 있기 때문이며, 두 번째는 조건 달성 게임이 삶을 얕은 수준으로 축소해 충분한 의미를 느끼지 못하게 만들었기 때문이라고 생각합니다.

**Q 삶의 깊이를 더하는 질문**

지금껏 여러분은 이성과 개별성, 주체성을 잘 발휘해 오셨나요? 사유 부족으로 인한 성실한 악행자, 사람을 체크리스트로 판단하는 관점, 외부에서만 동기를 찾았던 자율적이지 못했던 삶. 이 각각의 키워드들은 각자 삶의 유의미한 성찰 주제가 될 수 있을 것입니다.

# 3

## 이제는 얕은 삶에서 벗어나야 한다

"그대 자신의 영혼을 탐구하라. 다른 누구에게도 의지하지 말고 오직 그대
혼자의 힘으로 하라. 그대의 여정에 다른 이들이 끼어들지 못하게 하라.
이 길은 그대만의 길이요, 그대 혼자 가야 할 길임을 명심하라. 비록 다른
이들과 함께 걸을 수는 있으나 다른 그 어느 누구도 그대가 선택한 길을
대신 가줄 수 없음을 알라."

- 인디언 속담

지금까지 살펴본 조건 달성 게임이 만드는 '얕은 삶'의 의의를 요약하
면 이렇습니다.

인간은 생존과 번식을 위해 조건을 최대한 많이,
가능한 한 빨리 채우도록 설계된 존재다.

이 양식은 매우 단순해서 매력적입니다. 해야 할 일이 분명해지고 명

쾌해지죠. 더 벌고, 더 쌓고, 더 올라가면 됩니다. 그래서 사람들은 묻지 않습니다. '왜 그 조건들을 채워야 하는지'에 대한 의문은 머릿속에서 삭제됩니다. 남들처럼 대학을 가고 취업을 하고 결혼하고 집을 사는 것. 그 과정에서 무의식 속에 남는 질문은 대개 이런 식입니다. '이 선택이 생존에 유리한가, 번식에 도움이 되는가, 내가 행복한가, 남들에게 뒤처지지 않게 해주는가.' 다시 말해, 삶의 양식 전체가 철저히 '종의 관점'에서 최적화되어 있는 것입니다. 인류 존속이라는 거대한 조건을 위해 개별자의 삶은 기꺼이 희생되도록 설계된 셈이죠.

사실 생존은 자연이 우리에게 쥐여준 최소 기준이자 연극을 올리기 위해 설치해둔 장치인데, 현대인들은 그 위에서 "나만의 유니크한 연기로 멋진 연극을 만들어가야지!"라기보다 "무대를 어떻게 하면 더 번쩍하게 지을 수 있을까?"라고만 고민하고 있는 것 같습니다. 이미 무대는 주어졌고 배우는 그 위에서 자신만의 연기를 펼쳐야 진짜 만족할 수 있는데도 말입니다. 또 한편으로는 고차원적인 기능을 활용하라고 컴퓨터를 줬는데, 컴퓨터에 전원이 계속 유지되는 것에만 최선을 다하고 있는 모양새와도 같아 보입니다. 컴퓨터를 쓰려면 전력이 필요하긴 합니다. 그러나 전력 공급과 전원 유지에만 몰두하면 컴퓨터를 제대로 쓰는 것이 아니죠.

## 우리 인생은 우리의 것

'조건을 무시하고 살자'라는 뜻이 아닙니다. 생존과 번식, 그리고 그를 떠받치는 조건들은 여전히 중요합니다. 숨이 멎어가는 사람에게 의미를 논할 수는 없습니다. 생존이 가장 중요한 문제로 떠오르는 상황이나 생명 위협의 순간이라면 당연히 생리적 욕구부터 해소하는 게 맞습니다.

다만 그것들이 '삶의 목적' 자리를 차지하는 순간, 삶이 얕아지고 주체성이 사라지며 허무가 깊어진다는 것을 확인하길 바라는 마음입니다. 인간은 살아남는 것으로 만족하는 존재가 아니기 때문이며, 나아가 분명한 목적을 가지고, 의미를 추구하며 살아가도록 설계된 존재이기 때문입니다. 배가 부르다고 해서 마음이 자동으로 충만해지지 않고, 안전하다고 해서 삶이 저절로 완성되지 않습니다. 우리는 '왜'라는 질문을 버릴 수 없는 개체이며, 그 질문을 꺼 놓았을 때 삶은 즉시 납작해집니다. 생존과 번식이 중심인 가장 밑바닥에서만 머무를 뿐이기 때문입니다.

철학자 헤이즐 반스(Hazel Barnes)는 사람들은 분명 쉽게 가기 위해 사회가 영원하고 전형적인 삶의 기준을 제시할 것을 원하지만, 그러한 궁극적인 권위에 의지하기 위해 지불해야 하는 대가는 너무 크지 않냐는 물음을 던집니다. 그 권위로 인해 사람들은 비인간적 잣대에 의해 평가되고 구속될 것이기 때문입니다. 그녀는 그러할 경우 '우리는 노예나 아이처럼 될 것이고, 우리 미래는 우리의 선택과 상관없이 그 잣대에 맞춰 규정될 것'인데, 그런 상황에서 "인간의 모험은 길잡이를 따라가는 관광으로 바뀔 것"이라고 경고했습니다. 그녀는 이어서 "사람은 부모를 떠나 자신의 판단에 따라 고유한 권리로 살 때가 왔다"는 분명한 메시지를 전했습니다. 이 말은 우리에게 인생을 주체적으로 설계하고 만들어갈 책임과 권리가 부여되어 있다는 사실을 일깨워줍니다.

'나는 나로서 내 삶을 살아냈는가.' 이 명제 앞에 떳떳할 수 있도록 이제는 얕은 삶에서 벗어나야 합니다. 생존과 번식이라는 바닥을 다졌다면 그 위에 나만의 방향성, 가치 그리고 태도를 정립해야 하는 것입니다. 이는 왜 살 것인가, 무엇으로 살 것인가, 어떻게 살 것인가를 사색하면서 시작될 수 있습니다. 그래야 자연이 우리에게 준 이성, 사유, 의미 추구의 본성을 실제로 작동시키는 삶, 본능 위에 더 높은 층위를 덧입히는 삶, 인류라는 숲을 유지하는 것에 그치지 않고 '나라는 나무'의 고유한 형태와 색을 드러내는 삶이 될 수 있습니다. 그때서야 비로소 자연의 대리인으로 사는 것을 넘어, 자기 삶의 주체로 서게 될 것입니다. 행복을 추구하면서도 더 큰 불행으로 빠지지 않는 삶이 될 수 있을 것입니다. 그리고 그 순간부터 삶은 조금씩 살이 붙을 것입니다. 그러면 비록 여전히 불완전하며 불안정하더라도, 적어도 이렇게는 말할 수 있습니다. '나는 단지 살아남고 번식하기 위해서가 아니라, 나만의 이유와 방향을 가지고 충분히 의미 있게 살았다.'

이 고백이 가능해질 때, 우리는 인간다움의 문턱을 넘었다고 말할 수 있을 것입니다. 가장 행복하고 풍족한 삶을 살고 있노라고 말할 수 있을 것입니다.

**Q** **삶의 깊이를 더하는 질문**

여러분은 자기 자신으로 삶을 살아냈다는 확신이 있으신가요? 외재적 목표(돈, 명예, 인정, 권력 등)에만 이끌려온 삶이 아니라고 말씀하실 수 있으신가요? 만일 이 질문 앞에서 잠시 멈칫하셨다면, Part2부터 전개될 삶에 깊이를 더해가는 여정에 적극 동참해주시면 좋겠습니다.

# Part 2

깊은 삶으로
나아가기

## 깊은 삶의 최소 요건

이제 우리는 조건 달성 게임이 만드는 얕은 삶에서 벗어나고자 합니다. 이는 곧 삶에 깊이가 더해지는 시작이기도 합니다. 그렇다면 삶은 어떻게 깊어질 수 있을까요?

이를 알기 위해서는 인간이란 어떤 존재인지부터 확인해야 합니다. 인간은 단순히 오래 버티기 위해서가 아니라, '무엇을 위해, 무엇을 향해' 살아갈지에 대해 의미를 찾도록 만들어진 존재입니다. 그 의미는 각자에게 맡겨진 '나만의 과업', 곧 사명과 연결될 때 비로소 힘을 갖게 됩니다. Part 2는 바로 이 지점, '나만의 과업을 발견하고 삶의 방향으로 삼는 과정'을 '왜 살 것인가'라는 질문을 중심으로 사색합니다. 이것이 깊은 삶의 최소 요건이기 때문입니다.

# Chapter 4

의미 있는 삶을 만드는
나만의 과업

# 1

## 인간은 의미를 추구하는 존재다

*"인간의 뇌는 목적 없는 삶을 견딜 수 없다."*

- 에릭 클링거

'나는 어떤 존재인가?'라는 질문에 우리는 성별, 국적, 직업, 성격 등 수많은 답을 붙일 수 있습니다. 그러나 그 이전에 먼저 파악해야 할 것은 '인간'의 특성입니다. 어떤 고유한 특성을 지니고 있든, 우선으로 파악해야 할 것은 가장 본질적인 특성이기 때문입니다.

사과나무를 식물이라 부를 수 있는 것은 뿌리를 내리고 제자리에 머물며, 햇빛을 이용해 스스로 양분을 만들어내는 방식을 취하기 때문입니다. 독수리를 새라고 말할 수 있는 것도 날개가 있다는 외형뿐 아니라, 깃털과 가벼운 뼈, 하늘을 가로지르도록 설계된 몸이라는 구조와 방식을 취하기 때문입니다. 이처럼 어떤 존재를 규정할 때 우리는 결국 그 존재가 살아가는 고유한 방식, 곧 본질적인 특성을 묻습니다.

그렇다면 '나'는 어떤 존재인가를 알고 싶을 때에도, 먼저 '인간'이란 어떤 방식으로 생각하고 느끼고 살아가도록 만들어졌는지 먼저 물어야 합니다. '나는 왜 인간이라고 부를 수 있는가'를 확인해야 하는 것입니다. 인간 특유의 사유, 언어, 관계 맺기, 의미를 찾으려는 성향 같은 것들을 이해한 뒤라면 '나'라는 한 사람의 고유함은 더 잘 세워질 수 있습니다.

## 인간은 사유하는 존재

앞서 이성에 관한 부분에서 살펴봤듯 인간은 사유하는 존재입니다. 여기서 이에 대해 조금 더 자세히 다뤄보겠습니다.

우리는 사유하는 능력이 있기 때문에 '인간'이라 불릴 수 있습니다. 그래서 '인간답다'라는 것은 '충분히 사유한다'라는 뜻으로도 볼 수 있습니다. 아리스토텔레스는 인간을 '행복을 위해 사는 존재'로 정의했습니다. 그런데 여기서 말하는 '행복'은 당연히 기분 좋은 감정이나 일시적 만족을 의미하는 '헤도닉(hedonic, 쾌락) 행복'이 아닙니다. 고유한 기능인 이성을 최적으로 발휘한 상태를 의미하는 '에우다이모닉(eudaimonic) 행복'을 말합니다. 따라서 '행복을 위해 사는 존재'라는 것은 곧 '이성적 기능을 온전히 발휘하기 위해 사는 존재'라는 뜻이 됩니다. 이는 인간의 탁월함은 '생존 효율'이 아니라 '이성을 통한 성찰'에서 드러남을 시사합니다.

따라서 인간성의 뿌리는 이성적 활동 즉, '사유'입니다. 철학자 이명곤 교수는 '사유'만이 유일하게 '나만의 것'이라고 부를 수 있는 것이자 가장 근원적으로 자신을 규정해주는 것이라고 말했습니다. 소유하는 그 어떤 희귀한 것이든 유사한 것은 얼마든지 있을 수 있지만 사람의 생각과 사유만은 고유할 수밖에 없고, 그래서 사유만이 우리를 '인간답게' 하고 또 위대하게 한다는 것입니다. 그래서 그는 깊게 사유할 수 있는 사람만이 보다 큰 자유를 누릴 수 있다고 말했습니다.

그런데 '사유'란 단순히 생각을 깊게, 정교하게 하는 능력 그 이상의 행위입니다. 이명곤 교수는 사유의 가장 핵심 기능이 '의미와 가치를 창조하는 것'이라고 말했습니다. 그래서 '사유하는 존재'인 인간은 누구나 가치 있고 의미 있는 삶을 살고 싶어하는 것이라고요. 따라서 '인간답게 산다.'라는 것은 곧 '사유하는 능력을 통해 삶의 의미를 추구한다.'라고도 할 수 있습니다.

## 인간의 의미 추구 본능

빅터 프랭클은 이러한 인간에 대한 이해를 가장 극단적인 환경에서 체감했습니다. 유대인 수용소의 참혹함은 단지 육체적 고통을 넘어, 인간을 무력하게 만들고 스스로를 포기하게 만드는 절망의 구조였습니다. 그럼에도 살아남은 사람들은 대개 여기서 왜 버텨야 하는지, 살아서 무엇을 해야 하는지를 붙잡았던 이들이었죠. 이에 프랭클은 인간이란 신체적인 고통으로 무너지는 존재가 아니라 '삶의 의미'를 상실할 때 무너지는 존재라고 이해했습니다. 그래서 그는 인간을 '근본적으로 의미를 찾고자 하는 존재'로 정의하면서 의미 추구를 제1의 본성으로까지 보았습니다. 이 관점은 인간을 '욕구 충족의 기계'로 보는 시선을 넘어, 본질적으로 '의미를 발견하고 실현해야만 생을 지속할 수 있는 존재'라는 사실을 드러냈습니다.

"왜 사는지 아는 사람은 어떤 상황도 견딜 수 있다."라고 말했던 니체 또한 비슷한 관점이었습니다. 해당 문장은 여러 학자들이 즐겨 인용하는 문구인데요, 그만큼 인류 공통의 특성을 잘 나타낸 말이 아닐까 합니다. 인간은 물리적으로 고통을 당해도 살아낼 수 있습니다. 그러나 '왜 살아야 하는지'를 잃게 되면, 즉 정신적인 허무함에 빠지게 되면 삶의 의지 자체를 상실하게 됩니다. 니체에게 의미는 존재 자체를 뒷받침 해주는 가장 강력한 지지대였습니다. 목적이 있는 고통은 한계를 넘어설 힘을 주지만, 목적 없는 고통은 그 자체로 존재를 해체합니다. 이는 인간은 의미를 알 때 가장 강한 존재라는 사실을 나타냅니다.

실존주의 철학자 사르트르는 의미 부여에 '책임'의 차원을 더합니다. 그는 인간을 '스스로 만들어지는 존재'라고 부르며, 삶의 의미는 사회가 정해준 답안을 그대로 받아들이는 것이 아니라 스스로 부여해야 하는 것이라고 말했습니다. 인간은 자유롭지만, 동시에 그 자유 때문에 '내가 무엇을 위해 살 것인가'를 정해야 하는 책임이 있으며, 그 책임을 다해야만 한다는 것입니다. 그러지 못하면 인간은 필연적으로 '나 왜 살지?'라는 실존적 공허에 빠질 수밖에 없다고 합니다.

심리학은 '인간은 의미를 추구하는 존재'라는 주장을 매우 구체적으로 뒷받침합니다. '긍정 심리학'의 창시자 마틴 셀리그만(Martin Seligman)은 행복의 요소를 설명하기 위해 PERMA 모델을 제시했는데, 각각의 스펠링은 '긍정적 정서, 몰입, 관계, 삶의 의미, 성취'를 뜻합니다. 여기서도 '의미'는 중요한 구성요소로 다뤄지고 있는데요, 이 역시 인간에게 '의미'란 삶의 필수 조건임을 알 수 있는 대목입니다.

심리학자 마이클 스테거(Michael F. Steger) 또한 삶에 의미를 느낀 사람들이 긍정 정서가 높고 우울 수준이 낮다고 보고한 연구* 결과를 제시해, 의미가 단지 정신적 장식물이 아니라 삶의 질을 실제로 결정하는 변인임을 보여준 바 있습니다. (※참고: 논문 『The Meaning in Life Questionnaire: Assessing the Presence of and Search for Meaning in Life』, 2006)

서울대 심리학과 최인철 교수는 저서 『굿 라이프』에서 "의미 추구는 엘리트 도덕주의자의 강압적 명령이 아니라 자연스러운 우리의 본성"이라고 말했습니다. 그래서 그는 '굿 라이프'를 '한마디로 의미가 가득한 삶으로 정의할 수 있다'고 말했습니다. 또한 그는 삶의 의미를 발견하지 못하면 많은 정신 병리적 문제와 스트레스, 심할 경우 자살 충동까지 겪을 수 있음을 설명했습니다.

빅터 프랭클, 니체, 사르트르, 그리고 심리학자들의 주장은 각기 다른 형태지만 명확히 하나의 지점을 가리킵니다. 바로 인간의 사유하는 힘은 '의미 부여'를 하기 위해 주어진 것이며 의미를 부여할 때 인간은 어떤 고통과 시련도 이겨낼 수 있고 또 실존적 공허에 빠지지 않을 수 있다는 점입니다.

이렇게 인간에게 '의미'란 참 중요합니다. 생존과 번식 중심이 아닌 '의미' 중심의 삶을 살아야 인간다움과 수반되는 행복을 누릴 수 있습니다. 의미는 고통을 견디게 하고 존재를 인간답게 세웁니다. 인간은 의미를 알고 이해할 때 가장 강하고 행복합니다. 그러므로 이제 필요한 것은 더 많은 조건이 아니라, 더 깊은 의미입니다. 조건 달성 게임과 같은 삶에서 불행한 현대인들은 의미를 중심으로 삶을 재구성할 때 심연과 같은 고통에서 빠져나올 수 있을 것입니다.

그런데 의미 부여는 마냥 '좋은 이유를 가져다 붙인다'와 같은 뜻이 아닙니다. 이어지는 챕터에서는 의미란 무엇에서부터 비롯되는 것이며, '의미 있는 삶'이란 구체적으로 무엇을 뜻하는지 살펴보겠습니다.

**Q 삶의 깊이를 더하는 질문**

여러분의 삶은 조건 중심의 삶이셨나요, 의미 중심의 삶이셨나요? 삶이 조건을 중심으로 돌아가면 통제할 수 없는 외부 변수들로 인해 고통은 셀 수 없이 찾아올 것입니다. 다음 장을 통해 '의미 중심의 삶'이란 무엇인지 확인하고 새로운 삶의 양식을 맞이하는 계기가 되셨으면 좋겠습니다.

# 2

# 의미 있는 삶은 '왜 사는지' 아는 삶이다

*"내가 무엇이고 왜 여기에 있는지 모른다면, 삶은 불가능하다."*

— 톨스토이

## 의미는 '가리키는 바'를 전제한다

'의미'의 사전적 정의는 '말이나 글의 뜻, 또는 어떤 행위나 현상이 지닌 속뜻이나 가치'입니다. 이때 '의미'에는 '무엇을 가리킨다'라는 뜻이 함께 들어 있습니다. 그래서 의미는 늘 '가리키는 대상'을 필요로 합니다. '의미가 있다'라고 말하려면, 궁극적으로 가르키는 바가 선명해야 하는 것입니다.

예를 들어 '진입 금지' 표시를 떠올려 보겠습니다. 사람들은 이 표지를 보며 자연스럽게 "이 표지판은 여기로 들어가지 말라는 의미야."라고 이해합니다. 이때 우리가 읽어내는 것은 단순한 그림이 아니라 '들어가지 말라'는 속뜻, 곧 가리키는 바입니다. 그리고 그 속뜻을 이해하기 위해서는 '이 그림은 출입을 금지한다'라는 사회적 약속을 이미 알고 있어야 하죠.

결국 '의미를 생각한다'라는 것은 미리 합의된 기준을 바탕으로 '이것이 궁극적으로 무엇을 뜻하는가'를 가려내는 일입니다.

## 의미 있는 삶은 과업이 있는 삶이다

삶도 마찬가지입니다. '삶에 의미가 있다.'라고 말하려면, 그 삶이 어디를 향하고 있는지부터 분명해야 합니다. 이 말은 곧, 의미 있는 삶을 살고자 한다면 '목표를 어떻게 효율적으로 달성할 수 있을까?'보다 먼저, '이 삶은 어디로 가고 있는가?'라는 목적과 방향부터 고민해야 한다는 뜻입니다.

이 지점을 알지 못하면 '의미 부여'가 '그냥 좋게 생각하기' 정도로 축소될 수 있습니다. 인생은 언제나 예기치 못한 사건들로 가득합니다. 그런데 삶의 목적을 깊이 고민해본 적 없이, 벌어지는 일들을 "지나고 보면 다 이유가 있겠지."라며 넘기는 태도는 '의미 부여'라고 하기보다는 스스로를 달래는 낙천적인 단순함에 가까울 수 있습니다.

최인철 교수는 의미는 정체성과 관련이 있다고 말했습니다. '자신의 행위가 자신이 누구이며 어디로부터 와서 어디로 가고 있는지와 연결되어 있을 때, 즉 자신의 정체성과 밀접하게 연결되어 있을 때 의미를 경험할 수 있다'라며, 자신에게 의미 있다는 것은 곧 자기다움을 뜻한다고 설명했습니다. 이는 곧 사람이 어떤 일에 의미를 느끼기 위해서는 사전에 자기다움과 정체성이 무엇인가를 알고 있어야 한다는 것을 나타냅니다.

그래서 의미는 단순히 '좋게 생각하기'가 아닙니다. 미리 세운 지향점 위에서 '이 사건이 내 삶의 목적과 어떻게 연결되는가'를 해석하는 시도입니다. 사전에 '지향하는 바를 명확히 설정해 뒀을 때에만, 사건들은 단순한 우연이 아니라 '나를 어디론가 이끌어가는 과정'으로 읽힐 수 있습니다.

빅터 프랭클은 "사람에게는 누구나 구체적인 과제를 수행할 특정한 일과 사명이 있다."라고 주장하면서 삶의 지향점에 '각자만의 과업'을 놓아야 함을 암시했습니다. 의미 추구가 인간의 제1의 본성이라고 말했던 그에게 있어서 인간이 잘 사는 방법은 행복을 추구하는 것도, 자아를 실현하고자 사는 것도 아닌, 자신만의 과업을 찾고 이를 실천하는 것이기 때문이었습니다.

그런데 인생의 목적이 될 개인적인 과업을 설정한다는 것은 쉬운 일이 아닙니다. 미국의 사회비평가 오스 기니스(Os Guiness)는 저서 『사명』에서 인간에 대해 말하길, 인간은 가슴 깊숙한 곳에서 자신보다 더 큰 목적을 발견하고 성취하기를 원하는 존재라그 서술했습니다. 그리고 "인생의 목적을 추구하는 것은 인간의 경험 가운데 가장 깊은 차원의 문제"라고 설명하면서 진정한 존재 목적이란 "참으로 개인적인 것이요, 열정의 대상"인데, 이를 마주했을 때야 비로소 자기 자신이 될 수 있다고 주장했습니다. 이처럼 삶의 목적을 세우는 일은 인간 경험의 가장 깊은 차원의 문제라서 생각의 표면을 스치듯 고민하는 수준으로는 도달하기 어렵습니다. 책『의미 있는 삶』에서도 '개인적인 가치'를 발견하고 '목표'를 설정하여 이를 실현하는 것이 바로 '의미 있는 삶'이라고 설명했는데, '의미'란 외부의 기대나 사회적 기준에 의존하지 않고 자신이 진정으로 원하는 것이 무엇인지를 깊이 성찰하는 과정에서 나온다고 말했습니다.

　삶의 목적은 누군가가 대신 정해줄 수 있는 것이 아닙니다. 진짜 존재 목적은 그 사람의 가장 개인적인 열정, 고유한 결핍, 깊은 갈망과 맞닿아 있기 때문입니다. 따라서 인생의 목적을 고민하는 일은 아무리 어렵고 심오한 일이라고 할지라도 포기하지 않고 풀어야 하는 인간 각자만의 과제입니다. 그래야 삶이 가리키는 바가 정해져 그 삶에 의미가 부여될 수 있기 때문입니다.

　자신이 죽기 전까지 수행할 과업은 무엇인가를 생각하고, 그 실현을 위해 살아가는 것. 이것이 얕아져 있던 삶을 조금씩 깊어지게 만드는 가장 첫 번째 단계입니다.

## 자아실현은 과업이 될 수 없다

　그런데 과업 설정 시 주의해야 할 점이 있습니다. 자아실현을 위한 목표는 과업이 될 수 없다는 사실입니다.

　우리는 종종 자아실현을 하겠다는 명분으로 꿈을 설정하곤 합니다. 그러나 빅터 프랭클은 '자아실현'은 목표 자체로서 결코 달성될 수 없는 것이라고 말했습니다. 이는 공동체에 헌신하는 것과 같은 자아초월적 일에 부수적으로 따라오는 결과이기 때문입니다. 즉 시선을 자기 외의 것에 돌려 사랑을 실천할 때 '자아실현'은 덩달아 해소된다는 것이죠. 마치 '행복'과 같은 맥락입니다. 그 자체로 추구될 수 있는 것은 아니나, 다른 무언가를 할 때 부수적으로 딸려오는 것.

저 또한 비슷한 생각입니다. 자아실현은 그 자체만으로 목표 대상이 될 수 없습니다. 자아실현의 정의는 '자신이 가진 모든 능력을 완전히 발휘하고 싶어하는 정신적 성장 욕구'입니다. 그런데 '성장한다'라는 감각 자체에는 먼저 일정한 방향성이 설정되어 있어야 하므로 이 감각을 느끼기 위해서는 특정 목적 혹은 목표가 먼저 전제되어야 합니다. 원하는 방향으로의 진격이 아니면 발걸음은 퇴보가 될 수 있기 때문입니다. 즉 '성장'하기에 앞서 '성장하고 싶은 영역'이 먼저 전제되어 있어야 하는 것입니다. 그리고 그 성장하고 싶은 영역이 바로 '목적'이 됩니다. 따라서 자아실현 단독으로는 과업이 될 수 없고 어떤 특정 목적을 추구하며 성장하고자 할 때 부수적으로 해소될 수 있다는 빅터 프랭클의 말은 합리적입니다.

사람들은 종종 '세상에 나를 나타내고 싶어!'라는 명분으로, 명예와 위신, 권력과 우월감을 획득하기 위한 목표와 과업을 위해 살아갑니다. 하지만 이는 앞에서 실컷 말한 조건 달성 게임 속 과업의 일환일 수 있습니다. 인정받기 위해, 유명해지기 위해 자기 자신을 드러내기 위한 무대를 찾아 나서는 도전적 행위는 '자아실현'이 아닌 '생존'을 위한 행위일 수 있기 때문입니다. 예를 들어 '노래를 잘하는 유명 가수가 되어 돈을 많이 벌고 유명해지는 것'이 인생의 목적인 사람을 가정해보겠습니다. 그는 이를 '자아실현적 과업'이라고 생각합니다. 성장한다는 감각 자체가 행복을 가져오기 때문에 이는 충분히 '삶을 사는 목적'이자 '과업'으로 설정할 가치가 있다고 말합니다. 자신은 노래하는 것을 좋아하니, 이러한 적성과 재능으로 세상에 '나'를 나타내는 것만큼 행복한 것은 없을 것이라고요. 물론 노래 실력을 키워 인정받는 것은 성장의 일환입니다. 하지만 이 문장을 자세히 들여다 보면 성장의 목적이 '돈을 많이 벌고 유명해진다'라는 목표를 향해 있습니다. 성장은 '생존과 번식 미션을 훨씬 더 잘 달성하고 싶다'는 욕구의 도구가 되는 것이죠. 따라서 '성장하고 싶다.'라는 생각은 '더 잘 살아남고 싶다'는 욕망에서 기인하고 있기 때문에, 이는 자아실현을 위한 과업이기보다는 생존을 위한 과업에 더 가깝습니다. 그래서 저는 인생의 과업을 자아실현 명목으로 설정하는 것에 충분한 주의와 경계가 필요하다고 생각합니다.

정리하자면 인간이란 '의미를 추구하는 존재'입니다. 그리고 그 '의미'는 곧 '어떤 과업을 실천하며 살 것인가?'에 대한 개인적인 답변에서 비롯되어야 합니다. 삶에 충분한 의미를 느낄 수 있게 하는 궁극적인 과업을 찾아, 그것을 선택하고 책임지며 실현해가는 삶을 살아야 인간은 가장 행복할 수 있기 때문입니다. 하지만 그 과업을 단순하게 자아실현을 위해 설정하는 것은 충분한 사색의 결과라고 하기에는 조금 어렵습니다. 자아실현 자체로서는 목표로 설정될 수 없는 것이며 종종 조건 달성 게임 속 과업이 자아실현 명분으로 내세워질 수 있기 때문입니다.

그렇다면 어떤 과업을 설정해야 '의미' 중심으로, 또 조건 달성 게임이 아닌 진짜 자기 삶으로 살아갈 수 있는 것일까요? 이에 대해서는 다음 챕터에서 살펴보겠습니다.

 **삶의 깊이를 더하는 질문**

여러분의 정체성을 만들어주는 과업들은 이따까지 무엇이었나요? 여러분의 인생을 견인해오던 꿈, 목표는 어떤 내용이었나요? 혹시 자아실현 혹은 생존과 번식만을 위한 과업만 있었던 것은 아니었는지 고민해보면 좋겠습니다.

# Chapter 5

왜 살 것인가?
: 사명 설정하기

# 1

# 이타적인 과업을 위해 살자

*"삶의 의미는 자신의 재능을 발견하는 것이고, 삶의 목적은 그 재능으로 누군가의 삶이 더 나아지게 돕는 것이다."*

*- 파블로 피카소*

우리는 이미 과업 중심의 삶을 살고 있었습니다. 어릴 적 숙제를 풀고 다음 날 검사를 받았던 구조 그대로 학교 입학부터 취직, 저축, 승진, 매매, 결혼, 양육까지 일상을 구성하는 대부분의 목표들은 '해야 할 일'이라는 형태로 우리 앞에 놓여왔습니다. 문제는 이 과업들의 성격입니다. 현대 삶에서 설정되는 대다수의 과업들은 생존과 번식 중심입니다. 그것도 생명 유지에 필요한 양을 확보하기 위해서가 아니라 '최대한 더 좋은 것을 더 많이' 소유하여 생존과 번식을 도모하기 위해서 설정된 과업들입니다.

단계별 목표와 과업들은 인간 사회에서 살아가기 위해 필수적입니다. 다만 이 과업들이 삶의 '전부'가 되면 우리는 덜 인간스러워질 수 있습니다. 앞선 챕터에서 확인했듯 인생의 양식이 생존 달성 게임으로 전환되는 순간, 삶의 중심은 급격히 얇아집니다. 나는 왜 살고 있는지, 삶이 어디를 향하고 있는지에 대한 질문은 사라지고 '얼마나 잘 버티고 있는가', '얼마나 앞서 나가고 있는가'만이 판단 기준이 됩니다. 그 결과 인간의 이성은 발휘할 힘을 잃고 개별자로서의 의의가 축소되며 주체성은 상실됩니다. 그렇게 우리는 '대리 수행자'로, '존재하는' 자가 아닌 '살아가는' 자로 전락하게 되고 고통과 공허함에서 벗어나기 어려워지게 됩니다. 그럴 때 우리 발자취가 남기는 말은 이와 같겠죠.

> "누군가 내게 왜 살고 있냐고 묻는다면,
> '생존과 번식 미션을 잘 달성하기 위해서'라고 답할 것이다.
> 나는 인류가 존속되기 위해 존재하는 개체일 뿐이기 때문이다."

이 말은 생물학적 사실일 수는 있지만, 인간이 자신의 삶을 납득하기에는 지나치게 빈약합니다. 인간은 의미를 추구하는 존재이며 의미를 알지 못할 때 즉시 무너지기 때문입니다. 자신의 삶이 단지 종(種)을 유지하기 위한 장치에 불과하다고 느끼는 순간, 인간은 시련과 고통을 견딜 힘을 상실할 것입니다. 그래서 우리 삶이 생존과 번식 방향으로만 향하지 않게 하려면 생존과 번식을 넘어서는 궁극의 지향점이 필요합니다.

그렇다면 삶이 생존 달성 게임으로 기울지 않으면서도 의미 있는 삶을 가능하게 하는 과업은 무엇일까요. 자아실현도 아니라면 도대체 어떤 개인적인 가치를 발견하여 어떤 목표를 설정해야 한다는 것일까요. 제가 도달한 결론은 분명합니다. 인간이 인간답게 살기 위해서는 '타인에게 기여하겠다'는 과업을 궁극의 과업으로 설정해야 한다는 것.

즉, "왜 사는가?"라는 질문에 "나로 인해 누군가의 삶이 더 나아지게 만들기 위해서."라고 답할 수 있도록 삶을 설계하는 것입니다. 저는 이러한 과업을 바로 '사명'이라고 부릅니다.

## 의미는 헌신에서 비롯된다

빅터 프랭클은 '인생의 의미'는 시선이 자신에게만 머물 때가 아니라 외부로 돌릴 때, 즉 '자신을 초월할 때' 찾아질 수 있다고 말했습니다. 자신을 초월한다는 것은 봉사를 하거나 타인에게 사랑을 주는 식으로 기여할 때 이뤄집니다. 그는 사람은 자신을 잊으면 잊을수록 더욱 인간다워질 수 있다고 보았기 때문입니다. 이는 제가 왜 인생의 과업을 '사명'으로 설정하기를 권하는지 나타내는 직접적인 대목입니다. 우리는 '나' 이외의 어떤 것에게 헌신하고자 하는 '사명'이 필요한 존재들입니다. 그래야 가장 행복하고 인간다워질 수 있기 때문입니다.

앞에서 살펴본 것처럼 의미 추구 본능이 있는 인간에게 가장 행복한 삶은 '의미 있는 삶'입니다. 그런데 의미 있는 삶에 대해 연구한 학자들은 한결같이 '타인과 세상에 기여하는 활동'이 그것의 핵심 요소 중 하나라고 말합니다.

로버트 에몬스(Robert Emmons)를 비롯한 긍정심리학자들은 인생의 의미를 만드는 4가지 요소를 이렇게 정리했습니다. 첫째, 다른 사람들과의 친밀한 관계, 둘째, 자신이 이룬 성취와 업적, 셋째, 후속 세대를 위한 기여와 공헌, 마지막은 종교적 또는 영적인 추구. 여기서 눈에 띄는 점은 인생의 의미를 만드는 4가지 요소 중 3개가 타인지향적 혹은 자기 초월적이라는 점입니다. 나아가 '후속 세대를 위한 기여와 공헌'을 했을 때, 즉 '세상을 더 좋게 만들고 떠나겠다'라는 마음을 가졌을 때 인생을 더 가치 있게, 의미 있게 느낀다는 정리 결과를 보면, 우리는 '나' 하나 잘 먹고 잘 살기 위해 태어난 것은 아닌 것 같습니다.

서울대 심리학과 권석만 교수는 심리학자 로이 바우마이스터(Roy Baumeister)가 의미의 본질을 연결이라고 말한 것을 언급하면서, 인생의 의미는 자신을 다른 존재와 연결할 때 발견할 수 있다고 말했습니다. 자신보다 더 큰 어떤 것(가족, 직장, 지역사회, 국가, 인류 또는 신념, 가치, 신)과의 연결 속에서 그것을 위해 공헌하고 있다고 믿을 때, 바로 인생의 의미가 탄생한다는 것입니다. 의미 있는 삶을 위해서는 '나'보다 더 큰 존재, 즉 공동체 혹은 대의와 같은 신념을 향한 헌신이 필요하다는 통찰입니다.

## 이타성, 생존 전략 그 이상의 능력

그런데 여기서 잠깐 짚고 넘어갈 점이 있습니다. 기여나 헌신도 결국 생존을 위한 하나의 전략이라는 주장에 대한 것입니다. 물론 타당합니다. 실제로 진화생물학은 이타적 행동을 순수한 도덕성이나 양심만으로 설명하지 않습니다. 혈연 선택 이론은 친족을 돕는 행동이 자신의 유전자 확산에 유리할 수 있음을 설명합니다. 혈연이 아닌 관계에서도 반복적 상호작용 속에서 '호혜성 이타주의'가 성립할 수 있다는 설명도 존재합니다.

리처드 도킨스 역시 『이기적 유전자』에서 이타적 행동이 유전자의 생존 전략과 양립할 수 있음을 설명합니다. 부모의 내리사랑도 더 젊은 유전자의 생존 가능성을 높이는 방향으로 자연 선택되었을 수 있다는 해석은 충분히 설득력이 있습니다. 저는 이 설명들이 틀렸다고 생각하지 않습니다.

그러나 여기서 중요한 것은 '설명'과 '삶의 목적'을 구분하는 일입니다. 진화생물학은 왜 그런 행동이 나타날 수 있었는지를 설명합니다. 그러나 그것이 곧 "그러니 너의 삶은 여기에 머물러야 한다"라는 규범이 되지는 않습니다. 인간은 원인에만 머무는 존재가 아니라, 생각의 방향을 선택할 수 있는 존재입니다. 기여나 헌신의 행동이 생존과 번식에 도움이 된다 한들, 그것을 생존과 번식의 하위 목표로 끌어내릴 필요는 없는 것입니다.

또한 저는 최인철 교수의 말처럼 진화생물학이나 진화심리학의 논리 앞에서 쩔쩔 맬 필요는 없다고 생각합니다. 인간은 단순히 생존과 번식을 위해 사는 존재가 아니라는 다른 학자들의 주장도 충분히 지지되고 있습니다. 헌신, 긍휼, 봉사, 기여와 같은 이타적 능력은 자연의 효율성만으로는 설명하기 어려운 측면을 지닙니다. 이 능력들은 종종 약한 자가 도태되지 않도록 돕고, 어려움 속에 있는 존재를 구제하여 그 삶이 더 나아지게 만듭니다. 자연선택설과 같은 관점에서 볼 때 적응력이 약한 유전자는 되물림되지 않아야 합니다. 하지만 구제 활동이나 남을 돕는 일은 그러한 개체가 도태되지 않도록 보살펴 생존 가능성을 높입니다. 자연의 입장에서 볼 때 효율적이지 않은 일입니다.

또한 돕는다는 것은 남을 도울 정도의 능력을 지닌 강한 유전자의 자원을 약한 유전자를 위해 사용하는 행위입니다. 이는 때로는 자신의 생존을 실제로 위협하면서까지 타인을 살리는 선택으로 이어지기도 합니다. 이 역시 자연의 관점에서 보면 비효율적이며 손해에 가까운 선택입니다. 강한 자를 최대한 많이 남기는 것이 인류 존속에도 유리하기 때문입니다. 그럼에도 인간은 정신적 혹은 육체적 능력과 자원을 활용하여 연약한 자들을 돌보고 구제합니다. 이러한 선택을 '가치 있다'라고 느낍니다. 바로 이 지점에서 이타적 과업은 단순한 생존 전략을 넘어, 인간 영혼의 고귀한 활동이 됩니다.

사유하는 존재로서 의미 있는 삶을 살기 위해 타인에게 기여하는 과업, 즉 사명이 필요하다는 연구 결과들은 인간은 그저 살아남기 위해서 존재하는 것이 아니라는 사실, 더 좋은 세상을 만들기 위해 이 땅에 태어났다는 사실, 겸손함과 생명의 위대함을 자각하고 자연과 이웃을 돌봐야 한다는 사실을 일깨워줍니다.

저는 창조론을 믿는 사람으로서 우리 모두에게 '사명(使命)'이 있다고 믿습니다. 사명의 한자 뜻은 '심부름하는 목숨'입니다. 이 표현은 인간을 낮추는 말처럼 들릴 수도 있습니다. 그러나 저는 오히려 이 말이 인간을 존엄하게 만든다고 생각합니다. 우리는 조건 달성 게임처럼 아무 의미 없이 경쟁에 던져진 존재가 아니라, 각자에게 맡겨진 중요한 과업을 위해 세상에 보내진 존재라는 감각을 주기 때문입니다.

설령 이 믿음을 공유하지 않더라도 '사명'이라는 표현은 적절합니다. 사명의 사전적 정의는 '특별히 부여된 중요한 과업'입니다. 인간은 자신의 존재를 특별하고 중요한 일과 연결할 때. 즉 사명을 품을 때 삶을 가장 의미 있게 경험할 수 있습니다. 종의 유지 장치로 축소되는 대신, '아주 특별한' 할 일이 있는 고유한 개별자로서 삶의 주체가 될 수 있기 때문입니다.

결국 종교적인 뜻에서든, 일상적인 뜻에서든 '사명'이 있는 삶을 산다는 것은 인간을 가장 인간답게 만들고 의미 있게 살고 있다는 감각을 느끼게 하며 결국 가장 행복하게 만듭니다. 고통에서 버틸 힘을 줍니다. 내재적 목표 추구로 인해 활력과 긍정적 정서는 높이고 부정적인 신체 증상은 낮아지게 만들기도 합니다.

사명은 거창한 혁명이 아닙니다. 그것은 방향의 문제입니다. 삶의 화살표를 '나'에서 '너'로, '내 생존'에서 '우리의 삶'으로 조금만 이동시키면 됩니다. 저는 여러분이 '사는 이유'로 '타인에게 기여하기 위해'라는 답을 내놓길 바라는 마음입니다.

인간은 타인과 공동체, 더 큰 대의적 신념에 기여하고자 할 때 진정한 심적 풍요와 번영을 이룰 수 있는 존재인 것 같습니다. 따라서 조건 달성 게임에서 벗어난 깊은 삶이란, 생존과 번식 본능을 넘어 각자 인생의 고유한 사명을 발견하고 그것을 삶의 목적이자 방향으로 삼아 바른 가치관과 태도로 실천하며 사는 삶을 의미합니다.

 **삶의 깊이를 더하는 질문**

그간 여러분에게 '타인에게 기여하는 일'은 몇 번째 순위로 놓여있던 과업이었나요? 어떤 성격의 일들이었나요? 여러분은 타인을 돕는 행위를 어떻게 바라보고 있었는지, 왜 그런 행위를 하려고 했는지, 이 책의 내용과 비교해보면서 정리해보면 좋겠습니다.

# 2

# 사명, 깊은 삶의 시작

우리는 의미 중심의 깊은 양식을 취해야 합니다. 인간의 가장 깊은 차원의 경험이라 할 수 있는 인생의 목적을 고민하고 사명을 실현해가는 일이야말로 비로소 자기다움을 회복하여 '존재하는' 상태로 나아가는 길이기 때문입니다. 이러한 양식을 갖출 때, 외부 상징들로 불완전한 자신을 완성시키고자 애쓰는 삶에서 기여와 헌신의 형태로 세상과 연결된 충만함을 느끼는 삶으로 전환될 수 있습니다.

앞에서 우리는 '생존과 번식'을 중심으로 흐르는 얕은 삶이 어떤 맹점을 낳는지 살펴보았습니다. 이성의 기능은 제한되고, 개별성은 존중받지 못하며, 주체성은 서서히 상실되었습니다. 다시 말해 인간다움을 지탱해주어야 할 세 축이 모두 약화됨을 확인했습니다.

깊은 삶은 각자에게 맡겨진 사명을 중심으로 삶을 재구성하는 양식입니다. 그리고 이 과업 중심의 삶은 얕은 삶에서 맹점으로 주목되었던 세가지를 서서히 회복시킵니다. 이성이 다시 제 기능을 찾고, 나만의 개별성이 드러나며, 삶의 주체성이 되살아납니다. 그 과정에서 우리는 단순히 살아 있는 존재가 아니라, '무엇이 될 것인지'를 선택하며 살아가는 존재로 서게 됩니다.

## 이성을 온전히 발휘할 수 있게 된다

사명을 발견하고 그에 따라 산다는 것은, 즉각적인 평안보다 오히려 긴장을 동반하는 일입니다. 그래서 우리에게 끊임없는 이성 사용을 요구합니다.

첫째, '무엇을 이타적 과업으로 설정할 것인가'를 두고 머리가 지끈거릴 정도의 고민을 해야 합니다. 나는 어떤 존재인지, 나에게 진짜 중요한 것이 무엇인지, 무엇을 위해 나라는 존재가 쓰이면 좋겠는지, 무엇에 관심을 가지고 사랑을 실천할지 등 생각의 밑바닥과 영혼의 깊은 차원까지 내려가 살펴보는 작업이 필요합니다.

둘째, 어렵게 대의적인 목적을 세웠다고 하더라도, 마음 깊숙이 살펴보면 그 알맹이가 사실 '안정적 생존'을 위한 것임이 드러날 때가 있습니다. 겉으로는 그럴듯한 명분을 내세우지만, 속마음은 '더 안전하게, 더 편하게, 더 인정받으며 살고 싶은' 계산으로 가득 차 있을 수 있는 것입니다. "가수가 되어 내 목소리로 마음이 힘든 사람을 위로하고 싶다."라는 사명감 뒤에 "유명해져서 돈을 많이 벌고 호화롭게 살고 싶다."라는 계산이 가장 크게 숨어 있다면, 그것은 의미의 여정을 압도하는 생존 과업이 될 수 있습니다. 그러므로 사명 추구는 한 번의 결심으로 끝나는 일이 아니라, 과업이 생존과 번식의 하위 목표로 굽혀 들어가고 있지 않은지를 살피는 지속적인 자기 점검, 즉 이성의 발휘를 요구합니다.

셋째, 의미 추구 본능대로 사명을 실천해가는 삶은 본능에 대한 수동적 복종이 아니라 깨어 있는 이성의 조율이자 '생각 끝에 동의한 순응'이라고 볼 수 있습니다. 의미 추구라는 본능을 무시하지 않되, 그냥 끌려가는 대신 이성에 비추어 '이 방향에 동의하는가'를 계속 묻는 태도가 동반되기 때문입니다.

이 점에서 사명이라는 과업 추구는 이성을 확실하게 깨웁니다. 인간에게 주어진 이성이 최고로 동원됩니다. 그래서 사명을 붙든 삶이 쉬운 삶은 아니지만 지극히 인간다운 삶이라고 할 수 있습니다. 아리스토텔레스가 말한 '행복을 위해 사는 삶'이라고 볼 수 있습니다.

## 개별성을 획득한다

조건 달성 게임 양식은 사람을 '언제든 대체 가능한 존재'로 만들며, '사회가 제시하는 획일적인 기준에 부합하는가'에만 비추어 쓸모를 판단합니다. 팔로워 수, 이력서, 외모를 나열해 놓고 누가 더 우월한지만 비교하는 문화 속에서 각자의 고유성은 쉽게 지워집니다. 나조차도 나를 '이 정도 성과를 내는 노동력, 이 정도 수준의 소비자, 이 정도 등급의 인물' 정도로 축소해서 바라보게 합니다.

깊은 삶은 이 흐름을 정면으로 거스릅니다. '나는 생존하는 것 이상의 할 일이 있다'라는 감각으로 삶을 바라보게 되면, 기준은 달라집니다. '내가 무엇을 가지고 있는가'에서 '나는 무엇을 위해 존재하는가'로, '나는 지금 얼마나 잘나가는가'에서 '충실히 내 사명을 이행하고 있는가'로 이동하게 되는 것입니다. 사명은 나만의 과업이기 때문에 비교 의식은 자연히 사그라들 수밖에 없습니다. 그저 자신의 속도대로, 나의 모양대로, 결핍과 결함 그리고 적성과 재능이 함께 빚은 특성대로 실천하면 되기 때문입니다.

사명은 인간에게 '개별적인 자리'를 부여합니다. 같은 직업, 같은 환경에 있더라도 '내가 맡은 몫'은 각자 다를 수밖에 없습니다. 예를 들어 같은 학교에서 일하는 두 교사가 있다고 가정해 보겠습니다. 한 사람은 스스로를 '교과를 가르치는 수많은 교사 중의 한 명'으로만 바라봅니다. 그는 이 일을 하는 이유가 안정적으로 주어지는 월급 때문이므로, 국가가 규정한 역할만 수행하면 된다고 생각합니다. 최소한의 노력으로 최대의 효율을 뽑지만, 실상 그는 대체 가능한 인력으로 머무를 뿐입니다.

다른 한 사람은 '아이들의 각기 다른 재능을 발굴하고 칭찬과 정성으로 미래세대를 돌보겠다.'라는 사명을 설정하고 실천하기 위해 아이들 각자의 역량과 적성을 유심히 관찰합니다. 수업과 상담, 말 한마디, 교육 방식을 개별 아이마다 달리 선택합니다. 물론 더 많은 노력과 시간이 필요한 일입니다. 하지만 이 교사를 만난 어떤 암울했던 아이에게는 삶이 달라질 정도의 진한 계기가 될 것입니다. 부모도 미처 알아보지 못한 재능을 발견하고 격려하는 일은 아이에게 새로운 삶의 무대를 마련해 줄 수 있기 때문입니다. 그렇게 아이 한 명의 인생이라도 더 나아진다면 그는 깊은 보람을 느낄 수 있을 것입니다. 누군가의 인생에 있어서 대체 불가능한 존재로 거듭난 그 삶은 언제나 가득한 의미로 넘쳐날 것입니다. 힘들어도 버틸 이유가 충분할 것입니다. 겉으로 보기에는 둘 다 '교사'라는 동일한 직함을 갖고 있지만, 실존의 깊이는 이미 다른 층위에 있습니다.

사명을 기준으로 자신을 바라볼 때, 과거의 상처, 성향, 능력, 약점, 환경은 전부 새로운 의미로 재탄생합니다. 내면 방황으로 힘들었던 과거 경험은 타인의 방황을 더 잘 이끌어줄 수 있는 거름이 됩니다. 결핍을 느낀 경험은 다른 누군가의 결핍을 채워주고자 하는 동기를 만듭니다. 얕은 삶에서는 감추고 싶은 결핍이, 깊은 삶 안에서는 과업을 수행하기 위한 토양으로 쓰이기 시작합니다. 우리는 서로 다르기 때문에 각자 할 수 있는 일도 다를 수 있습니다.

결국 사명을 품은 깊은 삶은 '비교 우위'를 찾아가는 삶이 아니라, '고유한 자리'를 세우는 삶입니다. 나는 남보다 조금 더 잘하는 사람이 되기 위해 존재하는 것이 아니라, 사회가 제시하는 기준을 남들과 똑같이 달성해내기 위해 사는 것이 아니라, 나만 할 수 있는 일을 충실히 해내기 위해, 나만이 메울 수 있는 자리를 성실히 메우기 위해 존재합니다. 사명은 각자의 존재를 선명하게 만듭니다. 그 자리와 연결될 때 우리는 비로소 '나는 나라서 의미가 있다'라는 감각을 얻게 됩니다. 남과의 비교가 아닌, 나만의 역할에서 비롯된 자존감이 싹트는 것입니다.

## 주체성을 회복한다

빅터 프랭클은 "우리는 단지 존재하는 것이 아니라, '무엇이 될 것인지'를 선택하는 존재다."라고 말했습니다. 깊은 삶은 결국 '내가 내 삶의 방향과 이유를 직접 선택하는 삶'입니다. 그래서 깊은 삶은 무엇보다 '주체성'을 회복합니다.

우리는 모두 우주에서 유일무이한 존재들입니다. 30억 개 유전자쌍 구성이 똑같은 사람은 있을 수가 없습니다. 그래서 인간의 다양성은 무궁무진하고 천차만별입니다. 그런데 '똑같은 삶', '똑같은 기준'을 들이밀고 학습시키는 획일화된 교육과 사회 구조는 인간을 자율적이지 못하게 만듭니다.

과업이 있는 삶은 다릅니다. 타인의 기준에서 비롯된 '해야만 한다'는 명령을 그대로 따르는 대신, '나는 왜 이것을 선택하는가'를 묻고 충분한 이유가 있을 때만 행동을 취하게 됩니다. '나 스스로 선택한다'라는 감각을 되살립니다.

최인철 교수는 '얼마나 자기다운가'에 대해 스스로 내리는 평가에서 의미가 비롯된다고 말했습니다. 그러면서 "성공, 성취, 효용, 효율 등 무엇을 이루는 것에만 집착하게 되면 순간적인 기분의 행복을 누릴지는 모르겠지만, 의미 있는 삶을 경험할 가능성은 줄어든다."라고 말했습니다. 이렇듯 자기다운 사명을 설정하고, 그 과업에 맞추어 살아갈 때 우리는 더 이상 시스템의 부품이 아니라 자기 인생의 기획자가 될 수 있습니다.

물론 때로는 스스로 선택해야 한다는 감각이 버거울 수 있습니다. 선택을 되찾는 순간 모든 것은 '나의 책임'이 되기 때문입니다. 그러나 에리히 프롬이 "자유는 두려움과 함께 온다"라고 말했듯, 우리는 그 두려움을 극복해야만 진정한 자유를 손에 쥘 수 있습니다. 혹시 지금 두려움을 느끼고 있다면 사실 그 감각은 여러분이 지금 자율적으로 살고 있다는 신호일 수 있습니다. 무서워도 괜찮습니다. 오히려 무섭지 않은 선택만 반복하는 것이야말로 이미 타인의 기준에 완전히 길들여진 삶일 확률이 높습니다. '내 땅은 방황한 만큼 넓어진다'라는 말이 있습니다. 깊은 삶은 방황 속에서 아픔과 두려움을 마주할지라도 자신만의 사명을 밀어붙여 결국 터전을 크게 확장시킵니다.

## 사명, 고통의 해독제

'왜 남을 위해 살아야 하나'라는 반발만으로 '사명을 설정하라'라는 제안을 밀어내실 필요는 없습니다. 이 헌신과 기여의 성격을 띠는 과업은 신기하게도 각자의 정신과 신체에 가장 이로운 활동이기 때문입니다.

토론토 대학의 조던 피터슨 심리학 교수는 '세상을 더 좋게 만드는 일'이라는 목표를 향할 때 생겨나는 의미가 삶의 지속을 돕는 힘이라며, 이는 고통에서 벗어나게 하는 해독제라고 말했습니다. 세상에 기여하겠다는 목표를 최우선 순위로 두고 성취해간다면 인생이 충만해짐을 느낄 수 있다는 것입니다. 그의 '고통의 해독제'라는 표현은 타인에게 기여하는 삶은 결국 우리 자신을 치유하는 일이라는 것을 나타냅니다.

최인철 교수는 『굿 라이프』를 통해 즐거움 추구보다 의미를 추구하는 것이 훨씬 사람을 행복하게 함을 발견했다고 전했습니다. '의미와 쾌락'을 비교 분석하기 위해 여러 차례 연구를 진행한 결과, 피험자들은 '즐거움을 경험하고 고통을 피하는 삶'을 추구할수록 오히려 즐거움과 만족을 경험하지 못하는 것으로 나타났지만, 반대로 자기의 성장과 타인의 삶에 긍정적인 기여를 추구할수록 삶에 대한 만족감이 높았고, 긍정 정서도 강하게 경험한 것으로 나타났습니다. 또한 이러한 패턴은 나이가 들수록 더 선명하게 드러났다고 합니다. 해당 연구 결과는 의미를 발견하기 위해서는 자신의 성장과 더불어 타인의 성장에도 기여해야 한다는 것과 의미 있는 삶을 살 때 가장 행복할 수 있음을 시사합니다.

이타적인 활동은 단순한 보람을 넘어 몸의 생리와 건강에까지 스며드는 힘이 있다는 관찰 결과도 꾸준히 보고되고 있습니다. 타인을 돕고 베풀 때 느끼는 독특한 고양감과 평온함을 '헬퍼스 하이(Helper's High)'라고 부릅니다. 이 표현은 미국의 내과 의사 앨런 룩스(Allan Luks)가 정리한 개념으로, 많은 사람들이 남을 도울 때 설명하기 어려운 기쁨과 긴장 완화를 경험한다는 사실에서 출발했습니다. 그는 일주일에 8시간 이상 봉사활동을 하는 3000명을 대상으로 누군가에게 선행을 하거나 도움을 줄 때 심리적 포만감이 어떻게 변하는지를 조사했는데, 조사 대상자의 95%가 심리적 포만감이라고도 할 수 있는 이 '헬퍼스 하이'를 경험했다고 응답했습니다. 해당 감각은 실제로 며칠, 길게는 몇 주간 지속된 것으로 보고되었습니다. 요즘 유행하는 개념인 '러너스 하이(Runner's High)'보다 긴 효력을 자랑하는 것이죠. 헬퍼스 하이를 느낄 때 혈압과 콜레스테롤 수치는 내려가고 행복지수와 면역력도 높아진다고 합니다. 또한 헬퍼스 하이와 같이 타인을 위해 기부하거나 봉사할 때 뇌 보상 중추가 활성화되어 분비되는 '행복 호르몬'은 맛있는 식사 혹은 연인과의 교류 때보다 더 많이 분비된다고 합니다.

이후의 뇌과학 연구들은 남을 도울 때 보상 관련 물질의 활성과 불안과 긴장을 낮추는 옥시토신 분비가 관여할 수 있다는 점을 보여주었습니다. 하버드 의대에서 발행한 한 매거진*에서도, 타인을 돕는 행동이 이 같은 물질들을 자극해 통증을 줄이고 혈압과 염증을 낮추는 것과 연관이 있음을 포착했고 심혈관계 건강에 긍정적인 영향을 줄 수 있다는 여러 연구들을 종합해 소개했습니다. (※참고: 보고서 〈The Health Benefits of Kindness: What do we get when we give?〉, 2023)

미국 카네기 멜론대의 한 연구팀은 2013년에 50세 이상 성인을 대상으로 '자원봉사와 고혈압 발생 위험'의 관계를 살펴본 전향적 연구를 발표했습니다. 이들은 2006년 조사에서 아직 고혈압 진단을 받지 않았던 사람들만 골라 직전 1년 동안 자원봉사를 얼마나 했는지(연간 시간)를 측정하고, 4년 뒤에 누가 새로 고혈압 진단을 받았는지를 확인했습니다. 그 결과 여러 요인을 통제한 뒤에도 1년에 200시간 이상 자원봉사를 했던 사람들은 전혀 봉사를 하지 않았던 사람들에 비해 고혈압이 새로 생길 확률이 약 40% 낮았습니다. 자원봉사와 혈압, 심혈관 건강 사이에 의미 있는 상관관계가 관찰된 것입니다. (※참고: 논문 「Volunteering and Hypertension Risk in Older Adults」, 2013)

하버드 T.H. 챈 공중보건대학원의 연구팀은 2020년에 미국 전역의 50세 이상 성인 1만여 명을 4년간 추적하며 자원봉사와 이후의 건강 및 웰빙을 분석*했습니다. 이들은 연간 100시간 이상 자원봉사를 한 사람들과 그렇지 않은 사람들을 비교했습니다. 그 결과 자원봉사 시간이 100시간 이상인 그룹은 사망률이 낮을 뿐 아니라 일상생활에서 겪는 신체 기능 저하가 적고 우울과 외로움이 덜하며, 긍정 정서와 낙관성, 삶의 목적감이 더 높았습니다. 소득 수준, 초기 건강 상태, 성격, 사회적 지지 정도 등 여러 요인을 고려한 뒤에도 이러한 경향은 상당 부분 유지되었습니다. 연구팀은 결론에서, 타인을 위한 활동이 단지 기분을 잠깐 좋게 만드는 것을 넘어, 노년기의 정신과 신체 건강 등 여러 영역을 보호하는 데 기여할 수 있다고 정리했습니다. (※참고: 논문 「Volunteering and Health Among Older Adults in the United States」, 2020)

보다 넓은 관점에서, 스티븐 포스트(Stephen G. Post)는 2005년 이전까지 축적된 수십 편의 연구를 종합해 '이타적 정서와 행동은 더 큰 행복감과 더 나은 건강, 더 긴 수명과 강하게 연관되어 있다'라고 정리*했습니다. 포스트는 생물학적, 심리사회적 설명으로 스트레스 호르몬 감소, 면역 기능 개선, 사회적 지지망 강화, 의미감과 자기 효능감 향상을 제시하면서 '좋은 사람이 되는 것은 도덕적으로 옳은 일일 뿐 아니라, 건강을 지키는 데도 도움이 된다'는 메시지를 강조했습니다. (※참고: 〈Altruism,

이렇듯 타인을 돕는 행위는 단순히 '마음이 뿌듯한 기분 좋은 경험'이 아니라, 뇌와 호르몬, 심혈관계, 면역계에까지 긍정적인 영향을 미칩니다. 타인을 위해 자신을 내어줄 때 오히려 더 강해지고, 더 오래 살 가능성이 높아지는 것입니다. '남을 위해 시간을 쓰는 것'은 내 삶의 자원을 빼앗기는 일이 아니라, 장기적으로 볼 때 내 건강과 행복에 대한 가장 지혜로운 투자 중 하나일 수 있습니다.

'남을 도우며 살아라.'라는 오래된 당부는 종교적 도덕률의 명령이기전에, 인간이라는 종의 작동 원리입니다. 자연은 우리를 생존 경쟁 속존재로만 설계하지 않았습니다. 남을 도울 때 쏟아지는 도파민과 옥시토신, 자원봉사자에게서 발견되는 낮은 혈압과 긴 수명, 이타적인 삶을사는 사람들에게서 공통으로 관찰되는 높은 삶의 만족도와 낮은 우울감은 이렇게 말해줍니다. '너는 혼자 잘 먹고 잘 살라고 만들어진 존재가아니다. 누군가에게 좋은 일을 하는 순간, 너도 같이 살아난다.'

## 돕고 베풀기: 알고 보면 성공의 핵심

자신이 가진 역량과 적성, 자원과 시간을 통해 타인에게 기여하고 베풀며 살겠다는 사명감은 성공으로 향하는 가장 강력한 비결일 수 있습니다. 자기 성공을 좇는 사람보다 타인을 돌볼 줄 아는 사람들이 더 큰성공을 누린다는 것이 입증되고 있기 때문입니다.

펜실베니아 대학의 심리학 교수인 애덤 그랜트(Adam Grant)는 저서

『Give and Take』에서 '결국엔 더 많이 주는 사람이 성공한다'라는 것을 밝혀냈습니다. 장기적으로 볼 때 "베푸는 사람(giver)이 결국 승리한다"라는 것입니다. '이기적인 사람'은 결코 '이타적인 사람'을 이길 수 없습니다. 나아가 타인의 성공까지 도우며 신뢰를 얻는 사람이 결국 조직과 사회에서 더 크게 성공하고, 그 성공의 파급 효과도 주변에 선순환을 일으킨다는 연구 결과도 있었습니다. 이타적인 태도를 지닌 사람만이 성공과 행복 두 마리 토끼를 잡을 수 있는 것입니다.

『내면소통』에서 김주환 교수는 "장기적으로 더 크게 성취하는 유형은 남을 돕고 기여하려는 '주려는 사람'이며, 반대로 얻는 데 치우친 유형은 결국 사회의 최하위 계층을 이루게 된다"라고 말했습니다. 또한 그는 사랑을 '주는 행위'로 해석하며, 반려동물을 예로 들어 "돌봄의 본질이 '퍼줌'에 있고 그렇게 줄 때 비로소 개의 주인이 될 수 있다"라며 권위는 주는 것에서 나온다는 것을 설명했습니다. 회사에서도 월급을 주는 사장이 피고용인들의 리더가 되는 것처럼, 주는 사람이 리더가 될 수 있다는 것입니다. 같은 논리로 자기 자신에게도 아낌없이 투자하고 돌보는 태도가 '자기 사랑'이며, 인간관계에서도 주는 사람이 관계의 주도권을 쥘수 있다고 합니다. 아울러 그는 인간이 경험할 수 있는 최고의 행복은 '인류애적 사랑'을 할 때 얻어진다고 말했습니다.

이웃에게 기여하고 가진 것을 내어줄 때 우리는 더 크게 성공할 수 있습니다. 피지배자에서 머물지 않을 수 있게 됩니다. 리더가 되고, 친구가 되며, 동반자가 될 수 있습니다. 주도권을 잃고 끌려 다니지 않을 수 있게 되며, 가장 최고의 행복을 경험하게 됩니다. 그러므로 주체적이고도 행복하게 살고 싶다면 무언가를 위해 헌신하겠다는 마음이 필요합니다. 사명감이 필요합니다. 나의 힘으로 누군가를 어떻게 도울지를 중심으로 설계한 삶의 목적의식이 필요합니다.

## 사명은 거창한 일이 아니다

지금까지 살아온 방식이 있는데, 갑자기 어떻게 삶의 양식을 바꾸라는 것인지 의문이 드실 수도 있을 것 같습니다. 그러나 엄청난 변화가 필요한 것은 아닙니다. 말했듯 필요한 것은 거창한 혁명이 아닌 시선의 방향을 외부로 돌려보는 것, 그리고 생각의 전환입니다.

어떤 사람이 공사장을 지나다가 벽돌을 쌓고 있는 3명의 인부를 보았습니다. 그 사람은 인부들에게 다가가 '무슨 일을 하고 계신가요?'라고 물었습니다. 첫 번째 인부는 "9달러짜리 일을 하고 있습니다."라고 대답했고, 두 번째 인부는 "벽돌을 쌓고 있습니다."라고 말했습니다. 그리고 마지막 인부는 이렇게 대답했습니다. "저는 지금 하나님의 성전을 짓고 있는 중입니다." 이는 아주 유명한 '벽돌공 이야기'입니다.

이와 비슷한 내용의 일화가 있습니다. 미국의 린든 존슨 전 대통령은 나사(NASA)를 방문했을 때 한 청소부가 즐겁게 바닥을 청소하고 있는 장면을 보고 무엇이 그렇게 즐겁냐고 물었습니다. 그는 "사람을 달에 보내는 일을 돕고 있는 중입니다."라고 말했다고 합니다. 이 말에는 인류를 달에 보내는 엄청난 일에 일조하고 있는데 즐겁지 않을 수 있냐는 뜻이 담겨있습니다. 그는 자신의 역할과 조직의 정체성을 연결시켜 자신이 하는 일을 매우 가치 있게 바라볼 줄 아는 사람이었던 것 같습니다.

이렇듯 사명은 꼭 모든 것을 다 버리고 봉사를 위해 떠나거나, 재산을 모두 다 기부하는 등의 거창한 활동을 의미하지 않습니다. 어떤 사람에게는 하루에 한 번 어려운 사람을 돕겠다는 결심일 수 있고, 어떤 사람에게는 자신이 현재 하는 일을 통해 세상을 조금이나마 덜 고통스럽게 만들겠다는 결심일 수 있습니다. 중요한 것은 '나 하나 잘 되자'에서 한 발 더 나아가, '내가 사는 이 세상에 무엇을 더해놓고 떠날 것인가'를 스스로에게 묻고, 그 답을 향해 조심스럽게라도 발을 떼기 시작하는 일입니다. 자신이 하는 일에 책임감과 사명감을 느끼고, 외재적 목표 추구에만 머물러있던 마음가짐에 "이 일을 통해 누군가의 삶이 조금이라도 더 나아지면 좋겠다."라는 다정함을 몇 방울 떨어뜨리면 됩니다. 마음가짐이 바뀌면 생각이 바뀌고, 생각이 바뀌면 행동이 바뀌며, 행동이 바뀌면 삶이 달라집니다. 지금 하는 그 일의 목적, 나아가 삶을 사는 목적에 '나와 내 가족이 잘 먹고 잘 살기 위해'라는 이유와 더불어 '내가 가진 자원과 재능, 역량으로 세상에 기여하겠다'라는 다짐이 병행되면 좋겠습니다.

혹 살아야 하는 이유가 단지 '생존'에만 머물러 있지는 않습니까. '잘 생존하는 것이 행복한 삶'이라고 오인하고 있지는 않으십니까. 만일 그렇다면 종종 불행에서 벗어나기 힘들다는 그 감각은 여러분의 잘못이 아니라, 삶의 방향이 아직 종의 관성에 묶여 있다는 신호일 수 있습니다. 이제는 그 관성을 끊고, 여러분만이 감당할 수 있는 사명을 '내가 사는 이유'로 설정했으면 좋겠습니다. 그것이 크든 작든 상관없습니다. 누군가의 고통을 덜어주는 일, 더 좋은 관계를 만드는 일, 공동체의 결핍을 메우는 일, 세대를 넘어 남길 수 있는 가치를 만드는 일. 무엇이든 시선을 타인에게로 돌리고 관심을 갖고 작은 사랑을 전하면 됩니다. 여러분의 사명은 결국 '여러분이 아니면 채울 수 없는 구멍'을 향해 있을 것입니다. 그 구멍을 향해 삶을 던질 때, 우리는 마침내 조건 달성 게임에서 빠져나와 '나 없는 인생'이 아닌 '나로 가득 찬 인생'을 살 수 있을 것입니다.

그래서 저는 이 장의 결론을 지루한 '입 바른 소리'가 아니라 하나의 '행복 방법론'으로 남기고 싶습니다. 정말 행복하고 싶다면 '왜 사는가?'를 질문하고 그 답으로 '나만의 사명'을 써 넣는 방법은 어떠신가요. 이는 착한 사람이 되라는 도덕적 훈계라고만 할 수는 없습니다. 인간은 의미를 통해 살아나는 존재라는 사실, 그리고 그 의미가 '자기 초월의 방향에서 가장 강하게 발생한다는 여러 철학적이고 심리학적 증거에 따른 가장 현실적인 처방입니다. 나아가 우리 사회가 더 이상 불행에 잠식되지 않길 바라는 마음에서 제시하는 최후의 처방입니다.

"오, 차라투스트라여, 그대는 지금 그대의 행복을 찾는가?" 짐승들은 물었다.
"행복이 무슨 소용이냐! 나는 행복을 얻으려고 노력하지 않은 지 이미 오래되었다. 나는 내 과업을 이루려고 노력한다."

- 니체, 『차라투스트라는 이렇게 말했다』

 **삶의 깊이를 더하는 질문**

사명을 품은 삶은 존재를 주체적으로 세우고 존엄함을 갖추게 하며 주변과 더불어 우리 자신까지도 치유합니다. 여러분 각자의 사명은 어떤 것이 될 수 있을까요? 관심 대상, 적성과 역량, 재능 등을 중심으로 고민해보면 좋겠습니다.

# 3

# 다양성 사회를 위하여

*"사는 것이 힘들다고 낙망하지 말라. 어깨에 짊어진 무거운 짐이, 스스로의 사명을 완수하도록 강요한다. 이 짐에서 벗어나는 길은 자기의 사명을 완수하는 길뿐이다. 당신에게 맡겨진 일에 책임을 다했을 때 무거운 짐에서 벗어날 수 있다."*

*- 랄프 왈도 에머슨*

## 사명이 필요한 우리 사회

사회 전체로 생각을 확장해봤을 때도, 구성원들이 사명감을 가지고 사는 것은 꼭 필요합니다. 적색 신호를 울리고 있는 사회를 불행이라는 늪에서 끄집어내기 위해서 각 구성원들이 타인의 삶에 기여하겠다고 다짐하는 것은 꼭 필요합니다. 다양한 조건들이 행복을 가져다줄 것이라는 믿음으로 인해 생존 미션에 집착하는 사회를 변화시키기 위해서는 '사명감'이 그 핵심 열쇠라고 생각합니다. 더욱 인간다운 공동체가 되기 위해서, 더 다양한 가능성들이 모여 사는 집합이 되기 위해서, 뺏고 빼앗기는 전장이 되지 않고 서로 동행하는 아름다운 터전이 되기 위해서는 서로 다른 우리가 가지는, 서로 다른 사명들이 필요합니다.

유학 과정을 마치고 잠깐 한국에 들어와 있던 또래와 친해진 적이 있습니다. 그 친구는 아직 졸업 전이었던 저보다 한 살이나 어렸음에도, 영국에서 경제학과를 졸업한 뒤 귀국했다고 했습니다. 저는 선망하는 시선으로 그녀를 바라봤습니다.

"너무 멋지다. 그럼 지금은 어디 취업 준비 중이야?" 제가 물었습니다.

"국제 기구나 비영리 단체 쪽 가고 싶어서 알아보고 있어." 생각도 못한 대답이었습니다.

이 정도 스펙이면 금융권에서 모셔가려고 안달일 텐데 말이죠. '아직 더 경력이 필요하기 때문인가? 신입으로서는 비영리 단체가 좀 더 입사하기 쉬워서 그러나?' 싶었지만 그녀는 본인의 신념에 따른 선택이라고 말했습니다. 더불어 한국에서 일하고 싶지 않다고 말했는데, 그 이유마저 제 예상을 벗어나는 것이었습니다.

"한국은 다들 돈을 최우선 가치로 여기는데, 영국은 그렇지 않아. 환경, 동물, 인권, 개발도상국 등 사람들이 집중하는 사회적 가치가 전부 다 달라. 한국에 올 때마다 또래 친구들이 '돈돈돈' 하는 것이 싫고, 숨이 막혀. 그래서 일단은 한국에서 일하고 싶은 생각이 없어."

저 또한 '돈돈돈' 하는 사람들과 비슷한 답을 예상했기에 부끄러웠습니다. 스펙, 금융권, 돈을 중심으로 한 기업 선택, 몸값 상승 전략. 그녀의 답을 듣고 떠오른 것들은 이러한 것뿐이었기 때문입니다. 동시에 진심으로 영국의 사회적 분위기가 부러웠습니다. 그리고 국제 기구 혹은 공익 단체에서 타인의 삶에 기여하기 위해 열심히 공부한 그녀의 삶 자체가 존경스러웠습니다. 나아가 젊은이들이 돈이 아닌 가치를 지향하는 사회가 이미 지구 반대편에 있다는 사실은 다소 충격으로 다가왔습니다.

## 획일화되어가는 우리

폭력은 타인과 자신의 차이를 지우고자 하는 의도를 포함합니다. 폭력을 가하는 사람은 자신의 기대에서 벗어난 상대방의 행동에 분노하거나 타인을 원하는 대로 통제하기 위해 힘을 사용합니다. 한나 아렌트는 인간의 차이를 '다양성' 그 이상으로 설명하기 위해 '복수성'이라는 표현을 사용하는데, 전체주의 체제는 이러한 복수성을 지우려는 국가적인 '폭력'의 시도이므로 언제나 큰 희생과 고통을 대가로 치른다고 합니다.

우리 인류가 이토록 아름답고도 치열한 이유는 서로 다르기 때문입니다. '복수성'이 갖춰 있기 때문에 인류는 인간다울 수 있었습니다. 말하자면, 우리는 '차이'가 나기 때문에 우리답게 살 수 있었던 것입니다. 하지만 요즘 한국 사회를 보면 구성원들이 전부 획일화되어간다는 생각을 지울 수 없습니다.

사회는 다소 폭력적인 방식으로 사람들의 정신적 차이를 지워내고 있는데, 그 결과로 만들어진 것이 바로 트렌드에 빠르게 편승해야 하는 미디어 문화입니다. 사람들은 반응이 좋은 밈(meme), 챌린지, 광고 영상 형식 등을 계속 복제합니다. 빠르고 쉽게 주목을 받기 위해 트렌드를 공부하는 것이 당연해졌고, 그렇게 우리는 점점 더 비슷해지고 있습니다. 언어적 양식, 표현 방법, 트렌드에 따라가는 패션과 헤어 스타일, 표방하는 컨셉, 개성 표현 방법, 심지어 유머코드마저 단일해지고 있습니다. 밈을 사용하지 않으면 시대에 뒤떨어지는 취급을 받습니다. 트렌드에 어울리지 않는 옷을 입으면 센스 없는 사람이 됩니다.

김선욱 교수는 '미디어로 인한 획일화 현상'이 무사유의 직접적인 원인이 된다고 비판했습니다. 그는 특히 기술, 그 중에서도 미디어 기술이 사람들의 사고를 점점 단선적이고 획일적인 방향으로 몰아가며, 결국 전체주의적 감수성을 강화한다고 보았습니다. 미디어의 메시지가 우리를 더욱 더 평범하게, 획일적으로, 그리고 생각 없이 만든다는 것입니다.

인간의 복수성, 즉 차이를 잃고 획일화되어 가는 것은 곧 조용하고도 지배적인 폭력의 결과입니다. 우리는 SNS, 유튜브와 같은 영상 매체 산업에 시각과 시간을 빼앗김에 따라 더욱더 평범해지고 무사유적으로 변하고 있습니다. 우리는 모두 서로 간의 차이를 지우는 것에 열심히 동참하면서 그것이 되레 신세대적이고 현대풍의 생활양식인 것처럼 받아들이지만, 사실 이는 사유의 여지를 덮어버리는 시도에 불과할 수 있습니다. 우리 안의 성실한 악행자, 아이히만을 깨우는 작업의 일환이 될 수 있습니다.

이러한 획일화는 라이프 스타일뿐만 아니라 사회가 지향하는 가치에서도 발견됩니다. 제 일화에서 볼 수 있듯, 저는 유학파 친구가 취업 목적으로 '사회 공헌'을 가장 크게 따질지 상상하지 못했습니다. 돈과 명예, 그리고 개인의 안위를 지향점으로 삼는 것이 우리 사회에서 자연스러운 일이기 때문입니다. 한국 사회에서 그 외 다른 가치는 취미 영역쯤으로 고려되고 있습니다.

'파이어족(경제적 독립과 조기 은퇴 약자)'이라는 말이 유행하고 있습니다. 그만큼 요즘 사람들은 젊었을 때 바짝 일한 후에 빠르게 은퇴하여 편안한 여생을 보내고 싶다는 강력한 욕망을 갖습니다. 제 주변만 해도 꿈이 '파이어족'이라는 사람은 꽤나 많았습니다.

이외에도 '편안함 제일 사상'을 알 수 있는 신흥 용어는 너무 많습니다. 캥거루족(학교를 졸업해 자립할 나이가 되었는데도 부모에게 경제적으로 기대어 사는 젊은이), 딩크족(맞벌이 무자녀 가정), 프리터족(필요한 돈이 모일 때까지만 아르바이트로 일하는 사람), 코쿤족(외부 세상으로부터 도피하여 자신만의 안전한 공간에 머물려는 칩거증후군 사람), 욜로족('인생은 한 번뿐이다'라는 의미로 현재 자신의 행복을 가장 중시하고 소비하는 사람), 그리고 니트족(일하지 않고 일할 의지도 없는 청년 무직자) 등. 사람의 특성을 표현하는 단어가 '편안함' 혹은 '행복', '돈'을 대상으로만 편중되어 있다는 것은 그만큼 우리 사회가 추구하는 가치 다양성은 심각하게 파괴되어 있다는 것이 아닌가 싶습니다. 우리는 서로 너무 똑같아져 버렸습니다.

## 행복지수 2위 덴마크와 우리의 차이

　전 세계 행복도 2위를 차지하는 덴마크를 살펴보면 우리나라와 다른 점이 많이 보입니다. 덴마크의 젊은이들은 일과 삶의 균형뿐만 아니라 사회에 기여하는 가치를 매우 중시합니다. 북유럽에서는 어릴 때부터 공동의 책임감, 공감, 선한 시민의식이 개인의 성공보다 더 중요하다고 교육받습니다. 중요한 점은 '개인의 성공'보다 강조된다는 점입니다.

　실제로 덴마크의 젊은 기업가들은 사업의 재무적 가치와 더불어 인간적 가치 창출에도 강하게 집중한다고 합니다. 예를 들어, 이들은 자신의 일이나 창업을 통해 얼마나 사회에 긍정적 영향을 미칠지, 사람들에게 도움이 될지를 고민하는 경향이 큰 것입니다. 이런 문화 속에서 덴마크 사회는 서로에 대한 높은 신뢰와 공동체 의식이 형성되어 있습니다. 한 조사에 따르면 덴마크인의 74%가 "대부분의 사람들을 신뢰할 수 있다"라고 답했는데, 이는 세계에서 가장 높은 수준의 사회적 신뢰도라고 합니다. 이러한 신뢰와 공동체적 유대는 덴마크 청년들이 직업을 선택할 때 자신이 기여할 수 있는 가치를 고민하도록 이끄는 원동력이 된다고 합니다. 반면 한국은 50%대로 OECD 국가 중 최하위권에 속하는데 말입니다.

　덴마크 청년들은 직장에서 돈이나 지위만을 좇기보다 사회적 가치, 공동체의 행복, 환경과 지속가능성 등의 가치를 더 고려합니다. 덴마크의 대표 기업들도 단기 이익보다 사회적 책임과 공동체 환원을 강조하는 문화가 정착되어 있습니다. 실제로 '레고'와 같은 덴마크 대기업들은 가족 재단 형태로 운영되면서 이윤의 상당 부분을 공익 프로그램에 재

투자하고 있는데, 이는 기업의 미래뿐 아니라 모두의 미래를 함께 발전시키는 역할이 되어준다고 합니다. 이러한 분위기 속에서 성장한 덴마크 청년들은 일을 통해 세상에 긍정적인 영향을 주는 것을 중요한 인생 목표로 삼습니다.

덴마크는 세계 행복도 조사에서 최상위권에 속합니다. 그만큼 각 구성원들은 풍요롭고 만족스러운 삶을 누리고 있습니다. 그들은 자기 자신의 안위만을 위해 살아가지 않습니다. 그들의 초점은 개인의 편의와 더불어 공동체에도 강하게 맞춰져 있습니다. 이것이 가능한 이유는 가치 다양성이 존중되는 삶을 살고 있기 때문입니다. 주는 삶이 더 행복하다는 것을 몸소 보여주는 사회에서 심리적 지원을 가득 받으며 자랐기 때문입니다. 그들은 이미 어떻게 하면 인간답게, 인간다운 사회를 만들고 행복한 삶을 살 수 있는지를 알고 있습니다.

한국 사회는 흔히 개인이 주체적으로 살아야 한다고 말하면서도 정작 개인이 주체적으로 선택하는 일을 참아내지 못합니다. 여기서 말하는 '참아내지 못함'은 눈에 띄는 검열이나 폭력만을 뜻하지 않습니다. 더 조용한 방식이 있습니다. "다들 이렇게 산다."라는 당연하다는 듯한 시선, "그 길밖에 없다."라는 제거된 선택지, "네가 뭘 하든 결국 돈은 있어야지."라는 불안 조성, 그리고 이를 반복하는 교육과 미디어 말입니다. 이런 구조 속에서 개인은 선택한다고 느끼지만, 사실은 이미 좁혀진 레일 위에서만 움직입니다. 다양성이 허용되지 않는 사회는 곧 자율성이 허용되지 않는 사회입니다. 그리고 자율성이 붕괴된 사회는 '무기력'과 '낮은 행복'으로 되돌아갑니다. 우리는 이미 그 결과를 살고 있습니다. 스펙과 조건을 위해 질주하지만, 그 질주가 나의 것이 아니라는 감각 때문에 마음은 계속 텅 비어갑니다. 이게 바로 지금의 비자율적 사회가 가진 가장 깊은 병입니다.

한국 사회를 바라보며 저는 종종 '선택지가 사라진 나라'라는 느낌을 받습니다. 인간은 본래 여러 방향으로 뻗어갈 수 있는 존재인데, 사회는 그 가지들을 미리 잘라 둡니다. "그건 밥이 안 된다."라는 말로 꿈을 검열하고, "그건 현실적이지 않다."라는 말로 열정을 조롱하며, "일단 안정부터 잡아라."라는 말로 우선순위를 획일화합니다. 그러는 동안 사람들은 점점 스스로의 욕망을 믿지 못하게 됩니다. 내 안에서 올라오는 미세한 열정의 신호를 '쓸모없음'으로 판정해버리고, 결국 사회가 정해준 규격에 맞는 욕망만 품게 됩니다. 겉으론 평화롭지만, 내면에선 조용한 침식이 벌어지는 것입니다. 다양성의 결핍은 곧 꿈의 결핍이고, 꿈의 결핍은 곧 사명의 결핍입니다. 그렇게 우리는 다시 조건 달성 게임으로 되돌아가 '살아가는 것 같지만 살아지기만 하는 삶'을 반복하게 됩니다.

## 더 다양한 헌신의 대상이 필요하다

다양성이 훼손된 사회는 필연적으로 서로를 적으로 만들기 쉽습니다. 가치가 단일해지니 사람들의 삶은 한 줄짜리 줄다리기가 되고, 같은 성공 기준을 놓고 같은 자원을 쟁탈해야 하니 타인의 성취는 곧 내 실패의 가능성이 되어버립니다. 사회적 신뢰는 줄고, 관계는 얇아지며, 사람들은 더 깊은 외로움 속으로 들어가게 됩니다.

반대로 추구하는 가치가 다양할수록 우리는 서로를 경쟁 상대가 아니라 '다른 길을 걷는 동행자'로 볼 수 있습니다. 각자의 존엄성을 존중할 수 있습니다.

그래서 우리 사회에 더 많은 것들이 헌신의 대상이 되면 좋겠습니다. 가치 다양화 사회를 만들기 위해 돈과 명예, 권력 같이 생존 가능성을 높이기 위한 장치 외에도 헌신하고 기여할 더 다양한 대상들을 마주하면 좋겠습니다. 누군가는 이웃을, 환경을, 동물을, 아이를, 부모를, 노인을, 남자를, 여자를, 기술을, 문학과 예술을, 우주를 사랑하면 좋겠습니다. 그래서 점차 단일해지는 사회에 다양성과 복수성이 가득 넘쳤으면 좋겠습니다. 누군가 재능으로, 돌봄으로, 기술로, 공동체 운영으로 다양한 가치의 영역에서 세상을 지탱할 때, 우리 사회는 적대적 제로섬(zero-sum)이 아니라 각자의 기여가 모여 살아나는 플러스 섬(plus-sum)이 될 수 있습니다. 서로를 더 진정으로 사랑할 수 있습니다. 사회는 더 이상 불행으로 뒤덮이지 않을 수 있습니다.

> **Q** 삶의 깊이를 더하는 질문
>
> 더 다양한 사명들이 만날 때, 사회는 비로소 풍성하고 다양한 사회가 될 수 있습니다. 여러분은 사고방식과 추구하는 가치가 획일화된 사회에서 살고 싶으신가요, 각자 나름의 사명을 품고 추구하는 가치가 서로 다른 다양성 사회에서 살고 싶으신가요? 변화의 시작은 우리 각자의 삶에서부터 비롯될 것입니다.

# Part 2를 정리하며

이제껏 해온 작업을 정리해보겠습니다.

Part 1에서는 현대인의 행복 집착 경향성과 그에 따른 역설적인 결과를 확인해보면서 조건부 행복 가설에 의문을 제기했습니다. 이후 조건부 행복 가설은 행복을 보장하지 않는다는 점과 오히려 불행을 가속화할 수 있다는 다양한 연구 결과를 살펴보고, 이러한 가설이 만든 조건 달성 게임 양식의 한계점을 짚어보았습니다. 그리고 조건 달성 게임을 각자의 삶에서 밀어내기를 제안했습니다. 이를 통해 생존과 번식 중심으로만 흘러 한껏 축소되었던 삶이 한층 더 인간다워질 수 있는 변화의 가능성을 심었습니다.

Part 2에서는 '왜 살 것인가'라는 질문을 중심으로 경험의 가장 깊은 차원의 일인 목적 설정에 대해 논의하면서 깊은 인생의 포문을 열었습니다. 의미를 추구하는 본성을 가진 인간이 의미 있고 행복하게 살기 위해서는 그 삶이 가리키는 바, 즉 개인적인 '삶의 과업'이 필요함을 확인했습니다. 그리고 해당 과업을 타인과 공동체 등에 기여하는 '사명'으로 삼기를 권했습니다. 그것이 우리 자신과 더불어 사는 타인 그리고 이 사회에 가장 좋은 방법이기 때문입니다. 여기까지 오면서 자신과 세상에 대해 고민하고 성찰했다면, 이는 분명 우리 삶에 조금씩 깊이를 더했을 것이라고 확신합니다.

이제 깊은 삶을 위해 던지는 질문으로 남은 것은 '무엇으로 살 것인가' 와 '어떻게 살 것인가'입니다. 이는 각각 가치관과 삶의 태도와 관련됩니다. 다음 Part 3에서는 해당 내용에 대해 전개하면서 시작된 깊은 삶의 양식을 더욱 견고하게 다져보고자 합니다.

미래에는 어떤 일이 기다릴지 모릅니다. 그러나 삶의 목적, 가치관, 태도가 바로잡혀 있으면 두렵지 않을 수 있습니다. 삶의 양식이 조건 달성 게임으로 돌아가지 않을 수 있습니다. 그 단단함을 만드는 것은 사명 실천 결심과 더불어 매일 누적되는 가치의 실현과 태도의 힘입니다. 깊은 삶은 이렇게 현실 속에서 체화됩니다. 사명을 품고, 가치를 검토하고, 태도를 정돈해 매일의 순간을 조율하는 과정. 이 전체가 주체성을 키우는 훈련이자, 인간이 인간답게 살아가는 '깊은 삶'의 양식이라 생각합니다. 이는 분명 삶에 흔들리지 않는 행복을 수반할 것입니다.

# Part 3

깊은 삶
완성하기

## 가치관과 태도 정렬

무엇으로 살 것인가. 어떻게 살 것인가.

이는 깊은 삶의 완성을 위해 던지는 질문입니다.

사명 의식이 뚜렷해졌다면 이제 중요한 것은 가치관과 태도 정렬입니다. 실제 행동에는 가치관과 태도가 직접적인 영향을 미치기 때문입니다. 해당 요소들을 인생의 목적과 같은 결로 정렬해 두어야, 깊은 삶은 '양식'으로 굳어질 수 있습니다. 시작이 반이라고는 하나 뒷심도 중요합니다. '나 혼자 잘 먹고 잘 사는 것만 중요시 여기지 않겠다'는 사명 의식과 더불어 매일의 선택과 태도가 바르게 쌓여간다면 우리 삶은 마침내 조건 달성 게임이 가져오는 불행과 멀어지고 찬란한 깊이에서 오는 행복과 인간다움을 맛볼 수 있게 될 것입니다.

# Chapter 6

무엇으로 살 것인가?
: 가치관 검토하기

# 1

# 가치관이 분명해야 헤매지 않는다

"당신의 믿음은 생각이 되고, 생각은 말이 되며, 말은 행동이 되고, 행동은 습관이 된다. 그리고 습관은 결국 당신의 가치관이 되고, 그 가치관이 곧 당신의 운명이 된다."

- 마하트마 간디

사람은 무엇으로 산다고 생각하시나요?

여러분은 인생에서 '무엇'이 가장 중요하다고 믿으며 살아오셨나요?

우리는 대개 '무엇을 얻을 것인가'에만 분주합니다. 더 효율적인 방법, 더 빠른 성장, 더 안정적인 자리, 더 큰 액수의 연봉, 더 우월한 이미지. 얻어야 할 '무엇'도 중요하지만 그 '무엇'에 내재된 가치를 똑바로 바라보고 우선순위를 인지하는 것도 중요합니다. 어떤 가치 목표를 우선순위에 두고 살아갈 것인지 생각해봐야 하는 것입니다.

이 문제는 '사람은 무엇으로 사는가?'에 대한 개인적인 답변을 요청합니다. '깊은 삶'을 완성하기 위해서는 이 질문을 마주하고 가치관을 검토해야 하기 때문입니다. 내가 붙들고 있는 가치들은 무엇인지, 우선순위로 매겨진 것에 마땅한 값어치가 있는지, 지향하는 목적과 일맥상통하는지를 점검해보는 것이죠. 그렇지 않으면 사회가 미리 심어둔 기준, 타인의 욕망, 익숙한 관성에 다시 이끌려 '살아지는 대로 사는 삶'을 살게 될 위험이 있습니다. 사명 의식을 품고도 조건 달성 게임 속으로 다시 돌아갈 수 있는 것입니다.

가치관을 살핀다는 것은 결국 사명과 일상을 연결하는 작업입니다. 연구 결과에 따르면 우리는 매일 약 3만5천 번의 선택을 하며 살아갑니다. 이 선택 하나하나가 남기는 발자국의 방향은 무척 중요합니다. 잘못된 방향으로 나아가는 것은 성장이 아닌 퇴보일 수 있습니다. 이전 챕터에서 인생의 목적, 즉 '사명'을 사색했다면, 이제 그 사명이 매 순간의 선택과 목표 속에서 어떻게 살아 움직일지를 좌우할 가치관을 점검할 차례입니다. 우리 가치관 속에는 삶을 조건 달성 게임으로 만드는 인식들이 너무 많기 때문입니다.

가치관은 인생의 표지판 역할을 합니다. 목표와 순간의 선택을 크게 좌우하는 것, 그것이 가치관의 역할입니다. '인간이 삶이나 어떤 대상에 대해서 무엇이 좋고, 옳고, 바람직한 것인지를 판단하는 관점'을 의미하는 가치관은 하위 목표들을 설정할 때에도 핵심 역할을 합니다. 만일 표지판이 잘못 세워져 있거나, 있어야 할 곳에 세워져 있지 않다면 엉뚱한 길로 잘못 들기 쉽기 때문입니다.

## 잘못된 표지판으로 헤맸던 경험

아침 공기가 유난히 가벼웠던 날이었습니다. 주말 새벽, 사람들로 붐비기 전의 산길을 올랐습니다. 전날 밤까지 회사 잔여 업무, 토익 시험준비, 컨텐츠 원고 작성 등의 할 일들로 머리가 뜨겁게 달아올라 있었는데, 자기 관리 목적으로 계획한 등산은 생각보다 머릿속을 시원하고 상쾌하게 만들었습니다. 저는 에어팟을 귀에 꽂은 채, 오후에 해야 할 일을 정리하면서 등산을 힘차게 출발했습니다.

그런데 어느 지점에서 신호가 약해졌는지 음악이 멎었고, 핸드폰 전파가 잘 터지지 않았습니다. 제 목적지는 뚜렷했지만 갈래길이 나올 때마다 어떤 길을 선택해야 할지 확실치 않을 때도 있어 막막함을 느꼈습니다. 그래도 표지판이 있으니 괜찮을 것이란 생각에 차분하게 뚜벅뚜벅 걸어갔습니다.

평소 같았으면 금세 불안이 올라왔을 것입니다. '길을 잃으면 어쩌지?' '시간 낭비 아닌가?' '오늘 할 일에 가용할 시간이 모자라게 되면…' 그러나 그날은 달랐습니다. 음악 소리가 끊기자 오히려 내면의 소리가 커짐을 느꼈습니다. 가는 길에 잠시 앉아 쉬다 문득 생각이 들었습니다. '내가 요즘 이렇게 바쁘게 사는 이유가 정확히 무엇이었지?' 스스로에게 대답하려는데 놀랍게도 말문이 막혔습니다. '사명감'이라는 말로 포장했지만, 실상을 들여다보면 '출세하기 위한' 흔적들로 가득 차 있는 지난날을 발견했기 때문입니다. 사람들에게 도움이 되고 싶다는 듣기 좋은 이유로 시작한 발걸음에는 속도와 비교, 편의와 효율, 보이는 숫자에 매달린

이기심, 출세를 향한 맹목성, 관계에 대한 외면이 군데군데 묻어 있었습니다. 거창한 명분의 외피 아래 여정은 은근한 탐욕과 개인주의로 얼룩져 있었습니다.

핸드폰이 잘 터지지 않았던 관계로 저는 이상한 길로 빠져 빙빙 돌았습니다. 지도가 없었을뿐더러, 어떤 한 갈래길에서는 임시로 세워져 있던 표지판이, 누군가와 부딪혔는지 잘못된 방향을 가리키고 있었기 때문입니다. 엉뚱한 곳을 가리키고 있던 표지판을 따라 한참을 오르고 나서야 이상함을 감지해, 주변 등산객에게 물어 겨우 정상에 도착할 수 있었습니다.

정상에 올라 한숨 돌리며 올라온 여정을 되돌아보고 있었는데, 갑자기 머리를 세게 얻어맞은 것 같은 깨달음 하나가 있었습니다. 아무리 가고자 하는 목적지가 명확하고 방향을 알고 있다 한들, 지도와 같은 세심한 길잡이가 없다면 헤매게 되며, 결국 목적지에 도달하기 힘들어진다는 사실입니다. 지도가 없다면 표지판을 보고 가야 하는데, 그 표지판이 잘못 세워져 있다면 마찬가지로 예정 도착지와는 멀어지고 만다는 사실 또한 깨달았습니다.

스스로에게 물었습니다. '지금 내 인생은 제대로 된 표지판을 따라 가고 있는가? 애초에 표지판이 되는 그 기준을 세우려고 했는가?' 아니었습니다. 저는 '산 정상으로 가겠다'라는 목적의식 하나만 가졌을 뿐, 여정 속에서 만나는 갈림길에서 어떤 길을 선택할지에 대한 명확한 기준점을 세울 생각을 하지 못했습니다. 갈림길에서의 구체적인 표지판이 필요한데, 저는 여태껏 '사명 실천'이라는 목적지를 가고자 하면서 생존과 번식이라는 목적을 위해 세워진 표지판만 보고 가고 있었던 것인지도 모르는 일이었습니다.

표지판을 점검하지 않는다면 사명이라는 좋은 이름을 걸고도 결국 편해보이고, 좋아보이는 길을 돌고 또 돌 뿐일 터였습니다. 때로는 그 돌고 도는 원이 화려하고, 그 안에서 기쁨과 만족을 가득 느끼기도 합니다. 그래서 '나는 잘 가고 있다'라는 확신이 들기도 합니다. 그러나 끝없는 원의 안쪽에 오래 머물다 보면 눈은 반짝여도 정신은 어두워지기 쉽습니다. 익숙하고도 쉬운 길을 반복하며 '올바르게 가고 있다'라는 착각만 키우는 꼴이 될 수 있는 것입니다. '사랑'을 실천하고 싶다는 사람이 '물질' 중심의 표지판을 보며 걸어나간다면 과연 목적지에 제대로 도착할 수 있겠습니까.

그때 저는 조용히 선언했습니다. "먼저 정신 없이 할 일을 처리하기보다는 표지판부터 세우자. 내 현재 가치관을 검토하자. 바른 기준이 없다면 나는 그럴듯한 명분 아래에서 어리석음의 발자국만 남길 수도 있는 일이다. 나는 정말 원하는 곳으로 도착하지 못할 수도 있다. 지금 중요한 것은 체크리스트 해내기가 아니라, 내 하루를 만드는 기준을 세우는 것이다. '타인의 삶에 기여하는 사람이 되고 싶다'라고 말하면서도, 정작 걸어온 길 위에는 욕심만 그득하다면 그야말로 말과 행동이 어긋난 삶이지 않을까." 그 뒤로부터 저는 삶의 결을 가르는 최상위 가치, 나머지 모든 선택을 대입해 판단할 수 있는 하나의 축을 세우는 사색을 시작했습니다. 기존의 표지판들은 무의식 중에 세워진 '생존과 번식'을 가리키는 것들뿐이었으니 말입니다. 이것이 무조건적으로 나쁜 일은 아닐 수 있습니다. 그러나 남들보다 잘나고 싶다는 무의식적 선택과 행동은 비교 경쟁 속에 저를 다시 빠뜨리므로 진짜 의미 있는 삶을 살고 싶다면, 즉 나만 할 수 있는 일을 감당하는 고유한 존재로 살고 싶다면, 올바른 방향을 가리키는 표지판은 필수라고 생각했습니다.

## 가치관은 목표 조정관

'어떤 가치를 추구하는지' 검토하라는 이야기는 너무 뻔한 이야기처럼 느껴질 것을 압니다. 그럼에도 가치관에 대해 사색하는 것이 필요하다고 말하는 이유는 한국 사회가 이미 천편일률적으로 '물질'을 가치관의 핵심으로 세워두고 있기 때문입니다. '행복'이라는 목적지에 도달하길 기대하면서요. 하지만 학자들이 우리나라의 낮은 행복도의 원인을 심각한 물질주의 때문이라고 한 것처럼 해당 가치관은 우리를 원하는 목표 지점인 행복으로 데려다 주지 못합니다. 행복은 추구할수록 멀어진다는 특성이 있으므로, '물질 획득'에 집착해서는 더더욱 갈 수 없는 천국입니다. 그 외 편의주의와 우월주의도 마찬가지입니다.

가치관이라는 표지판은 우리의 선택과 목표 설정을 크게 좌우합니다. 표지판이 때로는 '이쪽으로 가면 더 잘 생존할 수 있습니다.', '이쪽으로 가면 더 잘 번식할 수 있습니다.'라고 말할 때도 있어야 하겠지만, 길 위에 더 많이 존재해야 하는 표지판은 '사명을 향하는 길은 이쪽 길입니다.

가다 보면 행복이라는 나비를 만나실 수 있을 것입니다.'라고 말하는 것들이 아닐까 싶습니다. 길 위에 생존과 번식을 가리키는 표지판밖에 없다면, 즉 선택의 기로에서 공동체나 타인에 대한 관심을 기울이는 것보다 '물질이 최고다.', '성공 외엔 좋게 느껴지는 것이 없다.'라는 생각에 따라 움직인다면, 결국 우리의 존재 이유는 우려했던 바대로 '인류 존속'이라는 목적으로, 동물적 삶으로 쪼그라들 수밖에 없으며 이는 삶을 계속 납작하게 만들 것입니다.

단단한 표지판을 세우려면 먼저 익숙한 것들을 검토해야 합니다. 이미 내면 곳곳에 박혀있는 표지판을 들여다 볼 줄 알아야 합니다. 같은 행위더라도 어떤 이는 사랑이라는 표지판에 따라 움직이고, 어떤 이는 인정 욕구라는 표지판에 따라 움직인 결과일 수 있습니다. 이 둘의 가는 길은 초반에는 같을 수 있을지언정, 언젠간 서로 갈라지고 말 것입니다. 하나는 '의미 있는 삶'으로, 다른 하나는 '생존과 번식을 통한 인류 존속을 위한 삶'으로요.

깊은 삶은 분명 사명감을 품는 것만으로는 충분치 않습니다. 방향을 알아도 갈림길이 나오면 헤맬 수 있기 때문입니다. 그러나 진리적 가치가 쓰인 표지판을 따라 갈 수 있다면 헷갈리지 않을 것입니다.

다음 장에서부터 현대 사회에서 신적으로 취급되는 가치들, 이미 우리 내면 곳곳에 자리잡고 있던 우선 순위 가치들을 하나씩 해부해보면서 물질주의, 우월주의, 편의주의 표지판이 왜 위험한지, 그렇다면 어떤 표지판을 최우선 순위로 삼으면 좋을지를 살펴보겠습니다.

**삶의 깊이를 더하는 질문**

여러분은 삶에서 어떤 가치를 가장 우선시하고 계신가요? 사명을 실천하는 삶이 되기 위해서는 매일의 선택을 좌우하는 가치관 검토도 필수입니다. 가치관이 황금만능주의, 선민의식으로 얼룩져 있다면 현명하고 올바른 선택을 하기 어려울 것입니다.

## 2

# 무지에서 기인하는 물질주의

"우리는 적은 것을 기대하면 적은 것으로 행복할 수도 있다. 반면 모든 것을 기대하도록 학습을 받으면 많은 것을 가지고도 비참할 수 있다."

"우리가 얻을 수 없는 무언가를 가지려 할 때마다 우리는 가진 재산에 관계없이 가난해진다. 우리가 가진 것에 만족할 때마다 우리는 실제로 소유한 것이 아무리 적더라도 부자가 될 수 있다."

- 알랭 드 보통

요즘 주식, 부업, N잡, 부동산 투자 등 돈이 돈을 버는 경제 시스템에 대한 관심은 점점 더 과열되고 있습니다. SNS만 들어가도 '자면서도 돈을 버는 방법'이라는 컨셉으로 주식과 부동산 투자, 부업 강의 광고가 화면을 점령합니다. 개미들은 '크게 한 방'을 기대하고 투자 시장에 진입합니다. 서점의 베스트셀러 서고에 가면 '투자로 부자가 되는 방법'을 설명하는 서적들이 대단한 인기를 몰고 있습니다. 마치 이 책을 읽지 않으면 돈을 버는 황금 비법을 놓칠 수도 있다는 듯, 구매욕을 잔뜩 자극합니다. '돈이 전부'가 된 세상에서 이제 꿈과 헌신은 '어리석은 자의 전유물'이 되었습니다.

## 무지에서 기인하는 물질주의

생존에 있어서 물질은 중요합니다. 삶의 터전과 기반이 있어야 그 위에 무엇을 쌓을 수 있기 때문입니다. 그러나 물질 집착 사회의 문제점은 자신이 이미 누리고 있는 것의 풍족함을 보지 못한다는 데 있습니다. 무지는 물질 집착의 본질입니다.

불교에서는 무지를 삼독(三毒) 중 하나로 꼽습니다. 이는 단순한 '모름'이 아니라 삶의 본질을 보지 못하고 잘못된 것에 집착하는, 깨닫지 못하는 마음 상태를 뜻합니다. 더 많이 가져야 한다는 강박, 그것은 무지가 만들어낸 환상일 수 있습니다.

철학자 알랭 바디우(Alain Badiou)는 현대 자본주의를 "욕망의 방향을 끊임없이 왜곡하는 체계"라고 비판했습니다. 시장은 결핍을 인위적으로 만들어낸 뒤, 그것을 채울 상품과 서비스를 제공합니다. 그 결과 사람들은 자신의 욕망이 어디서 비롯됐는지조차 모른 채, '갖지 않으면 불안한' 것들을 추구하게 됩니다. 이로 인해 각 개인은 타인의 욕망을 내면화하게 됩니다. 자크 라캉(Jacques Lacan)이 말한 '타자의 욕망을 욕망하는' 상태가 발생하는 것입니다. 그래서 우리는 이미 풍족하고 만족할 만한 상태임에도 불구하고 '부족하다'고 느끼게 됩니다.

사람마다 지향하는 가치는 달라야 합니다. 성격이 다르고 기질이 다르며 자라온 환경마저 다르기 때문입니다. 그러나 사회는 지극히도 물질 중심의 사고방식으로 획일화되어 있습니다. 자산 증식에만 가장 큰 관심을 둡니다. 각 개인은 이러한 현실에 고통스러워하면서도 순응합니다. 침묵은 동조입니다. 사람들은 돈이 없으면 할 수 있는 것은 없다고 생각한 채, 시스템에 순종합니다. 자연에서 마음껏 즐길 수 있는 햇빛임에도 채광이 좋은 아파트에 수십억을 태웁니다. 하지만 장소마다의 채광이 좋고 나쁨을 만든 것은 모두 인간의 소행입니다. 우리가 돈을 주고 사는 것은 사실 자연이 이미 우리에게 선물한 것입니다. 선천적으로 희소한 가치가 아닌 것입니다. 도심을 만든 것도, 아파트를 빽빽하게 만들어서 자연이 선물한 햇빛을 박탈한 것도 우리입니다. 인간을 도심 안에 가둬버린 것도 모두 우리가 자처한 결과입니다. 그럼에도 우리는 자본주의 시장의 요구에 지불 능력을 키우고자 열심히 노동합니다. 인간은 자신의 '자유'를 판매대에 올려놓고, 굳이 다시 값을 치르고 되받아가는 활동을 반복하고 있습니다.

## 인간의 영역, 오이코스와 폴리스

돈이라는 것이 단일 가치이자 최상의 기준이 되어가면서부터 인간의 정신적 공간은 실종되었습니다. 아리스토텔레스는 인간 사회가 두 개의 영역, 오이코스와 폴리스로 구성된다고 말했습니다. 오이코스(οἶκος)는 가족과 가사, 그리고 생계를 꾸려 가는 경제 활동이 이루어지는 공간입니다. 밥을 짓고, 씨앗을 뿌리고, 물건을 사고파는 등 살아가기 위한 최소한의 일들이 여기서 다뤄집니다. 이곳에서는 생리적 욕구를 채우기 위한 일들이 벌어지기 때문에 아리스토텔레스는 이를 "생존에 필수적이지만, 인간다움의 전부는 아니다."라고 보았습니다.

오이코스에서 이루어지는 가정 관리의 일을 '오이코노미아'라고 불렀는데, 바로 이 단어가 '경제(economy)'의 어원입니다. 즉 경제란 '가정에서 다루는 문제이자 생명을 유지하기 위한 지극히 기초적인 활동'이라는 뜻에서 기인했습니다. 오늘날처럼 국가적인 차원에서 다뤄야 하는 거대한 문제가 아닌, 가정 단위에서의 사적인 영역을 의미했던 것입니다. 다시 말해 오이코스는 우리 몸을 살찌우는 기초적인 공간이지만 영혼까지 가꾸는 깊은 차원의 공간은 되지 못한다고 할 수 있습니다.

폴리스(πόλις)는 '가정 경제 공동체'와는 다른 성격의, 인간 공통의 문제를 해결하고 논의하는 큰 조직체입니다. 여기서 사람들은 '무엇이 옳은가, 어떻게 함께 살 것인가'를 토론하고 법을 만듭니다. 이곳은 그래서 이성, 즉 로고스를 활용한 정치적 삶을 통해 인간 본성을 실현할 기회를 얻는 공간입니다. 아리스토텔레스가 볼 때 이 지적이고 공적인 대화 속에서 인간은 '정치적 동물'로 완성됩니다. 완벽한 인간다움이 실현되는 것입니다.

폴리스는 각자의 목소리가 모여 때로는 부딪히며 더 나은 공동선을 찾는 '논의와 사유의 광장'을 뜻합니다. 단순히 시장법을 어떻게 제정할 것인지, 죄를 어떻게 규정할 것인지 등의 차원을 넘어 실존과 죽음 그 사이의 모든 문제를 고민하고 사유합니다. 그래서 아리스토텔레스는 이러한 폴리스적 참여를 통해서만 인간답게 살 수 있다고 보았습니다.

철학자 김선욱 교수는 『한나 아렌트의 생각』에서 '폴리스(공적 삶)에 참여하지 않고 오로지 경제 문제에만 몰두하는 태도로는 인간다움의 본성을 실현하기 어렵다'라고 말했습니다. 경제 영역에서도 이성이 작동하긴 하지만, 대개 생존을 위한 도구적 차원에 머무는 반면, 폴리스 안에서는 이성이 단순한 생존을 넘어 '바람직하고 훌륭한 삶'의 핵심으로 작용하기 때문입니다. 그는 아리스토텔레스의 입장을 따라, 인간이 생존을 위해 동물적 삶을 추구할 수밖에 없는 측면을 인정했습니다. 그러나 언어와 이성을 통해 무엇이 유익하고 해로운지, 어떤 선택이 옳고 그른지를 분별하고 서로의 인식을 공유하며 이를 삶어 구현하는 과정을 이어가야 인간의 탁월성은 실현될 수 있다고 주장했습니다. 나아가 이러한 로고스의 탁월함을 성취하지 못하면 인간은 각종 욕망에 종속된 야만의 상태로 기울기 쉽고, 정치적 공간(사유의 공간)을 갖지 못하거나 상실하면 인간적인 삶으로부터 멀어지게 될 수 있다고 덧붙였습니다.

## 오이코스에만 머무는 현대인

폴리스에서 다루는 '정치'는 진보냐, 보수냐의 차원을 훨씬 뛰어넘는, 흔히 생각하는 정치 문제가 아닌 '인간 모두의 문제'를 다루는 것을 뜻합니다. 로고스의 탁월함을 성취하지 못한 인간은 곧 경제적인 영역에만 몰두하는 인간을 의미합니다. 이러한 관점에서 오늘날 우리는 반성이 많이 필요한 듯 보입니다.

현대인의 눈은 오이코스에만 머무르고 있습니다. 뉴스와 광고, 심지어 교육마저도 끊임없이 "얼마를 벌었는가.", "얼마를 벌 사람이 될 것인가.", "지금 시장이 얼마를 벌 수 있는 만큼 좋고 나쁜가."에 집중합니다. 부동산 업계의 현황, 기업의 주가, 세계 경제 흐름, 한국의 코스피와 코스닥의 하락률, 세금의 등락, 사람들의 연봉 등이 어디를 가나 대화와 정보의 메인 이슈입니다.

돈을 매개로 한 거래는 편리함을 주었지만, 편리함이 전부가 된 순간 우리는 '무엇으로 살 것인가?'라는 질문을 잃어버렸습니다. 약자와 사회적 정의, 복지 사각지대, 정치에 대한 관심, 인간의 실존, 죽음을 가정한 인생 고민, 생태계 등 서로의 문제를 같이 해결하고자 하는 의지를 잃음으로써 인간성은 훼손되기 직전에 다다랐습니다.

아리스토텔레스의 눈으로 보면 이는 오이코스가 폴리스를 삼켜 버린 풍경입니다. 경제적 효율이 유일한 잣대가 되자 사람들은 서로를 시민이 아니라 소비자로만 바라봅니다. 수단과 도구로만 바라보며 나아가 타인의 불행마저 행복으로 삼는 지경에 이르렀습니다. 정치적 토론과 윤리적 신념은 '논외'로 밀려나고, 공동의 문제라고 할 수 있는 기후, 불평등, 세대 갈등과 같은 사안도 '내 돈부터 벌고 생각하자'라는 식의 사고방식으로 외면 당했습니다. 그 결과 우리는 풍족해졌지만, 덜 인간다워졌습니다. 더 고통스러워졌습니다. 반(半)만 인간다운 시대이면서도, 반(反)인간으로 전락한 시대가 되었습니다.

우리는 폴리스의 공간을 회복시켜야 합니다. 이는 커다란 사회 운동을 일으키는 것이나 국회로 달려가서 정치에 참여하는 것이 아니라, 질문을 되살리는 일에서 시작됩니다.

"나를 비롯하여 내가 사는 도시와 학교, 회사가 어떤 방향으로 가야 하는가."

"서로의 다름을 인정하면서도 공존할 방법은 무엇인가."

"어떻게 하면 인간의 불행을 조금이라도 완화시켜줄 수 있을까."

이 물음은 철학자의 몫이 아닙니다. 우리 각자 개인이 스스로에게 질문하고 답을 찾아야 합니다. 인간은 지성을 발휘하는 질문을 던짐으로써 인간이 되기 시작합니다. 이웃과, 친구와, 가족과 끊임없이 토론해야 합니다. 물론 이런 대화는 수익을 만들지 않습니다. 하지만 인간의 품격을 키우는 가치를 창조합니다. 인간성을 회복시킵니다. 우리를 비로소 인간답게 합니다. '함께'라는 가치를 창조합니다.

## 오이코스 입주민이었던 과거 시절

저도 한때는 오이코스에서 치열하게 살았습니다. 살길을 도모하는 것에 커다란 레이더를 켜고 생존 불안에 허덕이곤 했습니다. 당장 죽는다 한들 생에 미련이 1g도 남아있지 않을 자신이 있었음에도, 이윤 창출 극대화의 기회만 호시탐탐 엿보곤 했습니다. 종종 들려오는 주변 사람들의 좋은 소식, 비슷한 또래의 탄탄대로 인생살이 이야기는 저를 깊은 늪으로 밀어 넣었습니다. '나는 지금 여기서 뭐 하고 있지? 나는 왜 이렇게 살 수밖에 없지?' 오이코스 영역의 사고밖에 할 줄 모르던 그때는 모든 것이 돈과 기회로 보였고, 그 기회들에 부응하지 못하는 제 자신은 모자란 실패자가 되어갔습니다. 저는 매순간 '더 많이 갖기 위해' 살았으므로, 오랜 시간 '나'가 되지 못해 찾아오는 불행과 함께했습니다. 감히 말해보건대, 당시의 저는 아마 지극히도 인간답지 못했을 것입니다.

그 시절의 목적의식은 '엘리트로 살아남기'였습니다. 성적 경쟁에서 대부분 상위권을 차지했던 저는 사회에 진출해서도 승리를 쟁취한 상류층이 돼야 한다고 생각했습니다. 앞에서 언급했던 '중산층 이상의 라이프스타일 재생산'이 최대의 고민과 관심사였습니다. 그래서 돈이 되는 직업, 선망 받는 직업 찾기에 몰두했습니다. 그 과정에 '저'는 없었습니다. 그곳엔 '저'의 외형적 가죽을 뒤집어쓴 감성 로봇, 어쩌면 판단 기능만 잔존하는 좀비만 있었던 것일지도 모릅니다. 유대관계를 위한 만남, 가족들과 함께 하는 식사, 놀이와 여가, 여행 등에 쓰는 시간을 아까워하고 낭비라고 생각했기 때문입니다.

진정한 '나'가 되어가는 길은 가장 개인적이고도 깊은 내면에 귀를 기울이는 것에서부터 시작되었습니다. 사람은 누구나 죽는다는 것을 가정한 후 어차피 스러질 생명에 대한 명확한 자각은 좋은 집과 좋은 차, 명예, 권력에 대한 미련을 내려놓게 했습니다. '우월하다'라는 감각은 영원하지 않을 것이란 깨달음은 감각의 허황성에 속지 않을 수 있게 했습니다.

그렇게 저는 오이코스에서 빠져나오게 되었습니다. 그래서 이제는 세계와 어떤 방식으로 소통할 것인지, 공동체의 어떤 문제를 함께 고민할 것인지를 중심으로 인생을 계획합니다. 물질적인 가치는 부수적으로 따라오는 노력의 산물이 될 것입니다. 이로써 저는 '나'가 되어가고 있다고 느낍니다. 현재는 조건 따위에서 오는 가짜 행복이 아니라, 어떤 조건과 환경에도 굴하지 않는 '내적 평화'로 살아갑니다. 시련을 마주했다고 한들 말입니다. 왜냐하면 지금은 인생의 의미를 알기 때문입니다.

니체는 인간의 최악도, 최선도 생각보다 왜소하다고 말했습니다. 그렇습니다. 인간에게 최악은 죽음입니다. 하지만 죽음은 생각보다 별게 아니며 누구나 언젠간 마주할 수밖에 없습니다. 저는 죽음이 두렵지 않습니다. 그래서 그 무엇도 두렵지 않습니다. 100년 내외로 살다 금방 떠날 생이라면, 조금이라도 '함께함'의 아름다움을 즐기고, 사회의 사각지대를 돌보고 가는 것이 최선이라는 결론에 이르렀습니다. 제 인생의 여정은 여기서부터 '진짜'가 되었습니다. 사색은 제 삶 속 폴리스의 공간을 회복시켰고 저는 '우리의 문제'를 고민하는 인간다움 속에서 편안한 숨을 쉬기 시작했습니다.

그래서 물질주의라는 무지와 오이코스에만 제한되어 있던 사고 범위를 벗어나 각자의 폴리스적 공간을 회복하기를 제안합니다. 거창할 필요는 없습니다. 하루의 일부를 '공적 사유'에 내어주면 됩니다. 조금 더 좋은 사회가 되기 위해 내가 할 일이 무엇이 있는지를 고민하면 됩니다. 오이코스에서 대부분의 하루를 보내고 있었다면, 갖춘 경제력으로 타인의 삶에 어떤 도움을 줄 수 있을지에 대한 고민을 시작으로 공동체에 대한 관심을 확장하면 됩니다. 경제력을 갖추고자 하는 본질적인 이유에 '우리 공동의 문제'에 대한 관심을 몇 방울이라도 떨어뜨리면 됩니다.

## 악을 발생시키는 물질주의

물질주의의 두 번째 문제는 악이 발생하기도 쉽다는 점입니다. 알랭 바디우는 악의 기제를 다음과 같이 정의했습니다.

"악이란 나를 강요하는 선에 충실할 힘이 부족한 순간이다."

이는 단순한 도덕적 실패가 아니라, 사유와 사명의 불일치, 즉 진리 (Good)가 요구하는 바에 충실할 용기가 없는 모든 순간이 악이라는 통찰입니다. 24시간 동안 수만 번의 선택 중 궁극적 사명 의식(선)으로 향하지 않는 발걸음은 모두 '악'이라는 것입니다. 오이코스에서만 머무는 물질주의 사회에서는 끊임없이 소비와 비교를 종용당하고, 진정 내가 원하는 것이 무엇인지, 어떤 삶을 살아야 할지 고민할 여유를 잃습니다. 쉽게 말해 금전적 이득과 사회적 기표에 휘둘리게 됩니다. 이럴 경우 '타인을 제치고 나의 생존을 위하는 곳'을 가리키는 표지판을 따를 가능성이 큰데, 이는 곧 바디우가 말한 선의 배반에 따른 '악의 순간'이 될 수 있습니다.

다른 사람이 꿈을 이루도록 돕는 게 자신의 사명이라는 영국의 사업가 사이먼 스큅(Simon Squibb)은 저서 『왓츠 유어 드림』에서 '더 많이 갖기 위해 열심히 사는 삶'은, 목적과 꿈 없이 열심히 일만 하는 것과 마찬가지로 무의미한 일이라고 말했습니다. 오랫동안 갖고 싶었던 물건을 손에 넣으면 잠시나마 행복할 수 있습니다. 하지만 곧 새 장난감에 질리거나 애초에 왜 그런 유행에 휩쓸렸는지 의아해지게 됩니다. 그는 "소유하기 위해 사는 인생은 자신의 삶을 패스트푸드처럼 대하는 것과 다름없다"라고 말하며 "패스트푸드는 대부분 실제가 기대에 훨씬 못 미치는데, 그것이 소유의 진짜 모습"이라고 지적했습니다. 이는 소망에 부풀어 있던 꿈을 실제로 이뤄도 행복은 손에 쥐어지지 않음을 시사합니다. 물질에 집착하는 삶은 이렇게 사람을 끝없는 결핍과 실망의 길로 몰아넣으면서도 멈추지 못하게 만듭니다.

결국 물질 중심의 삶이 불행을 낳는 이유는, 그것이 '무지의 삶'이기 때문이며, 사람을 오이코스에만 머물게 해 인간다움을 실현하지 못하게 하고, 사유하지 않는 '악'을 발생시키기 때문입니다. 저와 여러분이 이러한 물질주의에 갇히지 않기를 바랍니다. 욕망하기 전에 왜 가지고 싶은지, 무엇을 위해 가지려고 하는지, 그 답을 찾고 고민하면 좋겠습니다. 자신이 가진 것의 가치를 새길 줄 모르는 므지에서 벗어나면 좋겠습니다. '소유'가 자신에게 어떤 의미인지를 사색하고 자문할 줄 알면 좋겠습니다. 그렇지 않으면, 원하던 것을 소유하더라도 다시 어떤 것을 갈망하며 살게 될 테니까요. 많이 먹으면 속이 더브룩한 패스트푸드처럼 물질주의는 과할수록 해가 될 것입니다.

**삶의 깊이를 더하는 질문**

혹시 물질주의적 가치관을 가지고 살아오셨나요? 삶에 오이코스의 공간만 있고, 폴리스의 공간은 희미하셨었나요? 물질주의는 무지에서 기인하며 악을 발생시키기 쉽습니다. 한국의 극심한 물질주의가 낮은 행복도의 원인으로 지적되고 있음을 고려하여 가치관 속 물질주의의 힘을 축소시키면 좋겠습니다.

# 3

# 타인을 기준 삼는 우월주의

*"비교는 모든 악의 근원이다. 서로 똑같은 사람이 단 한 명도 없는데, 왜 비교하는가?"*

*- 하레시 시피*

## 왜 타인의 욕망을 욕망하는가

우린 대부분 '남들보다', 혹은 '남들처럼' 잘 살고 싶어합니다.

유독 타인의 시선에 민감한 한국은 카페 테이블에 핸드폰을 두고 화장실에 다녀와도 괜찮은, 몇 안 되는 아주 안전한 나라입니다. 이 사실은 매우 자랑스럽지만, 사실 양날의 검이기도 합니다. 타인의 시선에 갇혀 행동을 조절하고 검열하는 양상이 극단으로 치우치게 되면 반드시 좋은 점만 발생하는 것은 아니니까요.

IMF부터 이어져 온 기성세대가 느낀 국가 차원의 폐망 위협, 급격한 사회 발전에 따른 패착, 능력 경쟁에서 이기고 싶다는 승부욕과 행복을 증명하고 싶다는 자존심과 인정욕, 비참한 감정에 대한 혐오감이 뿌리

내린 결과, '남보다 더 많이' 모드가 우리 정신세계의 대부분을 이루게 되었습니다. 서울대학교 인류학과 이현정 교수의 저서 『우리는 왜 타인의 욕망을 욕망하는가』에 따르면 이런 현상은 역사적, 정책적 맥락에서 강화되었습니다. 전쟁 이후 고도 성장기의 국가는 효율과 속도를 최우선 가치로 삼았습니다. 집단을 하나의 통일체처럼 움직이게 하는 사고가 강조되었고, '뭉치면 살고 흩어지면 죽는다'라는 구호는 이를 상징했습니다. 그렇게 국가 정책에 보조를 맞추는 태도는 '정상 시민'의 표준이 되었습니다. 학교 현장만 보더라도 규범과 지시를 따르지 않으면 '문제 학생'으로 낙인 찍히는 문화가 존재했고, 다수의 선택을 따르는 것이 가장 안전한 경로라는 믿음이 공고했습니다. 이 같은 전체주의적 분위기 속에서 개별적 선택과 자유는 자연스럽게 도외시되었고, 우리는 늘 타인과 공동체의 눈치를 볼 수밖에 없었기 때문에 결과적으로 개인은 타인의 욕망을 욕망하도록 길들여졌습니다.

이현정 교수는 "남 부럽지 않게 살아야 한다, 뒤처지면 안 된다." 같은 통념이 널리 공유되면서, 삶의 기준이 자기 안이 아니라 타인의 시선과 평판에 놓이게 되었음을 지적합니다. 남과의 비교를 삶의 기본 좌표로 삼는 경향이 강해졌고 그 결과 자신의 욕망을 주체적으로 세우기 어렵게 되었다는 것입니다.

앞에서 살펴봤듯이 생존에 충분한 양 이상은 행복에 큰 영향을 미치지 않습니다. 그래서 중요한 것은 '내게 어느 정도만 있으면 충분하다'라는 자각입니다. 하지만 우월주의적 가치관이 팽배해지면 '나에게 충분한 양'이 아닌, '남이 가진 것보다 많은 양'을 갖고 싶어하게 됩니다. 남보다 뒤처진다는 감각의 회피를 목표로 삼게 됩니다. 개인 삶에 대한 인식은 오롯이 자신이 기준이 되어야 하는데, 남이 기준이 되어버리는 것입니다. 아마 대부분 '자신에게 충분한 양'에 대한 추정치에는 거품이 잔뜩 끼어 있을 것입니다. 관찰 학습한 타인의 기준을 검토 없이 자신의 것으로 삼은 경우가 허다하기 때문입니다.

자신의 소유에 대한 '충분하다', '충분하지 않다'를 가르는 기준은 냉정해야 합니다. 타인의 시선이 고려될 필요가 없습니다. 개인의 마음 챙김을 통한 행복은 타인의 시선을 필요로 하지 않습니다. 그럼에도 현대인들의 충분함에 대한 기준은 명백히 타인의 시선에서부터 시작합니다. 이번 장을 읽으면서 혹시 기준이 타인의 시선에 놓여있던 가치 판단은 없었는지 점검해보면 좋겠습니다. 깊은 삶을 완성해가는 사람은 이성을 활용하여 이 기준점을 다시 자신으로 돌려 놓습니다. 우월해지고자 하는 집착을 내려놓고 '나'와의 깊은 대면을 통해 삶의 기준을 다시 선정합니다.

## 기대치 영점 조절에 생긴 오류

현대인들은 맹수에게 잡아 먹힐 일도, 식량을 구하지 못해 굶어 죽을 일도, 무리에서 도태되어 돌을 맞아 죽을 일도 희박해졌습니다. 그런데도 우리 뇌는 전과 같이 일상의 순간에서 죽음의 위협을 느낍니다. 불안을 느낍니다. 나보다 많이 가진 것 같은 사람을 만나면 본인은 무리의 낙오자가 되고, 실패하면 맹수에게 잡아먹힐 것이라는 두려움을 느낍니다. 뒤처지면 도태될 것이란 불안감을 안고 삽니다. 명백히 객관적 실제와는 다른 판단입니다. 왜 이렇게 된 것일까요?

책 『편안함의 습격』에서는 이를 '편안함에 의한 잠식'이라고 설명합니다. 이는 '새로 등장한 편안함에 적응하게 되어 그것을 더 이상 좋은 것으로 수용하지 못하게 되는 현상'을 의미합니다. 저자 마이클 이스터는 오늘의 편안함이 내일의 불편함이 되는 현대 사회를 지적하며 편안함에 새로운 기준이 끊임없이 생겨나는 현상을 꼬집습니다. 그리고 하버드 대학의 심리학 교수 데이비드 레버리(David Leveri)의 실험을 설명하여 자신의 주장을 뒷받침합니다.

레버리 교수는 실험을 통해 인간의 뇌에는 어떤 문제가 아주 적거나 아예 존재하지 않는데도 굳이 문제를 찾아내는 식으로 작동하는 흑백판단 오류 경향이 있음을 알아냈습니다. 그는 피실험자들에게 매우 험악한 표정에서 상당히 온화한 표정에 이르기까지 800개의 얼굴을 하나씩 보여주는 실험을 진행했습니다. 실험 참가자들은 표정 중에서 '위협적'으로 보이는 얼굴을 골라야 했는데, 200번째 얼굴부터는 참가자들 모르게 조금씩 덜 위협적인 얼굴이 제시되었습니다. 유사한 형식의 다른 연구에서도 피험자들은 연구계획서 240개의 윤리성을 판단해달라는 요청을 받았고, 중간부터 상대적으로 '덜 비윤리적인' 계획서들이 제시되었습니다. 실험 결과, 위협적인 얼굴이 드물어지는 시점이 되자 피실험자는 중립적인 얼굴을 위협적으로 느끼기 시작했고 비윤리적인 연구

계획서가 드물어지자 사람들은 윤리성이 모호한 연구계획서를 비윤리적인 것으로 판단하기 시작했습니다.

이에 레버리 교수는 '인간은 흑과 백을 구분하지 못한다'는 결론을 내렸습니다. 회색을 보면서 이전에 보았던 음영에 따라 기대치를 조절해 흑 혹은 백으로 판단한다는 것입니다. 사람은 기존에 보았던 것에 입각하여 기대치를 조절함으로써 대상에 대한 평가를 시시각각 다르게 내립니다. 자신이 가진 양에 전혀 문제가 없음에도 불구하고 '나보다 권력과 자산을 더 많이 가진 사람이 있다'라는 자각은 스스로에게서 문제를 발견하게 만듭니다. 기대치 영점 조절에 오류가 발생되는 것입니다. 마이클 이스터는 전혀 문제가 없는 것에서 기어코 문제를 발견하는 것은 더 큰 만족으로 갈 수 있는 길을 자기 손으로 막고 있는 것과 다름없다고 지적했습니다.

## 타인에게 내려진 닻

이는 심리학에서 말하는 '닻 내림 효과'와도 깊이 맞닿아 있습니다. '닻 내림 효과'란 처음 주어진 정보나 기준점이 이후의 판단과 선택에 강력한 영향을 미치는 심리적 편향을 말합니다. 심리학자 아모스 트버스키(Amos Tversky)와 대니얼 카너먼(Daniel Kahneman)은 1974년 연구*에서 이를 처음 규명했습니다. 실험에서 참가자들은 구작위 숫자가 적힌 '룰렛'을 돌려 특정 숫자를 확인한 뒤 아프리카 국가 수를 추정했는데, 높은 숫자를 본 집단은 추정치가 높았고 낮은 숫자를 본 집단은 추정치가 낮았습니다. 심지어 답변으로 말한 수조차도 룰렛에서 본 숫자와 멀지 않은 수였습니다. 무의미한 숫자조차 '닻'이 되어 생각 전체를 끌어내리고 범위를 결정한 것입니다. (※참고: 논문「Judgment under Uncertainty: Heuristics and Biases」, 1974)

이 효과는 단순한 숫자 판단을 넘어, 우리가 세상을 인식하는 전반에 스며들어 있습니다. 한 아파트가 15억이라는 소문을 먼저 들으면, 실제 시세가 13억이라 해도 '싸다'라고 느낍니다. 반대로 먼저 10억을 들었다면 13억은 '비싸다'라고 느낍니다. 객관적 가치는 같지만 최초의 기준점이 인식의 방향을 결정하는 것입니다.

문제는 이 닻이 객관적 필요가 아니라 사회적 비교와 타인의 욕망에 의해 내려지는 경우가 많다는 것입니다. 서울에 살아야 성공이고, 강남 아파트를 가져야 좋은 삶이라는 인식은 타인에 의해 내려진 닻입니다. 좋은 삶에 대한 기준은 선천적인 앎이 아닙니다. 자라면서 사회의 암묵적 합의와 인식을 학습했을 뿐입니다. 그런데 자본주의 시장은 타자의 욕망을 욕망하는 현상을 최대치로 이용합니다. 그들의 마케팅 목적은 소비자들의 내부에 결핍을 발생시켜 지갑을 열게 하는 것입니다. 소비자들의 기준은 점차 시장이 만들어둔 닻에 뿌리내리기 시작합니다. 마케팅은 심리학을 이용하기 때문에 설득 효과는 강력합니다. 검토해내지 않으면 쉽게 의도에 넘어갈 수 있죠. 특히 SNS는 이 현상을 가속화시킵니다.

사람들은 인스타그램, 페이스북, 틱톡과 같은 플랫폼에서 자신의 일상과 소비를 '전시'합니다. 고급 레스토랑, 해외 여행지, 브랜드 가방, 고층 아파트 뷰와 같은 이미지가 연속적으로 노출되면서, 이 모든 것이 '평범함의 일부'인 듯한 착각이 만들어집니다. 심리학 연구에 따르면 인간은 반복된 정보를 거짓 정보일지라도 진실로 믿는 심리적 경향이 있습니다. 이를 '환상의 진실 효과'라 하는데 SNS 속 과도한 물질 전시는 바로 이것과 닻 내림 효과가 결합하여 작동합니다.

예를 들어 인스타그램에서 매일 누군가의 '명품 인증샷'을 본다면, 그 가방의 가격이 500만 원이든 1,000만 원이든 상관없이 '갖고 있어야 하는 물건'처럼 인식됩니다. 처음에는 자신과 상관없는 일로 보일지라도 반복 노출을 통해 그 가방의 존재는 '필요한 물건'으로 전환되고, 이후 '가져야 하는 것'으로 탈바꿈합니다. 그것을 가지지 못하게 되면 SNS 속 인물보다 못났다고 증명하는 꼴이 되므로 욕망은 집착으로 흐릅니다. '나'에 대한 가치판단 닻이 엉뚱한 곳에 내려지게 되는 것입니다. 이때의 닻은 나의 필요나 경제 상황이 아니라, 타인의 선택과 전시에 의해 설정된 것입니다. 나아가 SNS의 알고리즘은 사용자가 관심을 보인 콘텐츠를 자주 띄웁니다. 한 번 명품 관련 게시물에 '좋아요'를 누르거나 고급 주택이나 차 영상을 끝까지 시청하면 알고리즘은 반복적으로 유사한 이미지를 공급합니다. 이는 '기준점 상승'을 촉발시키며 닻을 더 높게 고정해 버립니다. 결국 SNS는 사회적 비교를 강화하고 나의 욕망을 나도 모르게 타인의 기준에 맞춰 재조정하게 만듭니다.

## 가짜 배고픔에 시달리는 현대인

현대 사람들의 만족에 대한 기대치는 비정상적으로 편향돼 있습니다. 영점 조절 기능에 큰 문제가 발생한 것입니다. 아주 심각한 일입니다. 현대에서 불안은 사냥을 하지 못하거나 식량 부족으로 인해 '굶어 죽고 말 것'이라는 상황에서 유발되고 있지 않습니다. 더 좋은 연봉과 회사를 얻지 못하고 있는 상황에서 발생합니다. 남들보다 뒤처졌다고 느낄 때 과거 생존 위협 상황에서 느낄만한 감정을 마주하는 것입니다. 『편안함의 습격』에서도 이에 대해 "최근에 쏟아져 나오는 과학적 증거들에 따르면, 진짜 배고픔을 느끼는 일이 거의 사라졌다는 것은 곧 사람들이 '편안함에 의한 잠식'의 악영향을 겪고 있다는 뚜렷한 신호다."라고 지적합니다. 우리는 너무 편안해졌기 때문에 가짜 배고픔(명품을 사지 못하는 등의 결핍)으로 인한 문제를 겪게 되었습니다.

남보다 우월해지고 싶다는 생각으로 살면 '충분하다'는 감각이 무너집니다. 내 집, 차, 옷, 직업은 더 이상 만족의 기준이 되지 못합니다. 다음 단계로의 욕망을 부추기는 닻은 언제나 눈앞에 매달려 있습니다. SNS는 우리의 심리를 교묘하게 이용해 끊임없이 닻을 옮기고, 편향된 기준을 '당연한 것'처럼 받아들이게 만듭니다. 세대가 바뀌어도 그 기준점은 무의식적으로 계승되며 오히려 더 강화되기도 합니다. 결국 우리는 닻이 내린 범위 안에서만 사고하고, 닻 밖의 가능성을 상상하지 못합니다. 이렇게 우월주의 사회가 내려놓은 닻은 욕망을 단일한 방향으로 몰아가 우리를 남부럽지 않고 싶다는 갈망 속에 가둡니다. 그것이 자신에게 '좋은 것'이라고 착각하게 한 채 말이죠. 이렇게 악의 기초, 사유의 부재, 획일화, 공존 불가능성은 더욱 공고해지게 됩니다.

비참하게 살아도 된다는 뜻이 아닙니다. 그저 '나'를 잃으면서까지 '우월하고 싶다'는 감각적 허기에만 시달리는 것은 삶을 납작하게 만들 수 있으므로 경계가 필요함을 말하고 싶습니다. 우리는 고유합니다. 하등 비교가 필요 없는 존재입니다. 그런데 굳이 조건 달성 게임 속에서 고통받아야 할 필요가 있겠습니까.

우월주의는 기준을 밖에 둔 삶입니다. 타인의 삶에 닻을 내린 작은 배와 같습니다. 이제 닻을 거둘 때가 되었습니다. '내게 필요한 양'은 오직 나의 삶, 나의 사정, 나의 가치 안에서만 결정해야 합니다. 남의 차, 남의 연봉, 남의 뷰로는 내 삶의 가치를 책정할 수 없습니다. 우리는 모두 다른 존재입니다. 그러니 우리 삶의 기준이 남이 되어서는 안 됩니다. 충분함은 비교의 산물이 아니라 나를 관찰한 판단 결과여야 합니다. 남보다 우월해지고자 하는 삶은 결코 행복해질 수 없습니다. 비참함이라는 고통과 우월감이라는 쾌락 군주들에 의해 휘둘리지 않고 '나' 자체로서 충분하다는 감각이 인생에 완전히 들어설 때 우리 인생은 한층 더 깊어질 수 있습니다. 삶은 게임처럼 변질되지 않을 수 있습니다.

**삶의 깊이를 더하는 질문**

혹시 누군가와 비교하며 '더 우월해지고 싶다'라고 욕망하셨던 적은 없으신가요? 여러분의 기준이 타인이나 사회 기준에 내려져 있던 적은 없으신가요? 우리는 남보다 우월하기 위해 태어난 것이 아닙니다. 그러므로 가치관 속 우월주의의 힘을 약화시키고 삶의 기준을 본인에게서 찾으면 좋겠습니다.

# 4
# 의미 있는 삶을 방해하는 편의주의

*"편의주의는 어떠한 고귀한 것도 고려하지 않는다. 유치하고 무책임하다.*
*편의주의를 분별력 있게 대체할 때 삶의 의미를 얻는다. 의미는 충동을 통*
*제하고 조절할 때 생겨난다."*

- 조던 피터슨

졸업 전 1년 정도 이커머스 회사를 다닌 적이 있습니다. 온라인 마케팅 조직이 가장 비대했던 지라 해당 팀들은 연일 새로운 광고를 만드는 공장처럼 가동됐습니다. 광고에 쓰일 불안과 구매욕을 자극하는 방법은 활발히 공유됐습니다. 마케팅의 핵심은 '삶의 질을 떨어뜨리는 문제들을 우리 제품이 아주 손쉽게 해결해준다.'였습니다. 인사팀이었던 저는 타팀을 지켜보면서 '제품은 그저 거들 뿐, 우리가 판매하는 것은 어쩌면 편안함에 대한 기대'라는 생각도 들었습니다.

SNS를 열기만 하면 '가만히 앉아서 회사 월급 앞지르는 방법'인 투자와 재테크 광고가 등장합니다. 그들의 논리는 단순합니다. 불안을 자극하고('놓치면 손해'), 쉬움을 약속하고('이 강의 하나로 전부 해결'), 가능한 것처럼 능력을 대여해줍니다('최신식 방법 전부 제공'). 동기, 능력, 자극이 한 점에서 만나는 순간 사람은 저항 없이 손가락을 뻗습니다. 이제는 편하게 돈 벌지 않으면 멍청한 취급을 받는 시대가 와버렸습니다. 현대 사회는 편안함을 파는 방법을 너무 잘 알고 있습니다. 그리고 그 기술들은 어느새 사람들의 정신과 의지를 조금씩 깎아내리고 있습니다.

그런데 정말로 편하게 돈 버는 게 똑똑한 일일까요? 주식이나 코인을 하지 않는 사람은 정말 바보일까요? 우리는 편하게 살려고 태어난 것일까요?

## 보다 쉬운 것을 선택하는 인간의 경향성

뇌는 '편안한 상태'를 되찾을 것을 요구합니다. 배가 고프면 밥을 먹고, 추우면 따뜻한 곳에 들어가는 것은 '편안한 상태'를 유지하려는 본능 때문입니다. 사람들이 건물주가 되고 싶어하는 이유도 '편안함'을 향한 욕망 때문이라고 할 수 있습니다. 가장 쉽고 편안하게 돈을 벌 수 있는 방법이니까요. 육체 노동을 하지 않아도 큰 돈이 매달 들어오는, 통장의 흔들리지 않는 편안함. 이에 대한 욕망이 너무 커져버린 나머지 '조물주 위에 건물주'라는 말까지 생겼습니다.

편안함을 최우선으로 놓고 사는 편의주의는 인간에게 가장 쉬운 사고 방식입니다. 눈 앞에 빵이 있으면 딱히 어떤 고뇌할 필요 없이 자신이 편한 대로 행동하면 됩니다. 그냥 집어서 먹으면 되죠. 다른 사람과 나

뭐 먹을 방법, 나보다 더 굶은 누군가에게 빵을 가져다 줄 필요성에 대한 판단 등은 필요하지 않습니다. 빵에 손을 뻗는 다른 이들을 모두 밀쳐내고 자신의 주린 배를 채우면 될 일입니다. 지극히 본능에 입각한 사고 흐름입니다. 우리 뇌는 그렇게 시스템화되어 있기 때문에 의식적으로 노력하지 않는 한 가장 쉬운 길을 선택하고 싶어합니다.

실제로 인간이 쉽고 편안한 행동을 주로 선택한다는 것을 보여주는 이론이 있습니다. BJ 포그(Brian Jeffrey FOGG) 교수의 '포그 행동 모델'에 따르면 한 행동이 일어나기 위해서는 세 가지 조건인 동기, 능력, 자극의 합산 점수가 높아야 합니다. 이 세 가지 요소의 조합이 '얼마나 큰 힘을 내느냐'에 따라 행동이 나올지 말지가 정해지는데, 편안한 행동은 동기와 능력, 자극이 굉장히 높으므로 쉽게 발생됩니다.

예를 들어 '누워서 핸드폰 보기'를 살펴보겠습니다. 많은 자기계발서는 기상 직후 한 시간 동안은 핸드폰을 하지 말라고 말합니다. 하지만 이 쉬워 보이는 지침조차 지키기 어려울 정도로 우리는 이불 속에 누워 '유튜브'나 '인스타그램'을 즐깁니다. 이 행동은 높은 동기, 큰 능력, 강한 자극을 가지고 있기 때문에 그렇습니다. '더 누워 있고 싶다'라는 마음은 동기를 높이고, 손가락만 움직이면 되니 보유 능력 또한 충분하고, 콘텐츠에서 제공하는 즉각적인 자극 또한 강력하니 굉장히 발생하기 쉬운 것입니다. 이는 아침 러닝과 비교해봤을 때 훨씬 두드러집니다. 러닝은 안락한 침대 위를 벗어나 신발 끈을 묶고, 차가운 공기를 가르며, 숨이 가빠지는 대가를 치러야 합니다. 동기도, 그럴 만한 능력도, 보상 자극도 낮기 때문에 실천까지 이어지기가 쉽지 않습니다.

이렇듯 우리 뇌는 본능적으로 '에너지 절약'이라는 고대의 생존 법칙을 따르기 때문에, 깊은 생각과 강한 결심이 없다면 저항이 낮은 쪽으로 몸을 밀어 넣습니다. 실제로 스마트폰 앱의 대부분은 포그 행동 모형 기반으로 설계되고 있습니다. 우리가 쉽게 앱에서 빠져나오지 못했던 것은 전부 더 오랜 시간 화면에 머물게 하기 위한 과학적인 원리가 곳곳에 숨겨져 있었기 때문입니다. 편안함을 이용한 원리는 사용자도 모르는 사이에 행동을 조종할 정도로 강력합니다.

그래서 '인간은 의식적으로 노력하지 않으면 쉽고 편한 길을 택하게 된다'라는 말은 근거 있는 이야기가 됩니다. 요즘 젊은 세대들이 입버릇처럼 하는 말이 있습니다. "너가 하고 싶은 것 다 해." 상대방을 응원하고, 행복하기를 바라는 마음에서 종종 하는 말이지만 사실 이 말은 어쩌면 "쉬운 것만 하면서 살아."라는 말이 될 수 있습니다(아닌 경우도 많겠지만요). 건설적인 일에 파고들 만한 능력과 동기, 자극이 높은 수준을 유지하지 못한다면 사람은 쉬운 행동만 하고 싶어할 것입니다. '사실 난 이게 가장 마음에 들었어.'라며 실제 자기 선호인 것처럼 착각하면서 말입니다. 그래서 곡선은 말없이 경고합니다. "하고 싶은 것만 하며 사는 것은, 쉬운 길만 선택하려는 욕망에 불과할 수 있다."고요. 『왓츠 유어 드림』에서 저자는 "인간은 고를 수 있다면 쉬운 길을 선택하고 싶어지고, 편리하면 게을러지고, 편안하면 안주하게 될 수 있다는 것을 알아야 한다."라고 말하며 우리가 사용하는 모든 기술은 우리를 최선이 아니라 최악의 모습으로 바꿔놓을 수 있다는 것을 경고한 바 있습니다.

## 인간에게 해악을 끼치는 편안함

편의주의는 오늘날 사람들의 사고방식을 지배합니다. 개인의 편안함이 공동체적 화합 같은 미덕보다 훨씬 중요하게 떠오르고 있습니다. 'MZ', '인권 보호'라는 합리화 아래 개인화에 대한 강렬한 욕망은 당연시됩니다. '더 좋은 사회를 만든다'보다는 '좋은 집에 살겠다'라는 목표가 만연해졌습니다. 포그 행동 모델에 따라 개인 안위를 위한 행동이 사회 기여 행동보다 동기와 자극 측면에서 훨씬 높을 수밖에 없기 때문이겠죠.

개인주의 사고방식에 불편함을 품는 사람들은 꼰대가 됐습니다. 서로 간의 예의와 공동체적 책임감에 충실한 사람들을, 옛 관행에서 벗어나지 못한 사람으로 인식하는 태도가 생겼습니다. 각자가 편한 방식대로, 하고 싶은 대로 살겠다는 그 욕망이 사회를 지독한 편의주의로 물들이고 말았습니다. 극단적 집단주의도 개인을 희생시키고 인간성을 말살하지만 극단적 개인주의는 공동체를 파괴하고 삶의 터전을 황폐화시킵니다. 사람들은 더 편한 상태로 나아가고 싶어, 생존에 필요한 양이 이미 주어졌음에도 불구하고 'More, Better'을 외칩니다. 이미 행복의 실마리는 주어졌는데도 끝없이 상향 비교를 하면서 '저 사람보다 내가 불편하게 살고 있다는 모욕을 참을 수 없다.'라는 생각을 합니다. 어쩌면 지난 세대가 겪은 집단주의의 패착을 보상받기 위해 극단으로 치우친 개인주의와 편의주의가 날뛰게 된 것일까요?

누군가는 한 번 사는 인생인데 굳이 불편할 이유가 없지 않겠느냐고 생각할 수도 있습니다. 편안함은 문명의 발전이 이룩한 위대한 결과물이니까요. 기계적이고 신체적인 노동에서 벗어나면서, 드디어 지성 발휘에만 몰두할 수 있게 되었으니 더욱 인간다워졌노라고, 인류는 이제 막 땀을 흘리며 일군 사회 발전을 맛 보기 시작했노라고, 세상이 좋아진 것으로 인해 받은 혜택이 참으로 감읍스럽다고요.

하지만 마이클 이스터는 편안함을 우리를 망치러 온 구원의 손길로 바라봅니다. 그는 편안함의 대가로 우리가 잃은 것들(신체 및 정신적 건강 등)에 대해 언급하면서, '컴포트 존(comfort zone)'에서 벗어나기를 제안합니다. 컴포트 존을 과감하게 박차고 나감으로써 얻을 수 있는 것보다 더 많은 것을 주는 것은 없기 때문입니다. 그는 현대 사회가 편안함으로 기울어진 결과 신체는 도전 받을 일이 거의 없어져 그 대가로 건강과 강인함을 잃어가고 있음을 비판합니다.

편안함은 신체적으로도, 정신적으로도 인간을 약화시킵니다. 우울증, 만성피로 등 각종 정신 질환과 더불어 신체 질환의 직접적인 원인으로 지목됩니다. 그런데도 현대인들은 조금이라도 더 편안하고 안락한 공간 꾸리기에 집중합니다. 하지만 인간은 불편해야 합니다. 그 불편을 통해 강해지고 성장하도록 진화해왔습니다. 고대의 뇌를 가지고 현대를 살고 있는 인간은 신체와 뇌를 단단히도 잘못 사용하고 있습니다.

세계보건기구(WHO)는 신체 활동 부족(편안한 생활이 가져온 폐해)을 전 세계 사망 원인의 4위로 뽑았습니다. 편리함에 길들여져 몸을 거의 움직이지 않으면 근력과 지구력이 떨어지고 각종 질병에 취약해집니다. 일본의 항노화 의학자 아오키 아키라는 "편리해지면 편리해질수록 몸을 사용하지 않게 되어 다리와 허리가 급격히 노화한다. 근골격계가 쇠약해지면 대사, 면역 같은 생체 활동이 도미노처럼 쇠퇴한다."라고 경고했습니다. 연구에 따르면 하루 12시간 이상 앉아서 지내는 사람은 8시간만 앉는 사람에 비해 사망 위험이 38%나 높습니다. 또한 운동 부족은 만성 피로를 유발하는데, "운동을 충분히 하지 않으면 신진대사가 저하돼 피로가 쌓이고, 근육량 감소와 혈액순환 저하로 쉽게 지치게 된다"라는 의학 보고도 있습니다. 즉, 눈앞의 편안함을 추구하는 선택이 오히려 몸을 망가뜨리고 수명을 단축시키는 셈입니다.

편안한 생활 습관은 정신 건강에도 심각한 영향을 미칩니다. 신체를 움직이지 않는 편리한 여가 활동이 우울증 등 정신질환 위험을 높이는 것으로 밝혀졌습니다. 예컨대, 장시간 TV 시청과 같이 수동적으로 앉아 보내는 행동은 우울증 발병 위험을 유의하게 높인다는 메타분석 연구가 있습니다. 이스터 역시 현대인의 주요 정신적 문제들(중독, 우울증, 불안, 번아웃, 삶의 의미 상실 등)이 '과도한 편안함'과 깊게 연결되어 있다고 분석합니다. 편리함만을 추구한 문명이 결과적으로 인간을 정신적으로 연약하게 만들었다는 주장입니다. 항상 편안하기만 한 환경에서 자란 사람은 작은 어려움에도 쉽게 스트레스를 받고 무기력에 빠질 수 있습니다. 일상의 불편함과 도전이 사라지면 삶의 의미나 성취감도 결여되기 때문입니다.

결국 인간은 불편함을 통해서만 온전한 건강을 유지하도록 진화했다

해도 과언이 아닙니다. 빅터 프랭클은 "사람에게 진정 필요한 것은 긴장이 없는 상태가 아니라, 가치 있는 목표를 위한 노력과 분투"임을 강조했습니다. 지나치게 편안하기만 한 상태, 이른바 컴포트 존에 안주하면 성취감도 성장도 없습니다. 다시 말해, 진정 행복하고 건강한 삶은 어느 정도의 불편과 긴장을 기꺼이 받아들일 때 비로소 가능합니다.

놀라운 사실입니다. 인류는 더 편해지기 위해 기찻길을 깔았고 자동차를 발명했으며, 스마트폰을 보급시켰고 에스컬레이터와 엘리베이터를 설치했습니다. 그 엘리베이터조차 집에서부터 부를 수 있게 버튼이 설치된 아파트도 세웠죠. 분명 편안해지고 싶어서 발전을 바랐습니다. 효율과 편리함을 구축하면 그만큼 다른 생산적인 곳에 투자할 수 있으리라는 기대는 세계를 크게 개발시켰습니다. 하지만 그 이면에 생긴 커다란 손실, 즉 전에 없던 새로운 질병으로 사망 위험이 높아졌다는 사실과 위협받고 있는 정신 건강은 외면되고 있습니다. 분명한 것은, 이스터가 말한 대로 '인류는 역사상 가장 초라한 건강을 지닌 세대가 되었다'라는 것입니다. 그는 현대인이 과거 어느 때보다 수명이 길고 생활 수준이 높아졌으며 살해나 굶주림의 위험도 낮아졌다는 점은 인정하지만, 바로 그 지점에 함정이 숨어 있다고 말합니다. 선조들은 일상적으로 불편을 겪었기에 오히려 현대 문명이 맞닥뜨린 가장 절박한 문제들, 삶을 덜 건강하고, 덜 행복하고, 더 왜소하게 만드는 고통을 겪지 않았기 때문입니다. 그는 또한 현대 의학의 진보로 평균 수명이 늘어난 것은 사실이지만 실제 데이터를 보면 삶의 적지 않은 시간을 약물과 기계에 의존하며 보내는 현실이 되었다고 분석합니다. 곧 생존 기간은 길어졌으나 '건강하게 사는 시간'은 오히려 짧아졌다는 것이죠. 건강기능식품과 건강 유지 수단이 이렇게나 발달하고 무수한 헬스장과 수많은 스포츠가 탄생했는데도 말입니다. 참으로 아이러니한 일이죠.

## 쉬운 길이 아닌 의미 있는 길을 선택하자

우리 삶은 어느 정도의 불편함이 있을 때, 힘든 순간을 마주할 때, 육체적으로 고통을 받을 때 더 강건해지도록 설계되어 있습니다. 그래서 편안함은 인간에게 '선'이라고만 볼 수는 없습니다. 편안함을 추구하는 편의주의는 인간의 실존에 대해 고민하고, 폴리스로 나서려는 개인의 지적 충동을 막아섭니다. 지금 당장 배고픔을 해결하고, 쉴 공간을 마련하는 것을 우선시 여기도록 만들기 때문입니다. 좁은 방 한 칸에서 여러 명이 겨우 붙어서 자야 할 때, 누군가가 편하게 누워 잔다면 누군가는 반드시 불편해지게 되어 있습니다. 공간이 모두를 넉넉히 수용하지 못할 정도로만 제한되어 있기 때문입니다. 이것은 편의주의에 매몰된 사회에도 똑같이 적용됩니다. 자원과 공간이 제한된 사회에서 누군가가 편해졌다는 말은 타인의 불편함을 깔고 앉은 것일 수 있습니다.

편의주의는 개인 이기심에 가속도를 붙이기 쉽습니다. 타인의 불편함을 어루만지고 좁은 땅덩어리에서 함께 지내느라 발생하는 공통의 문제를 해결하려는 시도 따위는, 지금 본인이 사고 싶은 차종의 중고 시세보다도 관심 없게 만듭니다.

편안함을 찾으려는 본능 자체가 나쁘다고는 할 수 없습니다. 배고프면 밥을 먹고 추우면 옷을 껴입는 것, 안락한 공간에서 휴식을 취하고자 하는 것은 자연스러운 일입니다. 수렵 채집 시절 때도 컴포트 존은 가정을 지키고 식량을 더 많이 확보하는 것을 수월하게 했습니다. 저 또한 학생일 적부터 삶에서 당면한 모순을 해결해야 마음이 편안해질 것을 알았기 때문에, 이 '심리적 불편함'을 해소하고 싶어서 사색하기 시작했습니다. 따라서 편함을 추구하는 길이 무조건 악하다거나, 무가치하다고는 할 수 없습니다. 안락한 곳을 마련하기 위한 경제적 행위 또한 마냥 악하다고도 할 수 없습니다. 사랑하는 사람들을 더 잘 보살피고자 돈을 벌고 싶은 마음을 어떻게 단죄할 수 있겠습니까. 단순하게 '불편하게 살라'는 뜻을 전하기 위해 편의주의를 지적하는 것이 아닙니다. 다만 개인의 안위를 선택하기보다는 불편함을 감수하면서도 '의미 있는 길'을 선택하라고 말하고 싶은 것입니다. 말하자면 사명을 실천하는 여정 속에서 편안함을 일부 포기할 줄 알아야 한다는 뜻이기도 합니다.

심리학 교수인 조던 피터슨은 『12가지 인생의 법칙』에서 '쉬운 길을 선택하지 말고 의미 있는 길을 선택하라'라고 말했습니다. 그는 편의주의를 '모든 해골을 벽장에 감추는 것, 방금 카펫에 흘린 피를 덮듯 당연히 져야 할 책임을 회피하는 행위'로 비유했습니다. "자신의 어두운 비밀을 감추는 짓"이라는 지적입니다. 이러한 태도가 반복되면 사악한 면모가 드러나기 쉬우며, 결국 자신의 저주를 타인이나 미래의 자신에게 떠넘기는 결과를 낳을 수 있다는 것입니다. 그는 한 사람이 늘 쉬운 길만을 고르는 습관 때문에 그 개인의 미래뿐 아니라 공동의 미래까지 어두워질 수 있다고 경고하며 "그래서 편의주의는 무조건 나쁘다."라고까지 말했습니다.

## 악을 중단케 하는 것은 전부 의미가 있다

피터슨 교수가 가라고 말한 의미 있는 길은 선한 길이기도 합니다. 그의 말에 따르면 최악의 죄가 순전히 고통을 주려는 목적에서 다른 사람을 괴롭히는 짓이라면, 선은 '그와 완전히 반대편에 있는 모든 것', 즉 악을 중단케 하기 위한 모든 행위, 그리고 고통과 아픔을 줄이는 모든 행위입니다. 그래서 그는 심리학자로서 '불필요한 고통과 아픔을 줄이기 위해 최선을 다하겠다'라는 신념을 가지고 있습니다.

10대 시절부터 지금까지 10년이 흐르는 시간 동안 편의주의적 사고방식에서 벗어날 수 있는 의미 있는 길을 치열하게 고민해온 결과, 저는 역시 선한 삶을 살고 싶다는 결론을 내렸습니다. 선한 영향력을 끼치는 사람이 되고 싶습니다. 인간답게 살고 싶습니다. 그래야 제가 이 땅에 잘 정착하면서 살 수 있을 것 같고, 불안과 불행에서 조금 더 자유로워질 수 있을 것 같기 때문입니다. 그렇게 될 때 비로소 제 노동력과 흐르는 피 그리고 땀이 아깝지 않을 수 있을 것 같으며 나아가 불행을 견디는 것에도 정당한 이유를 찾을 수 있을 것 같습니다.

저는 사람들이 고통스러워하는 것을 보는 게 힘듭니다. 그 고통의 원인을 해결해주고 싶습니다. 제 시각에서 볼 때 사고의 부재는 편의주의를 낳고, 편의주의는 타인과 더불어 살 수 없게 만드는 악의 시초이자 인간성 상실의 결과를 낳습니다. 우리 사회를 더 병들고 아프게 만듭니다. 그래서 저는 이 사고의 공백을 메우는 일을 통해 악을 조금이나마 불식하는 것에 일조하고 싶다는 꿈이 있습니다. 그것이 제가 선택할 수 있는 가장 선한 삶이라고 생각합니다. 오로지 이를 이루기 위하여 기성세대가 말하는 '정석 취업 루트'를 이탈했습니다. 대기업을 향한 열망, 전문직 타이틀에 대한 선망을 마음속 깊은 곳에서 뿌리 뽑았습니다. 돈을 잘 버는 직업에 맞추어 소명 의식을 커스텀하지 않기로 했습니다. 제 무의식이 향하는 일을 하기 위해서는 스스로 개척할 수밖에 없다는 것을 받아들였습니다. 쉬운 길은 아니지만 가장 의미 있는 길이니까요. 제 편안함을 최우선으로 생각한 길은 아니지만, 가장 몰입할 수 있는 길이니까요. 그 역할을 감당하기 위해 태어났다고 해도 결단코 억울하지 않으니까요. 이 책도 그러한 선을 실천하고자 하는 의지에서부터 시작됐습니다.

젊음의 패기, 이상주의자의 환상으로 볼 수도 있겠지만 일단 지금은 그러합니다. 한나 아렌트가 소크라테스 윤리설의 핵심 명제로 말한 두 가지, "악을 행하는 것보다는 차라리 악을 당하는 것이 낫다.", "둘이면서 하나인 내가 나 자신과 조화를 이루지 못하고 심지어 나 자신과 모순을 일으키는 것보다는 차라리 이 세상 모든 사람과의 의견 불일치를 감내하면서 살아가는 것이 더 낫다."라는 수칙이 제 삶을 가장 덜 고통스럽게 만드는 길임을 압니다. 내적인 모순에 빠지는 것만큼 괴로운 일은 없을 테니까요. 어떤 삶이 더 의미 있는 길인지를 알면서도 타협하는 것은 '나' 자신과의 모순을 일으키는 일입니다. 저는 몰락함과 동시에 배척당할지언정, 높은 뜻을 품은 채 스러지고자 합니다. 죽음은 제게 전혀 무서운 일도, 별일도 아니기 때문입니다.

그래서 감히 말해보건대, 편의주의적 가치관보다는 '내 사명과 합치되는 선택인가'를 중심으로 판단하는 의미주의적 가치관을 권하고 싶습니다. 편의주의는 우리를 구하러 온 듯 보였지만 결국 우리를 약하게 만들어 무너뜨리는 방식으로 작동해 왔습니다. 쉽고 빠른 길은 판단을 단순화했고, 단순화된 판단은 책임을 가볍게 만들었습니다. 책임이 가벼워지자 의미는 공중으로 분해됐고, 의미가 사라지자 정신은 쉽게 흔들리게 되었습니다. 이 흐름은 개인의 기질 문제가 아닌 사회적으로 구조화된 습관의 결과입니다. 편의주의는 삶을 효율적으로 만드는 대신 인간을 얕게 만듭니다.

저는 작은 반동을 설계하자고 말하고 싶습니다. 편의주의에 입각해 판단해 오던 경향성에서 하루에 한 번씩은 벗어나 불편함을 선택해 보기. SNS에 손가락이 먼저 가기 전에 책 한 페이지만 더 넘기기. 일부러 한 정거장 전에 내려 목적지까지 좀 더 걷기. 지하철에서 일부러 서서 가보기, 커피 한잔 마시기보다 그 값을 기부해보기 등. 이 작은 불편들은 사소해 보이지만, 하루의 중력을 바꾸는 추처럼 작동하기 시작합니다. 불편을 견딘 시간만큼 개인의 편의주의적 경향성은 옅어지고 몸의 저항성은 낮아집니다. 이 변화가 쌓인다면 우리는 비로소 쉬운 길을 선택하는 것보다 의미 있는 길을 선택하려는 용기를 낼 수 있게 될 것입니다.

편의주의를 끊어내는 일은 금욕의 퍼포먼스가 아닙니다. 힘을 회복하는 기술입니다. 몸은 저항을 만나야 강해지고, 마음은 마찰을 통과하며 분별을 배웁니다. 그때부터 삶의 개인적인 평가 기준은 "얼마나 편했는가?"가 아니라 "얼마나 바르게 했는가?"로 바뀔 수 있습니다.

바르게 하려는 의지는 느린 길을 요구하겠지만 그 느림의 미학이야말로 인생의 정수를 느끼게 할 것입니다.

 **삶의 깊이를 더하는 질문**

혹시 편함을 느끼기 위해 지금을 열심히 살고 계신가요? 우리는 편하게 살기 위해 태어나지 않았습니다. 의미 있게 살기 위해 태어났습니다. 그러므로 '쉽고 편하게 가고 싶다'라는 가치관에서 한 걸음 옆으로 비켜서는 것을 제안합니다. 그 의식적인 시도들이 모여 삶을 의미 있게, 다시 깊게 만들 것임을 확신합니다.

# 5

## 인생의 진리는 '이웃을 내 몸처럼'

"인간 삶의 목적은 섬기는 것이며, 연민을 베풀고 다른 이들을 돕고자 하는
의지를 보이는 것이다."

- 알베르트 슈바이처

　물질주의, 우월주의, 편의주의적 가치관을 가지치기해냈다면 이제는
다른 가지를 탄탄하게 키울 차례입니다. 수많은 선조들은 '인생의 유일
한 목적'이 사랑을 실천하며 사는 것이라고 말했습니다. 믿음, 소망, 사
랑 중에서 제일은 사랑이라고 합니다. 깊은 삶을 만드는 요소인 '사명'을
실천하기 위해서도 사랑이라는 가치는 가장 밑바탕에 깔려있어야 합니
다. 그렇다면 우리가 가장 추구해야 할 가치가 '사랑'임은 자명한 것 같
습니다.

　그런데 '사랑을 실천하며 살자'라는 말은 쉽지만, 구체적으로 이는 어떻
게 실천하는 것일까요? 당장에 아프리카에 봉사하러 떠나는 것? 불우이
웃을 위해 내 전 재산을 기부하는 것? 꼭 이렇게 대단하고 거창한 결심과

봉사를 해야만 '사랑'이라는 가치관을 내재한 것이라 볼 수 있을까요?

성경은 '이웃을 내 몸처럼 대하라'라고 말합니다. 사랑은 결국 타인을 '나'와 같은 존재로 존귀하게 대하는 것이라고요. 이 말은 도덕책처럼 지루하게 들리기도 합니다. 새로울 것 없는, 당연하고 뻔한 도덕적 장치. 듣기는 좋지만 지금 당장으로서는 미뤄두어도 되는 이야기.

어려운 일이지만 뻔한 말이라고만 생각했는데, 웬걸. 세상에 대해 더 자세히 알고 보니 '이웃을 내 몸처럼'은 진리였습니다. 알고 보니 인생을 관통하는, 타인뿐만 아니라 저까지도 살리는 일이었음을 깨달았습니다. 자아는 죽이고 타인을 섬기라는 말인 줄로만 알아서 스스로 인내하고 통제하는 법을 배우라는 것인 줄로만 알았는데, 사실은 아니었습니다. 이 격언에서 비롯되는 과학적 원리와 철학적 의의는 결코 간단하지 않았습니다. 단순한 행동 지침이 아니었습니다. 이는 진리적 명제였습니다. 백만 가지의 뜻이 담겨 있었습니다. 인간이 바라는 진정한 행복의 가장 주축이 되는 핵심 원리였습니다.

## 네가 있어서 내가 존재한다

많은 철학자와 고명한 사상가들은 말하길, 먼저 이웃을 내 몸처럼 대해야 '나'도 존엄한 존재로 거듭날 수 있다고 합니다. 실존주의 교육 철학자 마르틴 부버(Martin Buber)는 '나와 너' 이론에서 인간에게 가장 참된 순간은 '만남'이라고 말했습니다. '너'가 없이는 '내'가 존재할 수 없기 때문입니다. 인간은 '너'를 만나게 됨으로써 비로소 '나'를 만날 수 있게 됨니다. '내'가 '너'를 하나의 인격체로서 대할 때야 비로소 '나'는 하나의 인격체로서 존재할 수 있게 되는 것입니다.

이 주장을 조금 더 풀어 보자면 먼저, 사람은 홀로 있을 때에도 스스로를 느끼지만 정말로 '나'가 분명해지는 때는 누군가가 우리를 인지하고 마주 설 때입니다. 인간은 사회적 동물입니다. 이 말은 즉 타자가 모인 사회 속에 참여해야 정상적으로 살아갈 수 있음을 뜻합니다. 아기는 자아가 형성되는 나이에 엄마가 본인을 인지하는 방식을 기초로 '아기'라는 정체성을 형성합니다. 타자가 본인을 어떻게 부르고 대하는지에 따라 자신이 누구인지를 알게 되는 것입니다. 사람은 평생 동안 자기 얼굴을 직접 보지 못합니다. 반드시 거울과 타인의 평가를 통해서만 알 수 있습니다. 앞서 언급한 거울 자아 이론처럼 자신에 대한 지식도 타인이라는 거울에 비추어야 얻어질 수 있습니다. 이처럼 '나'가 존재한다는 사실을 알 수 있는 이유는 전부 '너'가 존재하기 때문입니다. 나를 바라보며 불러주는 존재가 있기 때문에 우리 자신에 대해서도 알게 되는 것입니다. 그래서 부버의 '너' 없이는 '내'가 없다는 인식은 "타자를 인격으로 대하라"라는 이타적 명령이기 전에 '너'가 우리 자신이 존재하기 위한 최소한의 장치와도 같다는 통찰입니다. 타인이 없이 우리는 '나'가 될 수 없으므로, 타자를 산소와 같은 존재로 여겨야 하는 것이죠.

부버의 관점에서 볼 때 사람이 누군가를 목적으로서, 이야기와 역사와 감정을 지닌 존재로서 만나는 그 순간 그자 또한 목적과 이야기를 지닌 주체로 섭니다. 내가 상대방을 귀한 목적으로 대함에 따라 나 또한 세상과 누군가에게 목적으로서 가치를 지닌 인격체가 됩니다. 그래서 부버는 인간에게 가장 참된 순간은 이러한 만남이 이루어질 때라고 보았습니다.

반대로 타인을 수단이나 배경, 기능으로만 다루는 순간 관계는 '나-그것'으로 가라앉고, 그 관계 속의 자신 역시 시스템의 부품, 교체 가능한 '그것'으로 희미해집니다. 결국 사람 간의 관계가 '그것-그것'으로 변질되어 비인간끼리의 만남이 되어버립니다. 부버가 경고한 것은 바로 이 점, 타인을 '그것'으로 만들면 결국 나도 '그것'이 된다는 사실입니다. 왜냐하면 사람은 타인의 존재를 인지함으로써, 그리고 그 타인이 본인을 가리킴으로써 자아를 자각할 수 있게 되기 때문입니다. 이것이 바로 우리가 더불어 살아야 하는 이유 중 하나입니다. 이웃을 내 몸처럼 대해야 하는 이유입니다. 자신이 사물이 아닌 '인간'으로서 존재하려면, 의미 있는 삶을 살고 싶으면, 상대를 '그것(it)'으로 대하지 않고 귀한 존재로 상호작용해야 합니다. 그럴수록 '인간에게 가장 참된 것'인 '만남'의 순간을 더 많이 맞이할 수 있습니다. 타인을 인격적 존재로 대우할수록 우리 자신의 존재는 점차 선명해집니다.

결국 핵심은 이러합니다. 행복하고 의미 있는 삶을 원한다면 타자를 '그것'이 아니라 '너'로 맞이해야 한다는 것. 내 몸처럼 아껴줘야 한다는 것. 그래야 나도 사물이 아닌 인간으로 존재할 수 있다는 것. 타자를 인격으로 대하는 연습이 곧 자신을 인격적으로 대하는 유일한 방법입니다.

현존하는 영국인 가운데 가장 중요한 문학평론가로 평가받는 테런스

프랜시스 이글턴(Terence Francis Eagleton)은 "서로를 아가페적 사랑으로 지원할 때 우리 자신도 만족할 수 있게 된다"라고 말했습니다. 사랑이란 타인에게 번창할 공간을 열어주는 것을 뜻하는데, 그와 동시에 그 타인은 우리를 위해 똑같은 일을 하기 때문입니다. 그에 따르면 우리는 스스로가 만족하기 위해 타인을 만족시키면서 자신의 본성을 깨달아 가는데, 이러한 과정에서 우리는 최선의 상태가 될 수 있다고 합니다. 그래서 그는 "그러므로 결국 행복과 사랑은 일치한다"라고 말했습니다.

타인을 사랑하는 일은 나를 사랑하는 일입니다. '나'를 있게 만든 타인을 인격적으로 대우하는 것은 곧 나를 대우하는 일입니다. 내가 타인을 사랑으로 지원할 때 타인도 내게 아낌없는 지지를 내어줍니다. 그러므로 '이웃을 내 몸처럼'은 자신은 돌보지 말고 타인 먼저 아끼고 사랑하라는 말이 아니라, 타인을 내 몸처럼 아끼는 것이 곧 자신의 진정한 행복과 안위를 위하는 길이라는 뜻이 됩니다. 타인 사랑이 곧 자기 사랑의 시작과도 같다는 가르침입니다.

## 자기 존중 = 타인 존중

두 번째로, 인간의 뇌는 스스로를 존중할 때 쓰이는 부위와 타인을 존중할 때 쓰이는 부위가 동일합니다. 그 말은 곧 우리는 이미 '이웃을 내 몸처럼' 대하도록 설계되었다는 뜻입니다.

'스스로를 어떻게 대하는가'는 타인을 대하는 방식을 통해 알 수 있습니다. 타인을 깎아내리고 열등한 존재로 치부하고 인격 훼손을 주저하지 않는 사람은 자기 자신도 그렇게 대하고 있을 가능성이 큽니다. 사람을 쉽게 재단하고 평가하면서 "너 같은 게 감히 나에게?"라는 말을 하는 사람들은 자기 스스로에게도 그렇게 말하고 있을 수 있습니다. 가지기 어려운 것을 올려다 보면서 "나 같은 게 감히 저걸 가질 수 있을까?"라고 생각하는 것입니다.

타인을 열등하게 대우하는 사람들은 마음 한편에 자신의 열등함을 증오하고 있습니다. 알랭 드 보통은 '오만 뒤에는 공포가 숨어있다'라고 말했습니다. 열등감에 시달리는 사람만이 타인을 향해 '너는 나를 상대할 만한 인물이 되지 못해!'라는 느낌을 심어주기 위해 기를 쓴다는 것입니다. 스스로 느껴지는 약점을 들키고 싶지 않기 때문에 악을 쓰고 타인을 무시하는 것이죠. 그래서 타인을 함부로 대하는 것은 자신의 밑바닥을 그대로 보여주는 모양새가 됩니다.

우리는 타인을 사랑해야 합니다. 뇌 부위가 똑같으니, 타인을 사랑하는 능력은 곧 나 자신을 사랑하는 능력이 될 테니까요. 마찬가지로 자신을 사랑할 줄 아는 사람은 타인도 사랑할 줄 압니다. 자존감이 높은 사람들, 자신을 사랑하는 사람들을 보면 배려와 매너 능력이 탁월합니다. 그러면서도 자신을 과하게 낮추거나 눈치보지 않습니다. 당당한 매력을 드러냅니다. 타인의 칭찬을 기쁘게 받아들입니다. 그러면서도 타인을 진심으로 칭찬합니다. 정말 강한 사람은 타인도 본인 몸처럼 존귀하게 대할 줄 아는 사람입니다.

'이웃을 내 몸처럼 사랑하라'라는 말에 이렇게 뇌 과학 원리가 숨어 있다는 사실은 정말 신기한 일입니다. 정말로 자신을 신의 사랑을 받는 자녀라고 생각하는 사람은, 이웃도 진심으로 사랑할 수 있습니다. 그리고 이웃을 자기 몸처럼 아낄 수 있는 사람만이 자기 자신도 신의 자녀와 같이 귀하게 대접할 수 있습니다. 애초에 뇌는 그렇게 설계되었기 때문입니다.

매사추세츠 공과대학의 철학 교수 어빙 싱어(Irving Singer)도 "만물에 깃든 사랑을 사랑하는 사람들, 이 선물에 마음을 쓰고 헌신하는 사람들은 진정한 삶의 사랑을 경험한다. 그것은 독특한 유형의 행복과 많은 기쁨의 기회를 제공한다."라면서 자연이나 실재에 이보다 더 좋은 것은 없다고 말했습니다. 이처럼 '내 이웃을 내 몸처럼 사랑하라'에는 '그래야 진정 행복해질 수 있다'는 원리도 숨어 있습니다.

## 이미 선조들이 입을 모아 외쳤던 진리, '인간 사랑'

세 번째로 고대부터 현대까지 인류는 "사람은 무엇으로 사는가", "인간은 왜 살아야 하는가"와 같은 근원적인 질문을 던져 왔고 동서양의 수많은 선조들은 이러한 물음에 "사랑"을 답했습니다. 특히 고전 문학 작품 속 주인공들의 대사나 작가의 메시지에는 인간 존재의 의미를 사랑과 연결 짓는 통찰이 자주 나타나는데요, 러시아의 대문호 레프 톨스토이는 단편소설『사람은 무엇으로 사는가』를 통해 '인간은 사랑으로 산다'는 뚜렷한 메시지를 전했습니다. 이 이야기에서 주인공이 깨달은 진리는 모든 사람이 자신을 돌보는 힘이 아닌 이웃에 대한 사랑에 의해 살아간다는 것이었습니다.

> "사람들은 자신에 대한 걱정으로 살아간다고 생각하지만 그렇게 보일 뿐
> 이고, 사실은 사랑으로만 살아가는 것임을 나는 이제야 깨달았다. 하나님
> 은 사랑이시기 때문에 사랑 안에 사는 사람은 하나님 안에 살고 있고, 그
> 사람 안에 하나님이 살고 있는 것이다."

러시아의 소설가 도스토옙스키도 작품 전반에 걸쳐 인간 구원의 열쇠
로서 '능동적인 사랑'을 강조했습니다. 그의 장편 『카라마조프가의 형제
들』에는 "지옥이란 더 이상 아무도 사랑할 수 없는 고통"이라는 말이 등
장하는데, 이 표현은 사랑을 잃은 상태야말로 인간에게 최악의 고통임
을 시사합니다. 그에게 있어 사랑은 인간 존재를 지탱하고 구원하는 힘
이었습니다. 그는 책의 등장인물인 조시마 장로의 입을 빌려 "한 사람이
라도 이타적 사랑의 모범을 보이는 것이 인류 구원의 유일한 방법"이라
는 메시지를 전했습니다.

책에서 여러 번 등장했던 빅터 프랭클 또한 강제수용소의 처절함 속
에서 사랑이 인간 존재의 궁극적 의미임을 증언했습니다. 그는 극한의
고통 속에서도 아내에 대한 사랑을 마음속에 그리며 삶의 희망을 이어
갈 수 있었다고 고백했습니다. "사랑이야말로 인간이 추구해야 할 궁극
적이고 가장 숭고한 목표"임을 깨달았기 때문입니다. 그는 이 깨달음을
확장하여 "인간에 대한 구원은 사랑을 통해서, 사랑 안에서 실현된다"라

고 주장했습니다. 사랑이 인간을 구원하는 유일한 힘이며, 삶의 의미도 사랑을 통해 완성된다는 통찰입니다.

> "그때 한 가지 생각이 내 머리를 관통했다. 생애 처음으로 나는 그렇게 많은 시인들이 시를 통해 노래하고, 그렇게 많은 사상가들이 최고의 지혜라고 외쳤던 하나의 진리를 깨달았다. 그 진리란 바로 사랑이야말로 인간이 추구해야 할 궁극적이고 가장 숭고한 목표라는 것이었다."

동양 철학의 대표격인 공자도 인간다움(仁, 인)의 핵심을 '사람을 사랑하는 것(愛人)'이라고 정의했습니다. 『논어』에서 제자가 "인간의 본질이 무엇입니까?"하고 묻자, 공자는 간명하게 '애인(愛人)'이라고 답했습니다. 동아시아 전통에서 2500년 동안 존중받아온 공자의 이 가르침은, 인간답게 사는 삶이란 곧 사람에 대한 사랑을 실천하는 삶임을 뜻하며 이 길만이 인간이 갈 수 있는 최고의 길이라는 것을 의미합니다. 공자는 가족 사랑에서 출발해 점차 이웃과 공동체에 대한 폭넓은 사랑으로 확장해 가는 것을 이상적인 인간상으로 삼았습니다.

공자와 동시대의 사상가 묵자는 '겸애(兼愛)', 즉 모든 이를 차별 없이 사랑하는 정신을 역설했습니다. 묵자는 사회 혼란의 원인이 사랑의 결핍과 편애에 있다고 보고, "자신을 사랑하듯 남을 사랑하라"라는 겸애설로 이를 해결하고자 했습니다. 그는 모든 인간을 똑같이 사랑하고 서로 이롭게 하는 것이 천하의 이익과 평화의 시작이라고 강조했습니다. 예를 들어 묵자는 "큰 나라가 작은 나라를 침략하고, 강자가 약자를 억압하는 병폐는 남을 미워하고 자기와 남을 구별 짓는 데서 생긴다"라고 분석하고, 그 대안으로 차별 없는 사랑(兼愛)을 제시했습니다.

오늘날에 이르러서 무엇으로 살아야 하는가를 자문할 때도 이 오래된 지혜들은 유효합니다. 사랑, 즉 타인에 대한 공감과 연대, 그리고 애정 없이는 어떠한 성취도 공허해집니다. 반대로 사랑이 있다면 어떠한 역경도 삶의 의미로 승화시킬 수 있습니다. 결국 사랑은 인간 삶을 지탱하고 완성하는 힘입니다. 인류의 위대한 스승들과 작가들이 남긴 통찰과 메세지들은, 사랑이야말로 삶의 해답임을 알게 합니다. 사랑으로 살아가는 것, 그것이야말로 시대와 문화를 넘어 많은 철학자와 문호들이 제시한 인간 존재 이유에 대한 대답인 것 같습니다.

## 사랑을 최고 가치로 삼는 것은 어떠신가요

사랑은 우리 모두를 살립니다. 한 사람이 죽어서도 영원할 수 있는 방법은 사랑입니다. 에리히 프롬은 '소유 지향적 태도에는 불멸한다는 자각을 전제한 그릇된 환상이 담겨있다'고 지적했습니다. 좋은 집, 좋은 차를 소유하고 싶다는 갈망은 그 소유가 영원할 것이라는 착각에서 기인합니다. 하지만 소유물은 '죽음'이라는 생의 최후 앞에서 전부 소용이 없어집니다. 반면 사랑은 이 땅에 흔적을 남겨 우리의 존재를 후대가 영원히 기억하게 만듭니다. 우리의 위인들은 그렇게 우리 마음과 생각 속에서 불멸하고 있습니다. 공의와 대의는 모두 어떤 것을 사랑하는 마음,

즉 주고자 하는 마음에서 파생됩니다. 믿음, 소망, 사랑 중에 제일은 사랑이라는 말처럼, 모든 것은 사랑 위에서 기반합니다. 심지어 인류도 '사랑'의 한 영역인 남녀 간의 사랑에서 비롯된 존재가 아닙니까.

프롬은 또한 소유에 대한 욕망(소유 지향)과 사랑에 대한 추구(존재 지향) 모두 "타자와의 일체감을 체험하고자 하는 인간의 욕망"에서 비롯된다고 말했습니다. 그의 통찰에 따르면 인간은 이성적인 존재로 거듭나게 되면서부터 자연과 이질적인 방식으로 살아가게 됐고, 그 후로 인간은 고립감에서 탈피하고 싶은 욕망을 갖게 되었습니다. 그래서 새로운 합일, 이웃이나 자연과의 정신적 합일을 추구하게 됐습니다. 그런데 이 욕망은 두 가지의 형태로 발현되었습니다. 하나는 생존을 도모하려는 생물학적 소망에서 기인한 소유 성향으로, 다른 하나는 나누고 베풀고 희생하여 타자와 하나됨으로써 고립을 극복하려는 성향으로. 프롬은 이 두 잠재성 가운데 어느 것을 개발할 것인가를 결정해야 한다고 말했습니다. 즉 타자와의 일체감에 대한 욕망을 '소유한다'는 행위로, 타자와 물질을 수단화하고 자신에게 종속시키는 방법으로 해소할 것인지, 사랑하고 베풀고 헌신하는 행위로 타자와 진정한 합일을 이루는 방법으로 해소할 것인지를 결정해야 한다는 것입니다.

저는 사회 구성원 모두가 진정한 합일을 의미하는 베풀고 나누는 '사랑'을 선택했으면 좋겠습니다. 물질이나 명예와 같이 죽으면 소멸될 허황된 것이 아닌, 눈에 보이지 않는 사랑을 우선적 가치로 삼으면 좋겠습니다. 자신에게도 모두에게도 이로운 선택이 될 테니까요. 그렇게만 된다면 더욱 성숙하고 인류 역사상 가장 바람직한 사회가 만들어지지 않을까요. 서로가 서로를 사랑하는 사회인데 아름답지 않을 리가 있겠습니까. 행복하지 않을 리가 있겠습니까.

인생 여정 속 표지판에 무엇을 써 넣을지에 대해 주체적인 권리를 빼앗고 강요하려는 의도가 결코 아니지만, 강조는 하고 싶습니다. 가치관의 우선순위에 사랑을 올려둘 것을요. 이는 인생의 목적 설정과 더불어 매 순간의 선택을 '이웃을 내 몸처럼' 격언에 따라 판단하길 바라는 제안입니다.

번식욕에서 기인한 남녀 간의 사랑뿐 아니라 품안의 따스한 온기로 주변을, 이 지역 사회를, 이 나라를, 이 세계를 감싸 안아보는 것이 어떻겠습니까. 사랑이 결국 자신과 우리 모두를 살리는 단 하나의 길인 것 같습니다. 단순히 더 많이 갖기 위해 사는 것은 결국 여러분 스스로를 해하는 길이 될 수 있습니다. 끝없는 고통 속에만 빠질 뿐입니다. 여러분이 행복했으면 좋겠어서, 더 깊은 인생을 살길 바라서, 그래서 저는 여러분에게 사랑의 실천을 권면합니다. 이웃을 내 몸처럼 아끼는 매일이 되었으면 좋겠습니다.

삶은 사랑의 가치를 알고 이웃을 내 몸처럼 생각할 때 더 깊어지고 성숙해집니다. 여러분과 제가 누군가에게 믿음과 신뢰, 인정을 받기 위해 사는 것보다 사랑을 실천하기 위해 살았으면 좋겠습니다. 그 사랑을 품고 인생의 과업을 사명감을 다해 실현해가면 좋겠습니다. 결핍이 낳은 욕망을 채우기 위해 '무엇을 더 얼을까'를 그민하며 사는 것보다 '내가 줄 수 있는 것들이 무엇일까'를 고민하며, 그렇게 깊은 인생의 진정한 주인이 되어갔으면 좋겠습니다. '테이커(taker)'는 '기버(giver)'를 주인으로 섬길 수밖에 없습니다.

 **삶의 깊이를 더하는 질문**

매일의 선택은 '이웃을 내 몸처럼'을 기준으르 달라질 수 있습니다. 예를 들어 내 저녁밥이 될 샌드위치를 사면서 다른 사람의 저녁 끼니 안부를 묻는 연락 하나, 조금의 금액을 기부하는 식으로요. 여러분의 지금 숲에서는 어떻게 '이웃을 내 몸처럼'을 실천할 수 있으신가요?

# Chapter 7

어떻게 살 것인가?
: 태도 수정하기

# 1

# 깊은 삶은 태도로 완성된다

*"흔들리는 삶에서 중심을 잡고 살아가는 이들에게는 모두 시련을 통해 삶*
*과 자신을 이해하려는 태도의 철학이 있다."*

- 샤를 페팽

## 태도는 렌즈다

눈 앞을 가리거나 왜곡돼 보이는 렌즈를 착용하면 제대로 걷기 힘듭
니다. 렌즈에 먼지가 묻었다면 닦아내야 하고, 부서져 있다면 고쳐야겠
죠. 잘못된 렌즈를 착용했다면 바꿔야 합니다. 태도는 렌즈와 같습니다.
특정 대상을 바라보는 방식과 반응하는 형태를 좌우하기 때문입니다.
이 때 반응은 고심 끝에 나오기도 하지만 자동적일 때가 많습니다. 뇌는
인지적 자원을 절약하려는 경향이 있어 쉽거나 반복되는 행동을 할 때
에너지를 거의 사용하지 않으려고 하기 때문입니다. 그래서 사전에 특
정 대상에 대한 태도를 정돈하고 잘못된 부분은 수정해놓을 필요가 있
습니다.

태도는 신념과 감정, 주의, 해석 습관이 엮여 만들어진 반응의 기본값입니다. 대상에 대한 올바른 해석 습관이 자리 잡혀 있지 않으면 태도는 들쭉날쭉해질 수 있습니다. 오늘은 성과 중심, 내일은 관계 중심, 모레는 기분 중심으로 흔들릴 수 있습니다. 그렇게 기본 태도가 흐려지면 삶은 내가 이끄는 것이 아니라 상황이 끌고 가는 것이 됩니다. 사전에 태도를 의식적으로 교정하고 바르게 다듬어 놓아야 뇌가 자극에 대해 자동적으로 반응할 때 '깊은 삶'을 저해하지 않는 방향으로 흘러갈 수 있습니다. 쉽게 말하자면 삶을 다시 조건 달성 게임으로 전환시키지 않는 방식으로 바꿔 놓아야 하는 것이죠.

자동적으로 나오는 잘못된 습관적 반응을 방치하면 성숙하고 이타적인 태도가 쉽게 자리 잡히지 않습니다. 겉으론 멀쩡히 기능하지만, 안쪽에서는 비교와 자기 검열 같은 부정적인 자동 사고가 상시 가동되어 정서의 기저선을 낮출 수 있습니다. 자아에 대한 습관적 집착은 시선을 남보다 자기에게 둘 가능성을 높입니다. 현실에 매몰된 사고는 사명감을 뒷전으로 치우게 만듭니다. 이렇듯 생각보다 우리의 태도는 왜곡된 인식 위에 형성되어 있는 경우가 많기 때문에 깊은 삶을 완성하기 위해서는 태도를 살펴보는 작업이 꼭 필요합니다.

태도에 관해 많은 주제가 다뤄질 수 있습니다. 그러나 가장 기본적인 것은 '나'와 관련하여 취하는 태도라고 생각합니다. 그래서 이번 챕터에서는 특히 '나'를 바라볼 때 취하는 여러 태도를 중심으로 살펴보고 왜곡된 부분이 있다면 교정하는 것을 목적으로 하겠습니다. 여기서 '왜곡된 부분'이라 함은 인생을 조건 달성 게임으로 전환시킬 위험성이 있는 신념과 태도를 뜻합니다. 깊은 삶을 방해하는 태도라고 할 수 있죠. 이번 챕터를 통해 여러분이 갖고 있던 기존의 상식에 균열이 발생하여 깊은 삶을 촉진하는 태도가 자리잡기를, 그래서 여러분을 괴롭히던 일상적 태도들이 조금이라도 옅어지기를 소망합니다.

 **삶의 깊이를 더하는 질문**

여러분은 태도의 중요성을 느껴본 적이 있으신가요? 예를 들어 사람을 대할 때, 일을 대할 때, 나 자신을 대할 때 '앞으로 어떤 태도를 취해야겠다'라고 생각해본 경험이 있으신가요? 이번 챕터를 통해 깊은 삶을 방해하는 태도가 본인에게 있었는지 관찰하고 이를 수정해보면 좋겠습니다.

# 2

## '나'를 온전히 수용하자

"인간은 건강하고 건전한 사랑으로 자기 자신을 사랑하는 법을 배워야 한
다. 나는 이렇게 가르친다. 그래야 방황하지 않고 자신을 참아낼 수 있다."
"진실로, 자기 자신을 사랑하는 법을 배우라는 계율은 당장 오늘 내일을 위
한 것이 아니다. 그것은 오히려 모든 기술 중에서 가장 정교하고 가장 교
활하고 가장 많은 인내심을 요구하는 최후의 기술이다."

- 니체, 『차라투스트라는 이렇게 말했다』

생존 중심의 조건 달성 게임이 빚은 비극 중 하나는 '자기혐오'입니다.
이는 자신을 있는 그대로 수용하지 못하는 태도에서 비롯됩니다. 사회
가 허영심으로 둘러싸인 이유도, 타이틀과 외부 소비재로 자신의 정체
성을 완성하려는 이유도, 전부 자아가 불완전하고 불안하기 때문입니
다. 자기 수용은 자신의 부족하고 못난 부분까지 '그럴 수 있다!' 하며 품
는 태도와 더불어 자신의 이상향과 결핍에 대한 올바른 이해를 가지려
는 태도입니다. 이러한 태도를 갖출 때 우리는 자기 속도대로, 모양대로

사명을 실천하는 깊은 삶을 살 수 있습니다.

## 자기 수용 실패 시 문제점 1) 감정의 주도권 상실

자기 수용이 부족하면 '감정의 주도권'을 빼앗기게 됩니다. 여기서 감정의 주도권이란 내 기분과 감정의 스위치를 '내 안에' 두는 힘을 말합니다. 나를 있는 그대로 인정하지 못하는 사람은 이 스위치를 자기 안에 두지 못하고 타인의 말과 표정, 관심과 무시, 애정과 인정 그리고 '좋아요'와 댓글에 건네줍니다. 외부 상황에 따라 감정이 자주 요동치는, 자기 수용이 약한 사람은 회복탄력성 또한 기르기 어렵습니다.

자기 수용의 실패는 관계를 대하는 태도에 악순환을 만듭니다. 누군가와 이별하는 상황, 혼나는 상황이 오면 '나랑 맞지 않는 사람이구나.' 하고 넘기기보다 '나 같은 사람은 결국 버려진다.'라는 결론으로 직행합니다. 한 번의 거절이 평생의 낙인이 되는 것입니다. 이때 마음속에는 유기 불안(버려지는 것에 대한 불안)이 자라날 수 있습니다. 이렇게 되면 '그 누구에게도 사랑받지 못할 것이다.'라는 두려움이 쉽게 엄습하고, 심지어 누군가가 곁에서 정성껏 보살피고 있는 순간에도 '그가 언제 떠나버릴까?' 하는 불안을 더 크게 느낍니다. 알랭 드 보통이 말했듯, 자신의 가치에 확신을 갖지 못하면 남들의 관심을 과도하게 중요시 여기게 되고, 타인이 바라보는 대로 우리 자신을 바라보게 되기 때문입니다.

이러한 유기 불안은 행동으로 표출됩니다. 상대의 눈치를 살피고, 작은 말투 변화에도 민감하게 반응하고, '나 괜찮지? 싫어진 것은 아니지?'

를 반복적으로 확인하고. 이런 행동은 상대에게 '이 사람은 자기 감정을 스스로 통제할 줄 모르는구나. 스스로에 대한 확신이 없구나.'라는 인상을 줍니다. 사람들은 본능적으로 자기 확신이 없는 사람에게서 피로감을 느끼곤 합니다. 안심시켜줘야 하고, 조금만 거리를 두어도 상대가 무너질 것 같다는 부담이 생기기 때문입니다. 그래서 어떤 이들은 관계 포기를 선택합니다. 그러면 자기 수용이 부족한 사람들의 마음은 다시 크게 무너집니다. '역시 나는 버려질 만한 사람이다.', '역시 나라서 안 되는 거야.'라고 해석하는 렌즈를 착용하고 있기 때문입니다. 사건 그 자체보다, 그 사건을 통해 '자기 존재가 쓸모없다는 사실을 재확인한 것'처럼 받아들이게 되는 것입니다. 이때 자신에 대한 불확신과 방어기제는 더욱 강화됩니다. 다시 상처받지 않기 위해 사람을 밀어내고 관계를 피하거나, 더 필사적으로 매달리고 집착하게 되는 것입니다. 이렇게 해서 '자기 수용 부족 → 외부에 감정 주도권 맡김 → 유기 불안과 눈치 보기 → 상대의 피로와 거리 두기 → 버려졌다는 해석 → 더 심한 자기 불신과 방어'의 악순환은 강화됩니다.

### 자기 수용 실패 시 문제점 2) 인생의 주도권 상실

자신을 수용하지 못하면 인생의 주도권도 빼앗기기 쉽습니다. 쉬운 길이 아닌 의미 있는 길을 갈 때 인생은 장기적으로 더 행복해진다는 것을 앞서 설명했습니다. 그러나 본인을 수용하지 못한 사람들은 의미 추구 본능보다 인정 욕구가 앞서는 경우가 많습니다. 주체적으로 지향점을 세웠다고 한들, 어느 순간 등 떠밀리는 곳으로 향하고 있을 수 있습니다. '어떤 선택이 더 사랑받고 인정받는 선택일까?'를 고민하게 되기 때문입니다. 자기 수용력이 약한 사람들은 외부에서 인정을 받아야만 자기 효능감과 가치감을 느낍니다. 이럴 경우 삶은 모건 스캇 펙 박사가 지적한 바와 같이 부모와 사회의 만족을 위해 사는 얕은 수준으로 돌아가게 될 수 있습니다.

타인의 반응을 보며 선택하는 행위는 단기적으로는 좋을 수 있습니다. 쉽고 편리하고 미래가 보장이 되어 있다고 느끼니까요. 머리 아프게 고민할 필요 없이 지시하는 대로만 가면 됩니다. 자유는 두려움과 함께 온다는 말은 곧 자유를 포기하면 두렵지 않아도 된다는 뜻. 누군가가 정해주는 길에는 책임감에서 오는 두려움을 느끼지 않아도 됩니다. 지시하는 바를 충분히 잘 이행하기만 하면 생존을 잘하고 있다고 느낄 수 있습니다. 그래서 '타인이 인정하는 길'로 가고 싶어하는 욕구는 언제든 목까지 치고 올라옵니다.

그러나 타인을 기준으로 삼고 선택한 길은 그야말로 외재적 목표(돈, 사회적 인정, 명예, 보상)를 위한 선택입니다. 이전 챕터에서 연구로 살펴봤듯, 외재적 목표를 추구할수록 불안과 우울은 높아지고 삶의 활력과 긍정 정서는 감소할 수 있습니다. 어느 순간 텅 비어버린 자신을 발견하게 될 수 있습니다. "무엇을 위해, 이다지도 달려왔는가. 나는 앞으로 무엇을 바라보며 달려야 하는가. 그 끝에는 무엇이 있는가. 내게 지금 남은 것은 무엇인가." 이러한 생각은 열심히 살아온 삶에 큰 회환을 남길지도 모릅니다.

인생의 주도권을 빼앗긴 채로 살아온 시간은 아무리 후회한다 한들 되돌아오지 않습니다. '나'는 '어떠한 인생'을 살아야만 인정받을 수 있는 그런 꼭두각시와 같은 존재가 아닙니다. 깊은 삶을 살기 위해서는 '나'를 대할 때 타인 시선의 영향력을 최대한 축소시켜야 합니다. 주도권이 있는 사람은 인생에 어떤 사건과 예상치 못한 변수가 발생해도 평안함을 유지할 수 있습니다. 부정적인 일을 겪어도 무너지지 않고 충분한 의미를 찾을 수 있습니다. 기약 없는 고통이 자신을 괴롭히도록 놔두지 않을 수 있습니다. 그러므로 주체적이기로 결정한 삶에서 삶의 리더인 '나'를 믿어주고 수용해주는 것은 필수입니다. 리더의 말보다 외부의 '이래라저래라' 하는 훈수에 휘둘리는 회사는 성장하기 어렵습니다. 우리 자신도 마찬가지입니다.

### 자기 수용 실패 시 문제점 3) 타이틀에 대한 집착

자기 수용이 없는 사람은 타이틀에 집착합니다. 자아가 불완전해 스스로를 어둡고 초라하다고 느끼기 때문입니다. 현대인의 삶이 조건 달성 게임으로 전환된 것은 '타이틀에 대한 집착'이 심하기 때문입니다. 남들이 가치 있게 생각하는 것을 쥐어야, 자신이 지배적인 권력과 자유를 차지하는 '좋은 삶'을 살 수 있게 될 것이라는 마음이죠. 'ㅇㅇ시험 합격', 'ㅇㅇ기업', 'ㅇㅇ직업군', 'ㅇㅇ차 소유주' 등 온갖 화려해 보이는 수식어를 갖다 붙이려고 애씁니다. 타이틀이 사라졌을 때 홀로 단단하고도 고매하게 서 있을 수 없으리라는 무의식적인 두려움이 있습니다. "저는 '이런' 사람입니다." 자신을 설명하는 사회적 지표들로 얼마나 열심히 살아왔는지, 얼마나 유능한지 증명할 수 있을 것이라는 생각에 타이틀에 집착하게 되지만, 실제 사회적 존경을 받는 사람들은 타이틀과는 관계없이 자신의 능력과 인격체만으로도 빛나는 사람들입니다. 에리히 프롬은 "존재 양식의 권위는 사회적 기능을 수행하는 능력뿐 아니라 고도로 자기실현과 자기완성을 이룩한 인간의 인격을 바탕으로 세워진다."라고 말했습니다. 또한 굳이 명령을 내리거나 위협하고 매수할 필요 없이, 한마디로 높은 도의 경지에 이른 인격체로서 자기 존재로 인간의 가능성을 보인 사람들이 존경과 선망을 받는 것이라고 덧붙였습니다. 진짜 존경을 받는 사람들은 자기 분야에서의 탁월한 능력 뿐 아니라 '인간의 가능성' 즉, 가장 인간다운 인격을 가지고 있다는 뜻입니다. 그는 인생의 위대한 스승이라 불리는 선조들은 다 이와 같은 권위를 지녔다고 평가합니다.

이런 사람들에게 붙여진 타이틀은 그저 배경이 될 뿐입니다. 뒷 배경이 달라진다고 해서, 그 앞의 인물이 달라지는 것은 아니죠. 이들은 구태여 '나는 이런 사람입니다'라고 주문을 외우지 않아도 결국 사람들의 주목과 선망을 받습니다. 진정한 존경과 권위란 어떤 타이틀이나 지위에서 오는 것이 아니라는 것을 대중은 알고 있습니다.

강연계 1타 강사로 유명한 정신의학과 신영철 교수는 한 강연에서 "회사나 직업 빼고 본인에게 남는 것이 무엇인지 생각해봐야 한다"라고 말했습니다. 자신의 정체성을 '00회사에 다니는 사람'으로만 채우지 말아야 한다고요. 그렇게 되면 나중에 회사가 우리를 필요로 하지 않을 때 삶은 무너지게 될 수밖에 없다는 것입니다. 타이틀은 빼앗기거나 효력이 다하면 그 영향력은 언제든 소멸합니다. 존경과 권위를 획득하고 싶다면 에리히 프롬이 말한 바처럼 '고매한 인격'을 완성시켜 그 자체로 빛나는 사람이 되고자 하는 태도가 필요합니다. 그러기 위해선 타이틀의 힘만 믿지 않을 수 있도록, '나' 자체가 내뿜는 영향력과 힘을 믿고 지지하면서 성장해가려는 자기 수용이 선행되어야 합니다.

## 자기혐오는 무조건 '악'하다

자신과 화해하지 못하는 사람의 세상은 온통 암흑으로 가득 차 있습니다. 때로는 채찍질하면 조금 더 나은 내가 될 수 있을 것이라는 마음으로 자기혐오를 합리화하기도 하지만, 제 경우에는 스스로를 받아들이고 사랑했을 때 발전은 훨씬 빠르고 크게 일어났습니다. '자기혐오는 나를 단련하는 채찍'이라고 생각했던 때가 있었지만, 지나고보니 결코 아니었습니다. 자기혐오는 인생에 하등 도움이 되지 않는 그저 '최고의 악'이었습니다.

심리학 교수 대니얼 카너먼(Daniel Kahneman)은 인간에게는 현재를 경험하는 '경험 자아'와 과거 경험을 평가하고 기억하며 기억에 스토리텔링을 붙이는 '기억 자아'가 있는데, 미래의 결정은 기억 자아의 서사에 의해 좌우된다는 '두 자아(Two Selves)' 이론을 제시했습니다. 기억 자아와 경험 자아는 결코 떨어질 수 없다고 합니다. 그렇다면 기억 자아 속 왜곡된 자아상을 교정하고, 나를 이루는 모든 것들을 마주하고 받아들이는 수용이 최선이 아닐까요? 경험 자아가 기억 자아를 수치스러워하지 않고 나무라지 않으며 숨기고 싶어하지 않을 수 있도록 말이죠. 사이가 안 좋은 동료와 평생을 살아야 한다면 이는 너무 불행한 일이 될 것입니다. 사람은 자기 자신과 평생 살아야 합니다. 그렇다면 부족하고 못나 보이는 '나'와 화해하고 아껴주는 것이 훨씬 더 행복해지는 방법입니다. 우리는 자신과 화해하고 나서야 비로소 더 큰 세계로 나아갈 수 있으며 더 깊은 인생의 여정을 누릴 수 있습니다.

"그러나 시간이 지나도 아물지 않는 일들이 있지
내가 날 온전히 사랑하지 못해서 많이 가난한 밤이야
거울 속에 마주친 얼굴이 어색해서 습관처럼 조용히 눈을 감아
밤이 되면 서둘러 내일로 가고 싶어
수많은 소원 아래 매일 다른 꿈을 꾸던 아이는 그렇게 오랜 시간
겨우 내가 되려고 아팠던 걸까
쌓이는 하루만큼 더 멀어져 우리는 화해할 수 없을 것 같아

(…) 작은 두려움 아래 천천히 두 눈을 뜨면
세상은 그렇게 모든 순간 내게로 와 눈부신 선물이 되고
숱하게 의심하던 나는 그제야 나에게 대답할 수 있을 것 같아

*(…)더 이상 날 가두는 어둠에 눈 감지 않아*

*두 번 다시 날 모른 척하지 않아"*

- 아이유, 『아이와 나의 바다』 가사 中

 **삶의 깊이를 더하는 질문**

여러분은 자기 스스로를 충분히 사랑하셨나요? 자책하고 질책하며 자신을 몰아붙였던 시간들이 자신을 아껴주고 존중했던 시간보다 길지는 않으셨나요? 이번 장과 다음 나오는 내용을 통해 여러분의 '자기 수용' 정도는 어떠했는지 생각해보는 시간이 되면 좋겠습니다. 사명감이 있는 깊은 삶은 스스로를 존중하는 태도를 기반으로 합니다.

# 3

# 이상과 현실의 간극을 줄이자

*"세상 만물이 그렇듯 인간의 삶에도 한계가 있다."*

- 키케로

구체적으로 '자기 수용 태도'란 무엇일까요. 저는 우선 이상과 현실의 간극을 합리적인 수준으로 재조정하는 것이라고 생각합니다.

심리학에는 '자기 불일치 이론'이 있습니다. 사람은 마음속에 '현실적 자기(지금의 나)', '이상적 자기(되고 싶은 나)', '당위적 자기(그래야만 한다고 느끼는 나)'를 품고 있는데, 이 셋 간의 불일치를 지속적으로 점검하고 거리를 좁히려 하는 경향성이 있음을 설명하는 이론입니다. 이 이론에 따르면 사람은 평생동안 현실적 자기를 이상적 자기, 당위적 자기에 빗대어 평생동안 '얼마나 더 성장이 필요하지? 무엇을 더 채워야 하지?'를 비교하고 판단합니다. 이 때 세 가지 자기 간의 불일치가 크다고 생각이 들면 우울과 심리적 불편감이 유발될 수 있습니다.

사람은 완전해질 수 없습니다. 그런데 현대인들의 이상적 자기를 들여다보면 완전무결함이라는 속성이 반영되어 있는 것 같습니다. '더 나은 나'가 아니라 '흠이 없고 어떤 상황에서도 실패하지 않는 나'를 꿈꾸는 것입니다. 조건부 행복 가설을 오류라고 보지 않고 불행의 원인으로 수행자인 자신이 아직 부족함을 탓하는 이유입니다. 자신의 이상적 자기는 계획한 모든 조건을 성공적으로 달성해내는 인물인 반면, 현재적 자기는 자꾸 실패하고 부족함 투성이이니 하루 빨리 이상적인 모습이 되어야 한다고 생각하게 되는 것이죠. 당위적 자기 또한 타인의 시선이 빚어낸 가짜 의무가 잔뜩 섞여 있습니다. 이는 스스로를 압박하게 만들어 과잉 불안을 유발합니다. 몇 살에는 몇 억을 모아야 한다더라, 자가를 마련해야 한다더라 등. 그렇게 현실적 자기를 판단하는 기준이 '완벽함' 쪽으로 기울어지게 되면, 우리는 항상 부족한 존재가 됩니다. 아무리 노력해도 모자라고, 아무리 조건을 성취해도 불안해집니다. 비교의 결과가 바뀌지 않기 때문입니다. 기준이 완전을 향하고 있으면 현실은 늘 낙제점을 받을 수밖에 없습니다.

## 태양에 닿지 못한다고 슬퍼하지 마라

'한계란 없다'라는 말은 유명한 응원 문구입니다. 처음부터 자신의 능력에 제한을 두지 말라는 말입니다. 우리는 생각보다도 더 높이 뛰어오를 수 있는, 무한한 가능성의 존재라는 말입니다. 틀린 말은 아닙니다. '벼룩을 처음부터 낮은 유리병 안에 두면 유리병을 나와서도 딱 그 높이까지만 뛰어오른다'라는 관찰 결과는, 누구든 상상 이상의 결과를 낼 수 있다는, 그러므로 각자의 한계를 먼저 재단하지 말라는 교훈을 시사합니다. 아주 이상적이고 희망찬 내용입니다. 노력만 하면 자신이 상상하는 한계 너머까지 극복할 수 있을 것이란 기대감이 샘솟습니다.

하지만 저는 반대로 천장을 먼저 인지하는 것도 중요하다고 말하고 싶습니다. 벼룩도 분명 오존층을 뚫을 정도로 뛰어오르는 것은 아닙니다. 뛸 수 있는 높이의 한계는 분명 존재합니다. 인간도 마찬가지입니다. 인간은 불완전한 존재입니다. 그러므로 한계는 있을 수밖에 없습니다. 모든 것을 가진 사람이라 한들, 결핍을 느낄 수밖에 없습니다. 사람인지라 늘 실수할 것입니다. 계획에 실패할 때도 있을 것입니다. 세상이 마음처럼 돌아가지 않을 때가 있을 것입니다.

인간은 완벽할 수 없습니다. 완벽함을 기대한다면 행복해질 수 없습니다. 심리 치료 전문가들이 가장 존경하는 미국의 정신의학자 데이비드 번즈(David Burns)는 "별을 향해 손을 뻗지만, 완벽주의자들은 결국 허공을 움켜쥐게 될 수도 있다."라고 말했습니다.

그래서 이상적 자기를 그릴 때, 우선 '인간의 불완전성'을 받아들여야 한다고 말하고 싶습니다. 돈과 직장은 행복을 보장하지 않고, 질병과 사고는 늘 가까이에 있으며, 사람은 어떤 자극에도 쉽게 무너지는 나약한 존재입니다. 한 치 앞도 예상하지 못할 것이며 아무리 좋은 사건을 맞이한다고 하더라도 헤도닉 적응 현상으로 정서는 다시 기준선으로 돌아올 것입니다. 그래서 어떤 모양이든 현재를 수용하는 것에서부터 발전은 시작되어야 합니다. 태양에 닿지 못한다고 슬퍼하는 것은 어리석은 일입니다. 이를 염두에 두지 않는다면 끝없는 질책만 이어질 뿐입니다. 어차피 모두가 태양에 닿지 못하는데, 각자의 속도가 조금 차이 나는 것이 무어 문제가 되겠습니까. 저 태양을 움켜쥘 수 있는 인간은 아무도 없다는 것을 명확히 인지해야 합니다. 그것이 우리의 한계임을 수용해야 합니다.

## 이상향에 대한 오해

사람이 보통 자책을 하는 이유는, 어떤 일을 제대로 해내지 못할 경우 자신의 노력이나 자격이 부족했다고 생각하기 때문입니다. 달리 말하면 노력하면 완벽해질 수 있으리라는 착각을 무의식 중에 하고 있다는 뜻입니다. 이는 그 상황이 벌어진 것은 못난 본인 탓이며, 더 개선되지 못하면 원하는 성취를 얻을 수 없을 것이라는 고정적인 자격지심을 발생시킵니다. 실패를 자책하는 이에게 '인간은 누구나 실수해.'라는 말은 잘 들리지 않습니다. 누구나 실수하겠지만, 자신은 '누구나'가 되어서는 안 된다고 생각합니다. '내가 좀 더 잘했더라면, 내가 좀 더 나은 사람이었더라면.' 하고 읊조리겠죠. 이는 이뤄질 수 없는 가정입니다. 더 나은 사람이었다면 세상이 자신을 선택했을 것이란 생각은, 근본적인 해결책이 아닙니다. 애초에 나은 사람이었더라도 상황은 바뀌지 않았을 수 있습니다. 불완전한 인간들이 만들어낸 세상이란 완벽함을 기준으로 삼지 않기 때문입니다.

이상적 자기를 너무 높게 설정하는 이유는 바라는 '이상향'이 높기 때문입니다. 이는 이상향에 들어서면 가장 행복할 것이라는, 조건부 행복 사고방식에서 비롯됩니다. 그러나 앞에서 살펴봤듯이 간절히 바라던 조건을 전부 달성해도 완전한 행복은 갖춰지지 않습니다. 이름 자체가 브랜드이자 명품이 된, 최상의 몸값을 자랑하는 'GD'는 25년도에 〈유 퀴즈 온 더 블럭〉라는 프로그램에 출연해서 이렇게 말했습니다. "좋아서 시작했고, 좋아하는 일을 지금도 하고 있고 좋아하는 일로 사랑받고 있는데 내가 지금 행복한가? 행복해야 되는데. 안 행복할 이유가 없는데. (…) 겉으로 제3자가 봤을 땐 너무 부러워할 것 같은 모습이지만 속이 곪아 있다고 해야 하나. 좀 그런 것 같아요." 그의 말은 꿈꾸던 부와 명예를 이루었음에도 환상 속에서 본 '행복'을 춘만하게 누리지 못하고 있음을 암시합니다. 모두가 선망하는 부와 명예를 가졌음에도 여전히 결핍을 느끼고 있는 것입니다. 그는 통장이 '0으로 넘쳐나는 당구대'임에도, 전 세계가 주목하는 유명 인사가 되었음에도, 명예 교수가 되었음에도 여전히 아파합니다. 공허해합니다.

'GD'는 바라던 꿈을 이뤘습니다. 그 자신만의 이상향에 도달했습니다. 하지만 아직 완벽한 행복을 완성하지 못했습니다. 우리라고 해서 다를 바 없을 것입니다. 인간은 원래 그렇습니다. 우리는 이를 명확하게 인지해야 합니다. 이상적 자기와 당위적 자기를 채점표로, 현실적 자기를 낙제시키는 시험대로 삼으면 안된다는 것을 알아야 합니다. 완전해질 수 없음을 인정하는 순간, 기준은 비로소 각자에게 맞는 형태로 조정됩니다. 이상적 자기는 '흠 없는 상태'가 아니라 '방향'이 되고, 당위적 자기는 '처벌 목록'이 아니라 '가치를 지키게 하는 장치'가 됩니다. 이 전환이 없으면 성장은 계속 자기 부정 위에서만 굴러갈 것입니다.

## 현실에서 벗어나고 싶었던 과거

저는 이상적 자기와 당위적 자기 그리고 현실적 자기 간의 괴리가 굉장히 큰 사람이었습니다. 그래서 늘 불행했습니다. 빛나 보이는 가치들로 둘러싸인 이상적 자기와 주변 사람들의 기대에 부합한 사람이 되어야만 한다는 당위적 자기는 매일 저를 옭아맸습니다. 그러나 그 거리감은 결코 좁혀지지 않았고 아무리 노력해도 기대와 달리 행복하지 않았습니다. 보이지 않는 천장만큼 이미 충분하게 높이 떠올랐어도 '아직 부족하다'라고 생각하며 스스로를 몰아치는 습관을 버리지 못했습니다. '노력하면 완벽해질 수 있다'라는 착각에 빠져 있었기 때문입니다. 세 자기 간의 거리감을 전부 현실적 자기가 부족한 탓으로 돌렸습니다. 그래서 이 정도밖에 되지 못하는 현실이 혐오스러웠고 더 빛나는 삶을 살고 있어야 하는 지금, 어쩐지 모든 것이 잘못된 것 같았습니다.

그러다 보니 제 인생은 조급함과 분주함으로 채워져 갔습니다. 인내심을 가지고 '나'를 수용하며 현실을 견디겠다는 마음이 없으니, 계획은 과다해지지만 실패가 두려워 실천으로는 잘 이어지지 않았습니다. '완벽할 때 시작하겠다'는 마음으로 준비만 하고 정작 시도하지 않는 경우가 부지기수였습니다. 실패하면 무너질 것이 분명했으니까요. 완벽주의는 그렇게 제 발목을 잡아왔습니다. 완벽주의란, 모든 일을 완벽하게 수행하는 사람이라는 뜻이 아니었습니다. 완벽해 보일 때까지 도전하지 않는, 연약한 근성과 콧대 높은 자존심을 가진 사람을 의미했습니다. 적어도 제 경우에는 그러했습니다.

도전한 것에 실패할 때면 행여라도 패배했다는 사실을 들킬세라 숨기기 급급했고 강한 척하기 바빴습니다. 부모님께조차 좋은 모습만 보여드리려고 노력했고, 약한 면과 못난 면들은 최대한 감추려 들었습니다. 그러다 보니 주변의 기대감은 나날이 올라갔습니다. 그 기대감을 충족시키지 못했다는 생각이 들 때면 수치심을 느꼈습니다. 좋은 성취를 얻어낼수록 기대는 더 높아져 갔고, 마음 놓고 쉬지도 못하는 피곤한 삶이 되었습니다. 불안한 완벽주의는 꿈과 현실 사이를 갈팡질팡했습니다. '어떤 길을 가야 할까. 어떤 삶이 좋은 삶일까. 어떤 선택을 해야 할까. 어떻게 해야, 사랑받을 수 있을까.' 저는 그렇게 늘 고통스러웠습니다. 되돌아보면 부족한 것 하나 없었음에도 행복했던 기억이 많이 없던 학생 시절입니다. 다른 누구도 아닌 제가 왜곡된 신념과 태도로 스스로를 괴롭혔기 때문입니다.

이는 결국 자기혐오로 이어졌습니다. '왜 저 사람처럼 되지 못할까. 왜 이토록 부족할까.' 수많은 자책이 뜀박질처럼 이어졌습니다. 하지만 금이 간 댐은 손바닥만으로는 막을 수 없었으므로, 결국 터진 물줄기는 저를 덮쳤습니다. 무너질 수밖에 없었습니다. 태양을 움켜쥐고 있는 줄만 알았으나 손이 타는 아픔에 주먹을 펴보니 사실은 허공을 움켜쥐었던 것뿐이었고, 신기루는 이미 흩어진 뒤였습니다.

## 냅두세요. 원체 좀 모자라서요

그렇게 높은 이상향과 인정 강박에 시달리던 어느 날, 어릴 적부터 가깝게 지내오던 한 목사님께서 제 불안한 모습을 보시고 이렇게 말씀하셨습니다. "저는요, 어릴 적부터 좀 별났어요. 명석한 두뇌와 좋은 대학 졸업장을 갖고도 왜 이렇게 살고 있느냐고 묻는 사람들에게, '제가 어릴 적부터 이렇게 별나고 독특한 놈이었습니다, 하하' 하고 대답해요. 사람들의 시선은 하나도 중요하지 않거든요. 저는 지금 가장 중요하다고 생각하는 일을 하면서 살고 있으니까요. 내 스스로 가장 성공한 인생이라고 생각하면 된 거죠. 사람들이 뭐라고 하든, 지금 나는 아주 큰 사명을 감당하고 있다고 생각해요. 이 일을 하는 것이 하나님이 저를 만드신 이유라면, 저는 존재 의미를 가장 잘 실천하면서 살고 있는 것 아니겠어요?" 이 몇 마디가 제 마음속에 커다란 파동을 일으켰습니다. '내가 힘든 이유는 남보다 못났기 때문이 아니라 스스로를 받아들이지 못했기 때문이었구나. 사회와 주변의 기대를 충족시켜야 한다는 압박에, 나는 원래 이런 사람임을 받아들이지 못했구나. 기대를 충족시키는 것을 왜 그렇게 중요하게 여겼을까. 생각해보면 내가 실망시킨다고 해서 그 사람들의 인생이 망하는 것도 아닌데. 그 기대 또한 내 뇌가 만든 허상일지도 모르는데.'

그 뒤로 저는 변화하기 시작했습니다. 하늘 높은 줄 모르고 치솟아 있던 이상적 자기를 내려놓고, 스스로를 자꾸만 다그치던 당위적 자기를 느슨하게 풀었습니다. 그리고 이 둘을 현실적 자기의 올바른 성장 방향으로만 삼기로 했습니다. 그리고 모든 출발점을 현실적 자기로 설정했습니다. 사회와 가족들의 기대와는 상관없이 제가 원하는 길을 찾아 나서고자 한 것입니다. 사회가 말하는 '엘리트'로 살지 않기로 결정했습니다. 기성세대가 만들어 놓은 성공 방정식에 제 인생을 어떻게든 맞춰보려는 노력을 그만두고, 제가 생각하는 '의미 있는 길'을 걷기로 했습니다. 더 이상 소유 감각에 대한 기대로 이상을 꾸리지 않기로 했습니다. 제 인생만의 성공 방정식대로, 제 속도대로. 현재를 수용하면서 그렇게 삶을 '즐겨 보기로' 했습니다.

이제는 이 말을 주문처럼 스스로 되뇝니다. "제가 원래 이렇게 좀 모자라서요. 원체 별나게 태어나서요. 남들과는 다른 생각을 하고, 남들이 하라는 대로 잘 하지 않는 별종이라서요. 이렇게 태어났으니 이렇게 살아야지요, 별수 있나요." 실제로 제가 모자라다고 생각하지는 않습니다. 오히려 특별하다고도 생각합니다. 어떤 면에서는 타고났다고도 생각합니다. 적어도 제 삶에 가치가 없다고 생각하지는 않습니다. 하지만 증명하려 들지는 않으려 합니다. 사람들이 기대하는 이상적 자기에 도달하지 못했다고 해서 아파하지 않습니다. 사람마다 속도가 다르다는 말을 이제는 알 것 같습니다. 저는 제 속도대로, 올바른 방향으로 그저 최선만 다하며 묵묵히 달리면 됩니다. 저만의 인생 과업이자 사명은 누구와 비교할 수 있는 것이 아니기 때문입니다.

이렇게 묵묵히 살다 보면 적어도 곁에 있는 사람에게만은 좋은 어른이 되어 있지 않을까요. 제 인생에 충분한 행복도 느끼면서 살 수 있을 것입니다. 그래서 이제는 제 삶의 방식을 이해하지 못하고 왜 그렇게 살고 있느냐는 물음에는 "제가 좀 모자라서요."라는 말로 화답할 준비가 되어 있습니다. 이는 더 이상 얕은 기대에 부응하지 않겠다는 선언입니다. 저는 하고 싶은 일, 사명이라고 생각하는 일을 최선을 다해 수행하며 살기로 결심했습니다. 언젠간 제가 옳았다는 것을 증명할 수 있으리라는 확신을 한 채요. 저를 옭아매던 강박에서 벗어난 지금입니다. 이 차이를 만든 것은 생각의 한끝 차이입니다. "당신이 인정하는 걸작이 되고 싶습니다."에서 "한껏 기대하셨나요. 꽤나 속상하시겠어요. 하지만 어쩌겠습니까. 바라시는 만큼의 걸작이 아닌 것에 유감을 표합니다. 저는 제 식대로 살아서 제가 바라는 성공을 취하겠습니다."로. 사고를 전환하니 평안이 찾아왔습니다. 안정된 마음은 더 큰 창의성과 성취를 만들고 있습니다.

제 이야기를 장황하게 늘어놓은 이유가 있습니다. 혹시라도 과거의 저를 닮은, 현실을 타개할 만한 방법을 강구하며 자신을 충분히 사랑하지 못하는 누군가에게 'so what?' 마인드를 가지길 바라는 마음을 전하기 위함입니다. 사람은 누구나 바라는 것을 쥐나, 못 쥐나 여전히 불완전한 인간으로 완벽하지 않은 인생을 살 수밖에 없을 터. 이상적 자기와 당위적 자기의 비현실성을 점검하고 현실적 자기와의 거대한 간극을 줄

이길 바라는 마음입니다. '현실의 나'를 좀 더 사랑하고 수용해주길 바라는 마음입니다.

수용은 '지금의 나를 정당화'하는 것이 아니라 '지금의 나를 있는 그대로 인정'해주는 것입니다. 현재 수준을 알아야 계획이 가능합니다. 지금의 체력, 환경, 성격적 경향, 능력 수준, 한계를 인정하지 않으면 목표는 늘 공중에 떠 있고 실행은 실패합니다. 사람은 완전해질 수 없습니다. 그렇다면 삶의 목표는 '완벽함'이 아니라 지향점을 향한 성장이어야 합니다. 성장은 자기혐오가 아니라 자기 수용 위에서 가장 잘 일어납니다. 현실적 자기를 사랑하고 수용하는 사람은 기준에 맞추지 못한 날에도 자신을 파괴하지 않습니다. 대신 방향을 조금 조정하고 다시 시도합니다. 그 반복이 괴리를 줄이고, 괴리가 줄어드는 만큼 불행은 줄어듭니다. 그러므로 이상적 자기와 당위적 자기, 현실적 자기 간의 화해를 이루면 좋겠습니다. 이는 곧 '나는 완전해질 수는 없겠지만, 더 나아질 수는 있다'는 확신을 삶의 기본 전제로 삼는 것에서 출발합니다.

**Q 삶의 깊이를 더하는 질문**

여러분의 이상적 자기와 당위적 자기의 내용은 어떠하신가요? 혹시 너무 높게 설정되어 있어 종종 현실적 자기를 괴롭히고 계시지는 않으신가요? 태양에 닿지 못한다고 슬퍼하지 말았으면 좋겠습니다. 인간은 어차피 불완전하니까요. 이상과 당위의 내용을 현실의 나에 맞춰 조정하기를 권합니다.

# 4

# 결핍을 삶의 토대로 인식하자

*"우리가 더 자주 고통받는 곳은 현실이 아니라 상상 속이다."*

- 세네카

## 결핍을 증오하는 태도

'자기 수용 태도'를 갖추기 위해서는 두 번째로 결핍에 대한 인식을 교정해야 합니다. 조건부 행복이 낳은 잘못된 인식과 태도 중 하나가 결핍 증오 경향성이기 때문입니다.

요즘 현대인들은 크고 작은 독을 품으며 삽니다. '반드시 저 위치까지 올라야지, 반드시 저 차를 타야지, 반드시 그 아파트에 입성해야지, 그래서 남들이 무시 못 하는 사람이 되어야지.'라는 생각에 질끈 주먹을 쥡니다. 무수한 결핍이 그들을 욕망하게 만듭니다. 그들은 결핍이 있는 상태를 유지하면 비참해질 것이라는 불안을 느낍니다. 그러나 자신이 가진 결핍을 수치스러워하는 태도가 지속되면, 나보다 잘난 사람의 일상을 보며 '나도 갖고 싶어.'라는 생각에 사로잡혀 삶은 다시 조건 달성 게임으로 변질될 수 있습니다.

## 결핍, 인간을 움직이는 동력

결핍은 내면의 허기를 '채우도록' 명령하고 그 지시를 따르게 합니다. 특정 목표를 일으켜 행동을 하게 만듭니다. 밥을 먹고, 잠을 자고, 공부를 하고, 지위를 획득하고, 연애와 결혼을 하며, 소유하고 싶었던 사치품이나 기기를 구매하는 것은 모두 '지금으로서는 충분치 않다', '더 필요하다', 즉 부족하다는 감각 때문입니다. 결핍은 채움을 기대하게 만듦으로써 현재를 살게 하고 행동을 자아냅니다. 삶을 지속시키는 원동력인 것입니다.

우리는 본래 욕구 불만의 존재입니다. 번식하고 싶다는 본능적 결핍이 우리를 탄생시켰고, 그렇게 태어난 우리는 평생 결핍과 함께 살아갑니다. 사실 산다는 것의 의미 자체가 '결핍을 계속 느끼겠다'라는 뜻이라고도 볼 수 있습니다. 인간에게 결핍이란 필수불가결한 상태로, 지속적으로 발생하는 감각이기 때문입니다.

프랑스의 정신분석학자 자크 라캉(Jacques Lacan)은 "결핍은 절대 완전히 채워질 수 없다."라고 말했습니다. 그렇지만 충족될 수 있으리라는 무의식적인 기대와 환상을 갖기 때문에 '특정 행동을 하고 싶다'라는 충동이 일어난다는 것입니다. 매슬로우는 인간 욕구를 '결핍에 의한 욕구'와 '성장 욕구'로 나누었는데, 생리적 필요, 안전, 애정 등과 같은 결핍 욕구는 박탈에 의해 발생하고, 충족되지 않을 때 사람들을 동기화한다고 말했습니다. 결핍 동기 이론에 따르면, 배고픔이나 외로움 같은 결핍이 존재해야 비로소 행동과 성취가 일어나고 그 결핍이 해소될 때 안도감이나 만족감을 느끼게 됩니다. 결핍은 모든 행동의 근원이며 만족감 발생의 필수 선행 조건인 것입니다.

만일 결핍이 없는, 충만하고도 완전한 인간은 삶의 의지를 잃을 것입니다. 배고프지도, 졸리지도 않고 성장하고 싶다는 욕구도 없다면 행동할 이유가 사라지기 때문입니다. 인간이 목표 지향적 존재인 이유입니다. 그런데 움직이지 않으면 영양분을 보충할 수 없고, 결국 그 존재는 죽음에 이릅니다. 그래서 우리는 살아있는 한 '결핍을 느끼려고' 작정한 것과 다름 없다고 할 수 있습니다. 생존 행동의 근원 자체가 '결핍'이기 때문입니다.

## 만족감의 선행 조건, 결핍

우리는 모두 만족감을 느끼고 싶어합니다. 그런데 만족감은 결핍이 전제되어야만 성립할 수 있습니다.

등산 후 먹는 막걸리가 더 맛있고, 수영 후 먹는 컵라면이 더 맛있는 이유는 그만큼 결핍이 강해져 있기 때문입니다. 애초에 빈 공간이 없더라면 채울 필요성도, 채움으로 인한 충만감도 느끼지 못할 테죠.

배부르면 음식을 남기게 됩니다. 배고프지 않은 사람에게 음식은 사막에서 만난 오아시스가 될 수 없는 법입니다. 음식은 위장이 전부 비어 있을 때 먹어야 '너무 맛있다'라는 소리가 절로 나옵니다. 이처럼 행복은 결핍이 선행되어야 찾아올 수 있습니다. 선후 관계로 보나 인과관계로 보나, 따지고 보면 만족감은 결핍 덕에 샘겨날 수 있는 것입니다. 따라서 행복이 귀중한 삶의 목표라면 행복의 근원인 결핍 또한 소중하게 여겨야 함이 마땅합니다. 만족감이 신성하고 삶의 절대적인 이유로 추대될 만하다면, 결핍 또한 그렇게 받아들여야 합니다. 결핍이라는 빈 공간이 먼저 존재해야 충만감과 만족감이 찾아올 수 있기 때문입니다.

그러나 사람에게 결핍 추구 경향성은 없습니다. 결핍 해소 욕구를 행동의 동기로 삼아야 하기 때문이겠죠. 그러나 현대인의 문제는 결핍을 건강한 동기 부여로 삼는 것을 넘어 증오 대상이자 자기 완결성을 저해하는 방해 요소로 느낀다는 점입니다. 내면의 목소리는 결핍을 '행복을 방해하는 악'이라고 말합니다. 채움을 통해 없애 버려야 하는 빈 공간이라고 말합니다. 종종 결핍이 있는 본인을 용서하지 못하기도 합니다. '부족하지 않은 나'를 만들기 위해 자기 발전적 행위라는 명목의 '자기 학대'를 자처합니다. 결핍이 만족감을 발생시키는 필수 조건인데도 말입니다.

## 가장 행복한 삶은, 반쯤 만족한 삶

만일 '내가 가진 모든 결핍을 다 채우고 갈겠다'라고 생각하고 있었다면, 이러한 태도는 일부 수정되어야 할 필요가 있습니다.

철학자 데이비드 우즈(David Woods)는 한 아티클*에서 인간에게 진정한 행복은 '반쯤 만족한 삶' 속에 있다고 보았습니다. 그가 해석한 쇼펜하우어의 사상에 따르면 인간은 이성을 따라 세상을 관조하는 존재임과 더불어 끊임없이 어떤 것을 욕망하는 존재입니다. 그 욕망의 밑바탕에는 언제나 결핍이 자리 잡고 있으며 하나의 욕구가 충족되는 순간 또 다른 결핍이 그 자리를 메웁니다. 만약 인간에게 더 이상 바라는 것이 없다면, 남는 것은 충만이 아닌 권태와 공허가 되어 더 괴로운 삶이 되기 때문에 기본적인 필요가 충족된 이후에도 사람들은 끊임없이 새로운 욕망을 만들어낼 것입니다. 그래서 쇼펜하우어는 '인간은 어떤 시점에서도 최종적이고 지속적인 만족에 도달하지 못한다'고 말했습니다. 그의 유명한 명언 중 하나인 '삶은 진자처럼 고통과 권태 사이를 왔다 갔다 한다.'라는 말은 이런 의미에서 비롯되었습니다. 이에 데이비드 교수는 인간이 가장 행복하게 살 수 있는 방법은, '결코 너무 큰 고통에 빠지지 않을 만큼의 성공과 결코 너무 지루해지지 않을 만큼의 실패'를 하는 것이라고 말했습니다. 지나친 고통에 잠식되지도 않고, 아무런 갈망도 없는 무기력하지도 않은 상태, 다시 말해 절반쯤 차 있으면서도 절반은 부족한 삶이 가장 행복하다는 것입니다. 데이비드 교수는 불완전성 속에서만 인간은 살아 있다는 긴장감을 유지하고 행복을 느낄 수 있음을 알았습니다. (※참고: 『The semi-satisfied life』)

그러나 현대인은 최대의 만족을 추구합니다. 결핍을 적대시합니다. 사회는 결핍을 '극복해야 할 약점'으로 규정하고, 끊임없이 채워야만 하는 결함으로 몰아세웁니다. 이 과정에서 사람들은 결핍을 수용하는 법을 배우지 못하고, 오히려 결핍 혐오에 빠집니다. 결핍을 없애야만 행복해질 수 있다고 믿기에, 스스로를 끝없는 추격전 속에 몰아넣습니다. 조금 더 넓은 집, 조금 더 비싼 차, 조금 더 높은 연봉. 아이러니하게도 행복을 얻기 위해 결핍을 지우려고 할수록 결핍은 더 크게 증식합니다. 정신적 문제를 가진 인구가 과거에 비해 급격히 늘고 주변에서 고통에 찬 신음만 들려오는 이유는 사회 구성원들이 자신의 결핍을 '당연하다'라고 생각할 줄 모르기 때문이 아닐까 싶습니다. 반쯤 만족한 삶이 가장 행복한 삶이라는 것을 배우지 못했기 때문이 아닐까 싶습니다.

참고로 부족한 상태 그대로 놔두라는 이야기가 아닙니다. 성장을 위해 최선을 다하되, 강박에 시달리지 말라는 말입니다. 그 강박은 삶을 조건 달성 게임으로 다시 안내하는 주범이기 때문입니다. '나는 완벽한 삶을 살아야 해. 지금의 비참한 나를 용서할 수 없어!'라고 생각하는 것과 '사람은 본래 반쯤 만족했을 때 가장 행복한 법이야. 그러니 지금의 부족함을 부끄러워 하지 말고, 조금 더 나아지는 것을 목표로 삼기만 하자.'라고 생각하는 것에는 행복에 있어서 아주 큰 차이를 불러옵니다.

## 결핍은 꿈의 토대가 된다

결핍은 만족감의 필수 조건입니다. 결핍이 충만의 기반이 되며, 나아가 적당한 결핍은 행복한 삶의 필수 재료입니다. 정말 행복한 삶에는 50% 정도의 결핍이 있어야 하는 법입니다. 그러므로 결핍과 행복은 반의어가 될 수 없습니다. 행복해지고 싶다면, 자신의 결핍을 제대로 인식하고 현명하게 동행할 줄 알면 됩니다. 결핍이 느껴진다고 비참해 할 필요 없습니다. 증오할 필요 없습니다. 부족한 점을 100% 채우기 위해 자신을 학대할 필요 없습니다. 자신에게 주어진 환경과 조건에 억울해 할 필요도, 부모님을 원망할 필요도 없습니다. 어차피 인간은 불완전하므로, 일부 불충분한 상태는 인생을 풍성하게 만들 하나의 장치가 됩니다.

결핍은 제 꿈의 형체를 조각했습니다. 청소년 시절 제가 그렇게 혼란스러워했던 것은 인생에 이렇다 할 멘토가 없었기 때문입니다. 공부는 왜 해야 하는지, 왜 열심히 해야 하는지, 아니 삶을 열심히 살아야 하는 이유는 무엇인지, 생존 본능 외에 더 숭고한 가치는 없는지, 이 시기에 이러한 욕구를 느끼는 이유는 무엇이고 어떻게 다루면 좋을지, 남들과 다른 생각을 하는 제가 이상한 것인지를 알고 싶었으나 누구도 대답해주지 않았습니다. 오랜 시간 답을 기다렸지만, 학교마저 인류가 왜 존재하고, 왜 존속해야 하는지, 그래서 우리 각자가 우주적인 관점에서 어떤 시각과 관점을 가지고 살아야 하는지에 대해 답을 주지 않았습니다.

저는 '삶에 대해 가르쳐주는 존재'에 대한 결핍이 있었고, 그래서 '올바른 방향'을 지시하는 나침반 같은 존재를 절실히 바랐습니다. 아마 그래서일 것입니다. 제가 내적 방황으로 힘들어할 청소년, 청년들의 멘토가 되고 싶다는 꿈을 갖기 시작한 것은. 삶에 대해 알려주고 싶고, 사람이라는 존재에 대해 알려주고 싶었습니다. 인간다움이 점차 희미해지는 사회로부터 고통받는 사람들에게 진정한 행복을 되찾아주고 싶었습니다. 저라도 그렇게 살아야겠다고 마음 먹었습니다. 심각한 입시경쟁에 내몰리며 공동체적 정신이 말살되어가는 아이들을 더 이상 방치하지 않는 어른으로 자라겠다고 다짐을 했습니다. 결핍은 그렇게 저를 심리학과로 이끌었고, '저만의 과업'을 발견하지 했습니다. 아래는 당시 결핍 속에서 결연한 의지로 쓴 일기입니다.

> 2019년 9월 22일 일기
>
> 나는 우리네 인생이 너무 불쌍하고 안쓰럽다. 최상의 감정을 늘 궁구하고 갈망하는 우리가 너무 불쌍하다. 감정에 이끌려 살 수밖에 없는 우리가 너무 가엾다.
>
> 우리를 이런 괴로움의 무더기 속에 던져 놓은 신을 과연 원망해야 하는가.
>
> 아니다. 신을 향한 원망의 감정이 들진 않는다.
>
> 그저 도와줬으면 한다.
>
> 우리를 이 쳇바퀴에서 그만 꺼내 줬으면 하는 마음뿐이다.
>
> 사실 이 마음은 신을 향한 소원이기보다는 그저 초월적인 영역에 기대어 외치는 나약한 절규일 뿐이다. 믿음의 기도라고 할 수는 없다.
>
> '인간이 행복을 추구하며 사는 것을 왜 불쌍하다고 생각하는가. 당연한 일을 왜 당연하지 않다고 여기는가.'
>
> 혹자는 내게 이렇게 물을지도 모른다. 나는 그렇게 묻는 누군가에게 당신은 지금 괴롭지 않기 때문에 그렇게 말할 수 있는 것이

라고 감히 단정할 것이다. 나는 행복한 지금 이 순간의 당신보다는, 지금의 행복조차 반추하지 못할 정도로 우울 속에 잠겨 있을 어느 미래와 과거의 당신이 안쓰러운 것이다. 그 우울에서 당신을 꺼낼 방법조차 그저 일회용의 진통제같이 아픔을 연기시키는 것뿐이라 무력감을 느끼는 것이다. 나에겐 행복보다 상처와 아픔이 더 큰 문제고 더 큰 무게를 지닌 가치다. 절대로 등가성의 원리를 적용할 수 없는 영역이다.

나는 행복을 긍정하지 않는다. '행복'은 '불행'을 필연적으로 성립시키기 때문이다. 불행은 아픔, 상처, 우울, 갈등같이 영혼을 점점 병들게 하는 질병이고 행복은 인스턴트 푸드다. 지금 순간 극강의 감정. 그러나 그 절정에 달은 그 감정이 갈 곳이라고는 내리막길밖에 없다. 행복이 지시하는 것은 행복 때문에 불투명하게 흐려진 개념인 아픔뿐이다.

행복하라는 말이 과연 누군가를 위한 말이 될 수 있을까. 그럴 수는 없다. 행복하기 위해서는 반드시 불행을 겪어야 하기 때문이다. 불행하다는 감각을 알아야 행복하다는 감각 또한 알게 되니까.

그러나, 그럼에도 불구하고.

나는 누군가를 응원하고 싶을 때 당신이 행복하길 바란다고 말할 수밖에 없다. 행복하자는 그 문장 속에는, '당신은 행복만 해도 아까운 존재'라는 의미가 내재하는 느낌이기 때문이다. 내가 당신을 가슴 아리게 응원한다는 의미가 절제된 채 함축돼 있기 때문이다. 작은 두 팔로, 애써 웃으며 당신을 안아주고 싶다는 마음에서 전한 말이기 때문이다. 나에게는 당신이 너무 소중하다.

어쩌면 바다는 지금껏 살아온 사람들이 흘린 눈물이 모여서 만든 것인지도 모르겠다. 아프지만 그럼에도 불구하고, 눈물이 나고 괴롭지만 그래도 불구하고, 주어진 삶이기에 꾸역꾸역 열심히 살아보려 하는 사람들의 눈물. 안쓰럽다. 미치도록 사랑스럽고 안타깝고 아프다. 그들을 위해 살고 싶다. 우리를 위해 살고 싶다. 당신을 위해 살고 싶다.


환경과 조건적 결핍은 꿈을 발현시키는 것의 필요 조건입니다. 자라오면서 느낀 결핍이 있다면 그것은 꿈을 조각합니다. 환경적인 부족함은 저로 하여금 미래를 향한 열망과 꿈을 키우게 했습니다. 저는 실패한 경험이 있기 때문에 열심을 낼 수 있었고 부모님의 흥망성쇠 여정을 통해 감사와 겸손을 배울 수 있었습니다. 부족해본 덕에 만족을 알 수 있었고 미움을 받아봤기 때문에 사랑받는다는 감각 또한 알게 되었으며 그럼으로써 사랑을 줄 수 있는 사람이 되었습니다. 시리고 어두웠던 시간을 보내 본 적이 있기 때문에 세상을 비추고 싶다는 소망을 품을 수 있었습니다.

결핍은 '각자의 삶'을 만드는 것의 필수 재료입니다. 증오할 필요가 없습니다. 부족함은 성장의 동력이 되고 몰입을 가능케 합니다. 행복의 원천이 되어줍니다. 사람은 어차피 어떤 환경과 조건을 가지고 태어난다고 한들 결핍에 시달리며 살 것입니다. 건물주로 살아도, 억만장자가 되어도 살아있는 한 결핍은 존재할 것입니다. 그렇기 때문에 환경과 조건을 탓하고 원망하는 것에 시간과 에너지를 쓰는 것보다, "환경과 조건의 한계가 꿈을 꾸게 만들었고 덕분에 나는 성공할 수 있다"라고 생각하는 것이 훨씬 깊은 삶에 적합한 태도입니다. 남들보다 열등하다고 원망하는 것은 하등 쓸모 없습니다. 사람마다 이뤄야 하는 일, 감당해야 하는 사명이 다르기 때문에 주어진 환경과 조건이 다른 것일 뿐입니다.

### 결핍과 동행할 때 피어나는 행복

깊은 삶은 결핍을 극복함으로써 얻는 일시적 쾌감이 가득한 삶이 아니라, 결핍을 인정하고 그 속에서 스스로의 의미를 발견하는 과정에서 차근히 완성될 수 있습니다. 그러므로 결핍이 존재한다는 것에 고통스러워하지 말고, 결핍이 없는 상태를 바라는 무의식적 소망을 비워내면 좋겠습니다. 결핍은 인간을 행동하게 만드는 원동력이며, 동시에 우리 존재를 불완전하지만 살아 있는 긴장 상태로 유지시킵니다. '더 나아가야 한다'는 감각, '아직 이뤄지지 않았다'는 불완전성의 체험은 긴장감을 유발하지만, 바로 그 감각이 없었다면 인간은 스스로 확장할 이유도, 자기 삶을 새롭게 구성할 동력도 가질 수 없었을 것입니다.

스스로가 부족하게 느껴진다고 아파하지 마세요. 자책하지 마세요.

스스로의 못난 점이 유독 크게 느껴진다면, "어차피 인간인데, 당연히 부족하지. 원래 인간은 다 부족한 면이 있는 법이야."라고 말해보세요. 개선을 포기하라는 말은 결코 아닙니다만, 더 나아지지 않은 현재의 자신을 미워하지는 말았으면 좋겠습니다. 결핍은 여러분이 세운 삶의 목적으로 한 발짝 나아가는 힘을 제공합니다. 그러니 결핍을 마냥 증오하는 태도를 내려놓고 결핍을 삶의 토대로 삼아 동행하려는 태도를 갖추기를 바라겠습니다. 반쯤 만족한 삶이 가장 즐겁다는 것을 아는 성숙한 사람은 언제나 풍요로울 것입니다.

 **삶의 깊이를 더하는 질문**

여러분은 어떤 결핍을 가지고 계신가요? 그 결핍은 여러분을 어떻게 움직이게 만드나요? 혹시 결핍이 있다는 사실에 수치심을 느끼고 계시지는 않으신가요? 누구든지 결핍을 완전히 채울 수는 없습니다. 인간은 반쯤 만족했을 때 가장 행복할 수 있다는 것을 직시한 채, 자신의 결핍을 삶과 꿈의 토대로 인식하면 좋겠습니다.

# 5

## '자아'에 집착하지 말자

"세계 안에는 자아라는 것이 존재하지 않는다. 누구도 자아를 가진 적이 없었다."

- 토마스 메칭거

자기 수용은 스스로를 충분히 인정하고 사랑하는 태도에서 비롯됩니다. 깊은 삶은 자신에 대한 충분한 존중을 요구합니다. 그러나 그렇다고 초점을 자신에게만 맞추라거나 자아에 집착하라는 말은 결코 아닙니다. 오히려 자신의 부족함을 인정할 때 초점은 외부로 향할 수 있게 됩니다. 스스로의 부족함을 수용하지 못하면 '완벽한 나'를 완성하는 것에 몰두하게 되어 초점은 계속 내부로 향하게 되지만, 부족하더라도 사명을 감당하기 위해 최선을 다하겠다는 생각은 오히려 자아초월적 사고를 가능케 하기 때문입니다. 그래서 역설적이게 들릴 수 있겠지만, '자신을 사랑하라. 그러나 자기 안에 갇히지는 말라'라고 말하고 싶습니다. '자아'를 존중하되, 집착하지 않는 태도를 권하고 싶은 것입니다.

에리히 프롬은 『소유냐 존재냐』에서 "소유와 일에, 궁극적으로는 자신의 자아에 집착하는 만큼, 그것에 비례해서 인간의 자유는 제한 받는다"라는 독일 철학자 요하네스 에크하르트(Johannes Eckhart)의 말을 인용했습니다. 에크하르트는 '인간의 목표란 아집(자기 중심의 좁은 생각에 집착하여 다른 사람의 입장을 고려하지 않고 자기만을 내세우는 것)과 아욕(자기의 이익만을 탐하는 욕심)으로 대표되는 소유적 실존 양식에서 벗어나서 완전한 존재에 도달하는 것'이라고 주장했습니다. 프롬은 이에 전적으로 동의하면서 "사물과 자아에의 집착에서 벗어난 자유가 사랑과 생산적 존재를 위한 전제조건"이라고 설명했습니다.

자아에 집착하는 태도는 '깊은 삶'의 양식을 방해합니다. 타인에게로 시선이 쏠리지 못하게 만들며 '나'와 '내 것'에 더 많은 관심을 두게 만듭니다. 자기 초점이 과하면 타인의 신호를 읽는 자원이 줄어들고 타인에게 기여하는 행동이 위축됩니다. 실제로 '자기 초점적 주의'가 친사회적 행동에 불리하게 작동할 수 있음을 실험적으로 다룬 연구*도 있습니다. (※참고: 논문 「Self-focused attention and helping behavior」, 1982)

'자기 초점적 주의'는 불안을 유지시키는 핵심 요인입니다. 이는 외부가 아닌 자신에게서 비롯된 정보에 지나치게 신경 쓰는 것을 말하는데, 자기 초점적 주의가 커질수록 부정적 생각과 감정에 더 쉽게 접근하게 될 수 있습니다. 자아에 집중하는 사고와 정서 간의 상관관계를 규명한 흥미로운 연구*가 있습니다. 한 실험에서 참가자들에게 슬픈 정서를 유도하는 음악을 들려줄 때와 행복한 음악을 들려줄 때를 비교했습니다.

그런데 슬픈 음악을 들을 때는 자기 집중적 사고가 증가했고, 행복한 음악을 들을 때는 현재 순간과 외부 환경 인식이 강화되었다고 합니다. 해당 결과는 부정 정서와 자기 초점적 주의 사이에 밀접한 관련이 있음을 시사했습니다. (※참고: 논문 「Effects of Sad and Happy Music on Mind-Wandering and the Default Mode Network」, 2017) 이에 김병수 정신과 전문의는 한 아티클*에서 자아에 초점을 맞출수록 우울과 불안이 필연적으로 따라온다고 설명했습니다. 초점이 내부로 향할수록 자기 검열과 반추는 걷잡을 수 없이 커지기 때문입니다. 그는 타인과 세상에 에너지를 쏟아야 행복해질 수 있다고 가르치면서 인간을 '자신을 벗어난 무언가에 헌신할 때 비로소 진정한 자기를 깨닫게 되는 존재'라고 규정했습니다. (※참고:「[김병수의 감성노트] 자기 초점적 주의」, 『국민일보』, 2018)

삶을 생존 달성 게임으로 전환시키는 태도 중 하나는 자아 집착입니다. '내가 제일 중요하다', '나의 일 말고는 관심이 없다', '나만 잘 살면 된다'라는 '자아 제일 사상'은 타인의 어려움을 돌볼 필요성을 느끼지 못하게 만듭니다. 부정적인 자기 인식을 증폭시키고, 친사회적 행동을 방해합니다. 따라서 자기초점주의가 강화된 태도는 반드시 약화되어야 합니다.

저는 사람들이 '나'보다는 '우리'에 조금 더 강한 초점을 맞추고 살면 좋겠습니다. 그래서 이번 장에서는 '자아란 없다'는 이론을 소개하여 기존의 자아에 대한 상식에 균열을 일으키고자 합니다. 이를 통해 자기 자신에 대한 집착을 내려놓고 인간 존재 방식을 새롭게 이해하는 계기가 만들어지면 좋겠습니다.

## '자아'에 대한 확고한 믿음

데카르트는 제1의 진리적 명제로 '나는 생각한다, 고로 나는 존재한다'를 도출했습니다. 인간은 자의식을 통해 살아있음을 느낀다는 것입니다. 우리는 실제로 '자아'를 어렵지 않게 상상할 수 있습니다. 보이지 않는 어떠한 실체로서의 '자아'가 마음 속 어딘가에 '심판자'처럼 한가운데에 앉아 있을 것이라고, 그 자아는 인생을 경험하고 이끌어가면서 점차 성숙해지고 있다고 느끼기 때문입니다. 우리는 스스로를 단일한 '자아'를 가지고 자유의지를 발휘하는, 주체적으로 사고하고 행위하는 생명체로 여깁니다. 그래서 종종 초점은 내부의 단일한 '나'로 향하게 되죠.

저 또한 사람은 자아와 자유의지를 가진 고등 생물로서 자연에 군림하는 존재라고 믿었습니다. 그래서 내부에서 밀려오는 욕구, 희망, 의지 등에 숭고한 지위를 부여했으며, 욕망하는 모든 것들을 자아에 투입하여 '만족감'을 산출해내는 것을 주요 과제로 삼았었습니다. 저는 마치 '자아'를 개인의 가면 속 실제 얼굴이라고도 생각했습니다.

그러나 인지 과학과 신경 과학은 적어도 '단일하고 고정된 조종자'로서의 자아는 뇌 안에서 발견되지 않는다는 쪽으로 근거를 축적해왔습니다. 다양한 연구들은 우리가 느끼는 자아가 실은 뇌가 만들어낸 일종의 환상일 수 있다고 말합니다. 학자들의 말에 따르면 '나'에 대한 이야기는 한 명의 단일 자아가 경험을 차곡차곡 쌓아 만든 기록이기보다, 뇌가 그때그때 들어오는 정보를 꿰어 맞춰 만들어내는 해석과 스토리텔링의 산물에 가까울 수 있습니다. 다시 말해, 초점이 내면으로 향했을 때 생각의 대상이 되는 단일한 '나'는 착각에 불과할 수 있는 것입니다.

## '자아'의 실체는 없다

뇌과학자이자 철학가인 샘 해리스(Sam Harris)는 '자아는 환상'이라고 단언했습니다. 해리스는 의식 자체는 분명 실재라고 인정하지만, 개별적 인격으로서의 '나(self)'는 실제로 독립된 존재가 아니며 뇌가 만들어낸 착각이라고 보았습니다. 그는 저서 『나는 착각일 뿐이다(Waking Up)』에서 우리가 '나'라고 부르는 느낌은 사실 착각이며, 뇌의 미로 속 깊은 곳에서 미노타우로스(Minotauros, 그리스 로마 신화에 나오는 소 머리에 인간의 몸을 한 괴인)처럼 살아가는 자기나 자아라는 것은 없다고 말했습니다.

우리는 분명 사건과 순간을 '경험'한다고 믿습니다. 그리고 이 경험했다는 감각을 통해 상황을 판단하는 '자아'의 존재를 느낍니다. 하지만 여러 연구 결과가 우리가 '자아'라고 부르는 것이, 사실은 '어떤 주체가 경험한다'라는 형태로 그 순간에 뇌가 여러 정보를 조합해 만들어내는 트릭일 수 있음을 증명하고 있습니다.

분리된 뇌 환자를 대상으로 한 마이클 가자니가(Michael Gazzaniga)의 실험*은 경험적 내러티브(narrative)가 얼마나 쉽게 조작될 수 있는지 보여주는 대표적인 사례입니다. 간질 치료를 위해 좌우 뇌를 연결하는 뇌량을 절제한 환자들의 경우, 좌우 반구가 정보를 주고받을 수 없게 됩니다. 인간의 시각 정보는 시야의 왼쪽에 들어온 것은 우뇌가, 오른쪽에 들어온 것은 좌뇌가 처리합니다. 또 대부분의 사람은 언어를 담당하는 뇌가 좌뇌에 있기 때문에, 오른쪽 뇌에서 처리된 정보는 언어로 설명할 수 없습니다. 가자니가의 연구팀은 이러한 점을 활용해, 뇌량 절제 환자의 우측 시야에는 닭발 사진을, 좌측 시야에는 눈이 내리는 풍경을 제시했고 각 시야에 제시된 그림은 다른 쪽 시야가 보지 못하게 양쪽 눈 사이에 막을 세웠습니다. 그리고 환자는 양쪽 손으로 각 시야로 본 사진과 관련한 그림을 선택하도록 요청받았습니다.

환자는 좌뇌로 닭발 사진 정보가 들어왔으므로 좌뇌가 제어하는 오른손으로는 닭을 집었고, 우뇌로는 눈이 내리는 풍경 정보가 들어왔으므로 우뇌가 제어하는 왼손으로는 삽을 집었습니다. 연구자가 만일 환자에게 "왜 닭 그림을 들었나요?"라고 묻는다면 환자는 "닭발은 닭과 관련이 있으니까요"라고 대답할 것입니다. 언어 출력 기능이 있는 좌뇌는 시야로 들어온 '닭발' 정보를 말로 표현할 수 있기 때문입니다.

하지만 우뇌는 본인의 행동을 언어로 표현하지 못합니다. 그래서 좌, 우뇌 간의 통로가 절제되어 있던 상태인 환자는 '눈이 오는 풍경'을 보고 우뇌의 지시에 따라 '삽' 그림을 들었지만, 연구자에게는 본인이 왜 삽을 집었는지 언어화할 수 없습니다. 좌우 반구를 연결하는 뇌량이 절제되어 있으므로 우뇌에 들어온 시각 정보가 좌뇌로 흘러가지 못하기 때문입니다. 만일 뇌량이 절제되어 있지 않았다면 우뇌에 들어온 정보는 좌뇌로 흘러가서 '눈이 오는 풍경 사진을 보았다'는 것 또한 언어로 표현될 수 있었을 것입니다.

　그렇다면 환자에게 "왜 삽을 들었나요?"라고 물었을 때 왜 삽을 들었는지를 아예 설명하지 못할 것이라는 예상을 하게 됩니다. 하지만 환자는 이유를 지어냈습니다. "삽으로 닭장을 치우기 위해서요."라고 답한 것입니다. 삽을 든 이유는 우뇌가 '눈이 오는 풍경'을 보고 이와 관련이 있어서 선택한 것이지만, 이 설경 그림을 좌뇌는 보지 못했으므로 좌뇌는 스토리텔링할 수 있는 시각 정보(언어화 할 수 있는 정보)인 '닭발'만을 활용하여 순식간에 행동 이유를 '말이 되도록' 꾸며낸 것입니다. 이 실험은 우리의 의식이 하나의 통합된 실체가 아닐 수 있다는 충격적인 시사점을 제공했습니다. 가용할 수 있는 정보들에 해석을 붙여 이야기를 만들어내고 이를 '경험했다'는 감각으로, '내가 판단했다'는 주체감으로 받아들이고 있음이 관찰된 것입니다. (※참고: 논문 『The Interpreter: A Novel Cognitive Strategy in the Split Brain』, 1978)

　다른 연구를 살펴보겠습니다. 사회심리학자 리처드 니스벳(Richard Nisbett)과 티모시 윌슨(Timothy Wilson)은 쇼핑몰 설문 조사*라고 설명한 뒤, 소비자들에게 탁자에 놓인 스타킹 4개 중에 가장 마음에 드는 것을 하나 고르게 했습니다. 실험 결과, 스타킹은 모두 같은 제품이었으나 소비자들은 맨 오른쪽에 놓인 것을 가장 많이 선택했습니다. 오른손잡이가 많아서 그럴 수 있고, 순서 효과가 미친 영향이라는 해석도 가능하나 어쨌든 중요한 것은 품질이 아닌 '위치'가 소비자의 구매에 가장 큰 영향을 미쳤다는 점입니다. 그러나 왜 그 스타킹을 골랐는지 물어봤을 때 위치 때문에 골랐다고 답한 소비자는 아무드 없었습니다. 소비자들은 다른 스타킹들보다 더 우수하기 때문에 골랐다고 답해, 자신의 선택이 마치 진지한 품질 분석에 의한 것임을 드러냈습니다. (※참고: 논문 『Telling More Than We Can Know: Verbal Reports on Mental Processes』 1977)

이렇듯 뇌는 일관된 자아의 이야기를 유지하기 위해 빈틈을 메우며 해석을 구성합니다. 위의 실험들은 자아 또한 고정된 실체가 아니라, 뇌가 끊임없이 현재를 설명하기 위해 만들어내는 하나의 이야기라는 가능성을 드러냅니다. 만일 자아가 고정된 실체였다면 실제로 보고 들은 것에만 기초하여 자극을 인식하고, 자아의 판단 내용을 그대로 출력해야 합니다. 자아는 단일하기 때문에 한 순간어 경험하고 판단하는 것 또한 단일해야 하기 때문입니다. 하지만 뇌는 여러 부위가 병렬적으로 작동하여 입력된 감각들 중 동기와 목표에 따라 몇 가지만을 '선택'해서 이야기를 만들어낼 뿐입니다. 가용할 정보가 없다면 실제와 다르다고 하더라도 이유를 지어내면서까지 말입니다. 그래서 '자아란 없다'라는 주장이 제기되는 것이며, 우리가 끔찍이도 아끼는 각 개인의 자아 또한 실체가 없는, 그저 시스템 간의 유기적인 연결에 불과할 수 있는 것입니다.

## 자아의 허구성에 대한 주장

인지심리학자인 브루스 후드(Bruce Hood)는 그의 책 『지금까지 알고 있던 내 모습이 모두 가짜라면(The Self Illusion)』에서 사회적 상호작용과 발달심리 관점으로 자아의 허구성을 설명합니다. 후드는 "우리 대부분은 통합된 개인(self)을 느끼지만, 그 경험은 착각이며 독립적으로 존재하지 않는다"라고 말합니다. "주관적으로는 자아가 실재처럼 느껴지지만 실제로는 있는 그대로가 아닌, 재해석되고 왜곡된 기억"이라는 것입니다. 즉 자아에 대한 우리의 느낌은 실재하는 어떤 것을 반영하는 것이 아닌 뇌의 착각이기 때문에 우리 각자가 스스로 생각하는 것처럼 인간이 일관되고 통합된 존재인지에 대해 회의적이어야 한다는 것이 그의 주장입니다.

> "우리는 뇌에 현실의 모형을 만들기 위해 신경계를 통해 바깥 세상을 처리한다. 영화 속의 매트릭스가 그렇듯 이 모든 것은 보이는 것과는 다르다. 우리는 실제로 존재하지 않는 것을 지각하게 만드는 시각적 착시 현상의 위력을 알고 있다. 하지만 가장 그럴듯한 착각은 바로 자신이 머릿속에서 통합되고 일관된 개체, 혹은 자아로 존재한다는 생각이다."

또한 그는 한 인터뷰*에서 철학자 윌리엄 제임스(William James)의 용어를 빌려, 자아를 'I'와 'Me'로 나누어 설명했습니다. 'I'는 지금 이 순간의 의식적 주의의 초점(현재의 나)이고, 'Me'는 시간에 걸쳐 형성된 자신에 대한 이야기(과거부터 축적된 나)입니다. 앞에서 살펴본 경험 자아와 기억 자아의 관계와 비슷합니다. 우리는 현재의 의식 흐름과 과거 기억들을 통합해 자신의 정체성을 구성하는데, 후드는 이 둘 모두 실은 뇌가 지속적으로 만들어내는 서사에 불과하다고 말했습니다. 뇌는 방대한 경험과 행동의 결과들을 하나로 엮기 위해 일관된 자아 스토리를 만들어내며 이로 인해 우리는 '나'라는 동일한 존재가 삶을 영위해온 것으로 착각한다는 것입니다. (※참고: 인터뷰 「The illusion of the self」, 2012)

실제로는 그 이야기 내용도 수시로 수정되고 편집됩니다. 우리의 기억은 재구성되기 쉽고 오류투성이이며, 자신을 보는 관점도 상황과 사회적 맥락에 따라 달라지곤 합니다. 이러한 현상은 엘리자베스 로프터스의 오인 기억 실험*이 잘 보여줍니다. 그녀는 실험 참가자들에게 교통사고 영상을 보여준 뒤 질문의 단어를 살짝 바꾸는 방식으로 기억을 조작했습니다. 예를 들어 "차가 부딪쳤을 때"가 아니라 "차가 박살났을 때"라고 질문하면, 훨씬 더 빠른 속도였다고 기억하거나 유리 파편이 있었다고 기억하는 결과가 나타난 것입니다.

추가 실험에서 로프터스는 참가자들에게 충돌 후 도로에 존재하지 않았던 표지판이나 깨진 유리에 대한 질문을 했습니다. 놀랍게도 많은 참가자가 이런 가짜 정보를 사실로 기억했습니다. 이는 기억이 고정된 것이 아니라, 언어, 암시, 기대에 따라 얼마든지 변형될 수 있는 심리적 구성물이라는 점을 보여줍니다. 우리가 "내가 겪은 일"이라고 확신하는 그 기억조차도, 사실은 그때그때 뇌가 '가장 그럴듯하다고 믿는 이야기'를 다시 구성해낸 결과인 셈입니다. 하나의 자아를 고정시키는 '저장된 경험 기억들'도 사실은 파편화된 상황 사진들을 현재로 끌어와 재해석하는 것일 수 있습니다. (※참고: 논문 「Reconstruction of Automobile Destruction」, 1974)

## 해석기도 자아로 볼 수 없다

좌뇌에는 감각을 통합하여 해석하는 해석자가 존재합니다. 자아의 서사는 사실 다양한 자극을 이 해석기가 때마다 이야기로 엮어낸 결과물에 불과하다는 것이 연구자들의 주장입니다.

그래서 좌뇌에 있는 해석 부위 자체가 개인의 고유성을 나타내는 '자아'라고 볼 수 있지 않냐는 의문이 들 수도 있습니다. 사람마다 해석하는 방식도, 내용도 다르기 때문입니다. '해석기'라 불리는 기능적 회로가 인간의 자아감 형성에 결정적인 역할을 한다는 점은 여러 실험에서 확인되었습니다. 그러나 이 해석기를 곧 '자아'라고 단정하는 것은 이른바 구조적 착각에 해당합니다. 해석기는 단지 뇌 기능 중 일부이며, 그것이 자아 전체의 실체를 대표하거나 고정된 정체성을 구성하는 중심이라고 보기 어렵기 때문입니다. 그 이유는 다음과 같습니다.

먼저 해석기가 생성하는 내러티브는 시시각각 변하며, 일관된 실체로 존재하지 않습니다. 해석기는 뇌의 환경 예측 시스템의 일부로서 그때그때의 정보에 따라 반응하며, 기억조차도 매번 재구성됩니다. 로프터스의 오인 기억 실험처럼 말이죠. 실제 있는 일이 아님에도 불구하고 경험했던 일처럼 기억할 수도 있는 것입니다. 로프터스는 쇼핑몰 실험*을 통해 이를 또 한번 증명했습니다.

그녀는 실험 참가자들에게 실제 어릴 적 추억과 더불어 5세 때 쇼핑몰에서 미아가 되었다는 가짜 기억을 함께 제공했습니다. 그랬더니 참가자들의 25% 정도가 쇼핑몰에서 길을 잃었던 경험을 아주 생생하게 묘사했습니다. 실제로 그런 경험이 없었음에도 말입니다. 주입된 정보를 조합해 자신의 기억으로 만들어 낸 것입니다. 이후 이 '쇼핑몰 미아 사건'이 가짜 이야기였다고 밝히면 모두 깜짝 놀라거나 충격을 받았다고 합니다. (※참고: 논문 「The Formation of False Memories」, 1995)

단일한 자아라면 경험한 것들이 해석기 안에 '축적'되어 있어야 합니다. 하지만 해석기의 역할은 저장된 기억들을 끌어다 매번 새로운 해석을 붙이는 역할을 할 뿐입니다. 이는 해석기가 자아를 고정적으로 유지하거나 대표하는 실체가 아님을 드러냅니다.

또한 의사결정은 뇌 전체의 병렬 처리 결과이며 해석기는 그 결과를 사후적으로 설명하는 역할만 할 뿐입니다. 실제로 벤저민 리벳(Benjamin Libet)의 실험*에 따르면, 뇌는 사람이 어떤 결정을 내리기 약 0.5초 전에 이미 준비 신호를 보내며, 해석기는 그 결정이 내려진 후에 '내가 했다'라고 덧붙일 뿐이라고 합니다. 즉, 해석기는 설명자이지, 의사결정의 실질적인 주체도 아닌 것입니다. 다시 말해, 경험과 기억을 해석하는 방식의 개별성은 곧 자아의 실재성을 의미하지 않으며, 우리는 결국 뇌가 꾸준히 갱신하는 이야기 흐름 속에 만들어지는 존재일 뿐이라고 할 수 있습니다. (※참고: 논문 「Time of Conscious Intention to Act」, 1983)

## 자아가 없다는 사실이 주는 이점

그렇다면 우리는 왜 자아가 있다고 착각하는 것일까요? 이는 뇌의 모델링 전략입니다. 아닐 세스(Anil Seth)는 자아감을 '살아 있는 몸을 유지하기 위해 뇌가 내부 상태(심박수, 호흡, 내장 반응 등)를 추적하며 구성한 예측 모델의 일부'라고 했습니다. 즉, 생존을 위한 기능으로서 '나'라는 환각을 유지할 뿐, 이는 실체가 아니라 최선의 추측 결과에 불과하다는 것입니다.

철학자 토마스 메칭거(Thomas Metzinger)도 "자아란 투명한 자기 모델로, 실체는 없지만 인식 안에서 매우 실재처럼 느껴지도록 구성된다"라고 말합니다. 자의식과 자아에 대한 뇌의 구성이 절대적인 과학적 사실보다는 조작된 감각적 환상에 가깝다는 것입니다. 눈 앞에서 움직이는 '홀로그램'은 사실 빛의 간섭 현상으로 만들어낸 각각의 레이저 빛들의 조합일 뿐입니다. 하지만 우리 눈에는 마치 진짜 캐릭터가 움직이고 있는 것처럼 보이죠. 과학자들에 따르면 우리 자아도 이와 비슷한 착각의 산물일 수 있습니다. 그래야 생존에 더 효과적이기 때문입니다.

단일한 자아가 없다는 사실 확인을 통해 자기 초점적 주의에 균열을 가하고자 하는 이유는 두 가지입니다. 먼저 첫 번째 이유는 우리가 자주 느끼는 무력감, 고통의 반복, 변화의 어려움에 대한 파훼 가능성 속에 숨어 있습니다. 자기 초점적 주의는 자신에 대한 부정적 사고를 일으켜 불안감을 유발한다고 했습니다. 우리는 스스로를 "나는 아직 내보이기 부끄러운 사람이야", "나는 항상 이런 식이야"라고 규정하면서 수치심과 부끄러움을 느끼곤 합니다. 그 믿음이 강해질수록 새로운 시도는 두려워지고, 반복되는 삶에서 벗어날 수 있는 가능성은 점점 줄어듭니다. 하지만 자아가 고정된 실체가 아니라, 지금 이 순간 구성되고 있는 작동 방식일 수 있다는 생각은 우리에게 다른 삶의 가능성을 열어줍니다. 스스에게 느껴지는 부정적인 자각은 그저 초점이 과도하게 쏠려 나타나는 현상임을 인지하는 것은 불안과 수치심에서 벗어날 여지를 제공합니다. 또한 '인간은 고쳐 쓸 수 있다'와 같이, '나는 고정된 자아가 아니기 때문에 더 좋은 정보와 환경을 제공하면 훨씬 나아질 수 있는 존재다.'라고 생각을 전환시키는 기회를 선물합니다.

두 번째로 자기 초점이 과하게 내부로 향해 발생하는 자의식 과잉 및 자아 집착 태도에 대해 과감한 도전장을 내밀기 위함입니다. 현대인들은 자아를 굉장히 소중하게 생각합니다. '나는 신 대신 나를 믿는다.'라고 말하는 사람도 있을 정도입니다. 그런데 기억은 온전치 않고, '자아'라는 단일한 실체도 없으며 '사람'이란 그저 뇌의 다양한 기능에 의해 순간순간 서술되는 하나의 '이야기 덩어리'에 지나지 않을 수 있습니다. 그런 불완전한 존재를 '신앙'의 영역에 끌어들여 신봉해도 괜찮을까요? 실체도 없는 것에 초점을 맞추어 '만족감'을 느끼는 것에 인생을 다 걸어도 괜찮을까요? 자기 자신에 갇혀 '더불어 사는 삶'을 도외시 해도 괜찮을까요?

우리가 지각하는 것, 학습하는 것, 생각하는 것은 기분에 따라, 상황에 따라 모르는 사이에 시시각각 변화하기 쉽습니다. 단서가 어떻게 제공되느냐에 따라 기억도, 경험 감각도 바뀌서 인출하는 것이 우리의 뇌입니다. 우리는 어쩌면 뇌 속 수많은 부품들이 상호작용하여 움직이는 자연발생적 기계와 같다고도 할 수 있을 것입니다. 그러므로 '내가 세상의 전부'라는 1인칭 관점에서 나아가 '나'는 상황과 환경이 만든 존재일 수 있다는 겸허한 태도를 지녀보는 것은 어떨까 제안하고 싶습니다. 피라미드 정상에 올라선 감각을 자아에게 선물하기 위해 달리던 서사에서 벗어나 보는 것은 어떨까 제안하고 싶습니다. 에리히 프롬의 말대로 자아에 집착하는 태도는 인간의 진정한 자유를 방해할 뿐이며, 깊은 삶을 저해하는 요소로 작용할 뿐이기 때문입니다. 깊은 삶은 '나만 잘 먹고 잘 살면 돼!'라는 자아 집착에서 벗어나 '나'를 사랑하는 것을 너머 겸손한 마음으로 '우리'를 사랑할 줄 아는 삶입니다.

 **삶의 깊이를 더하는 질문**

여러분은 자아를 얼마나 중요하게 생각하고 계신가요? '내가 제일 중요하다'라는 확고한 믿음이 있으신가요? 자기 초점적 주의는 이타적인 행동을 방해합니다. 그런데 정작 초점을 맞추던 대상인 자아는 허구일 수도 있습니다. 이를 인지하고 자기초월적 관점을 갖춘다면 우리 삶은 조금 더 깊어질 수 있을 것입니다.

# 6

# 절반의 '자유의지'를 제대로 활용하자

*"자유 의지란 단연코 환상이다. 우리의 의지는 우리 스스로 만드는 것이 아니다. 사고와 의도는 우리가 의식하지 못하고 의식적으로 통제할 수도 없는 배경 원인으로부터 발생한다. 우리는 스스로 가지고 있다고 생각하는 바로 그 자유를 가지고 있지 않다."*

*- 샘 해리스*

'자유의지란 없다.'

이에 대해 생각해본 적이 있으신가요? 자유롭다 믿어 의심치 않은 인간에게 자유의지는 사실 허상이었을 수도 있습니다. 샘 해리스는 자아 해체와 더불어 '자유의지'에 대한 기초 상식마저 깨트립니다. 그는 인간이 자신의 의식적 선택이 자율적이라 믿지만, 실상 그 선택의 기저에는 유전, 환경, 신경 생리적 조건들이 작동하고 있으며, 개인의 의지란 이 과정의 산물일 뿐 독립적인 결정 주체가 아니라고 보았습니다. 해리스는 "우리는 생각을 선택하지 않는다. 생각은 우리에게 그냥 떠오른다"고 말하면서, 사고와 결정이 의식적 통제에서 이뤄지지 않음을 드러내, 자아란 이 흐름을 사후적으로 목격하는 관찰자에 불과하다는 입장을 견지했습니다.

이러한 그의 관점에서 보았을 때, 우리는 주체적으로 살고 있는 것이 맞을까요? 확신할 수 없습니다. 선택과 행동을 자유의지로 좌우해왔다고 여겨왔지만, 전혀 아닐 수 있습니다.

저는 좋은 대학에 진학하고 싶다는 마음으로 공부를 열심히 했습니다. 하지만 그것은 제 '의지'가 아니었을 수도 있습니다. 때때로 올라오던 승부욕과 인정욕은 진정 '나'의 의지를 반영한 것이 아닐 수 있으며, 그 욕구를 원동력 삼아 공부했던 것 또한 자유롭지 못한 선택이었을 수도 있습니다. 그저 외부에서 학습한 행동 양식을 자동적으로 '출력'한 것에 불과할 수도 있는 것입니다. 저는 이번 장을 통해 '자아란 없다'는 것에서 나아가 '자유의지'의 실제 작동 원리를 설명함으로써 더욱 인간답고 주체적으로 살 수 있는 단초를 견고히 다지고자 합니다.

## 우리가 생각하던 자유의지는 없었다

'인간과 동물을 결정적으로 가르는 것은 자유의지다'라는 생각은 굉장히 흔합니다. 주체적으로 결정하고 행동한다는 감각은 '만물의 영장'으로서 생태계에서 합당한 지위를 차지하고 있다는 자부심까지도 들게 합니다. 그런데 뇌과학은 이를 '무의식적 반응의 착각'이라고 말하며, 자유의지에 대해 일부 회의적인 시각을 제공합니다. 그리고 자유의지에 대한 실제 전말을 밝힙니다. 여기서 '진정한 주체성이란 무엇인지', 즉 인간성에 대한 구체적인 단서가 한번 더 포착됩니다.

벤저민 리벳의 고전적인 실험(1983)*은 자유의지 개념에 중요한 도전장을 던졌습니다. 그 실험에서 참가자들은 움직이고 싶을 때 손가락을 구부리되, '움직여야겠다'라는 생각이 들었던 시점을 보고하도록 요청받았습니다. 실험에서 참가자는 자신의 손가락을 움직이려는 '의식적 의도'를 느낀 시점(의지의 발생)을 보고했고, 동시에 뇌에서 운동을 준비하는 신경 신호인 준비 전위를 EEG로 측정했습니다. 결과적으로 뇌는 손가락을 움직이기 약 0.5초 전부터 준비 전위를 생성하고 있었고, 참가자는 그보다 늦게 의식을 자각했습니다. 즉, 결정은 이미 뇌의 무의식적 회로에서 시작되었고, 의식은 그 후 이를 '내가 의도한 것'으로 해석한 것입니다. 리벳은 해당 연구로 의식적 의지라는 것은 허상일 수 있음을 증명했습니다. (※참고: 논문 『Time of conscious intention to act in relation to onset of cerebral activity (readiness-potential)』, 1983)

이후* 리벳은 '자유의지가 남아 있다면 그것은 시작이 아니라 중지나 억제의 순간에서 작동한다며, 그나마 우리에게 있는 자유의지라고 할 수 있는 부분은 습관적 반응에 대해 사후적으로 "거부(veto)할 수 있는 자유"밖에 없다는 사실을 덧붙였습니다. (※참고: 논문 『Do we have free will?』, 1999)

옥스퍼드 대학교 약리학과 교수 수전 그린필드(Susan Greenfield)는 이에 대해 다음과 같이 말했습니다.

*"이 발견은 놀라운 사실을 내포한다. 무언가를 하려는 의도가, 뇌가 이미 그것을 하기로 결정한 다음에 발현된다면, '당신'이 결정하기 전에 '뇌'가 결정을 한다면, 우리의 행위는 자유의지에 의해서가 아니라 잠재의식적 과정에 의해 인도되는 셈이다. '당신'이라는 관념, 다시 말해 당신 머릿속에 존재하는 개인은 어쩌면 뇌가 보여주는 가장 그럴듯한 속임수인지도 모른다. 진짜 지배세력은 잠재의식인데도 뇌는 의식적 자아가 행동을 지배한다는 환상을 만들어낼지도 모른다."*

이후 심리학자 존-딜런 헤인즈(John-Dylan Haynes)는 2008년 fMRI 기반 실험*을 통해, 참가자의 의사결정을 무려 최대 10초 전부터 뇌의 특정 부위 관찰을 통해 완벽하지는 않지만 꽤 정확하게 예측 가능하다는 사실을 발표했습니다. 이 연구는 의식적 결정을 '미리 알고 있는' 뇌 부위가 존재함을 보여줬으며, 이는 무의식이 의식보다 앞선다는 점을 다시 한 번 입증한 것이었습니다. (※참고: 논문 「Unconscious determinants of free decisions in the human brain」 2008)

10초 전에 결정이 준비되었어도, 그 결과는 자유의지가 유도한 것이 아닌가 하는 의문이 들 수 있습니다. 하지만 이러한 결정 과정이 '의식'의 영역에서 이뤄지는 것이 아니므로 자유의지의 개입이라고 하기는 어렵습니다. 실험을 통해 뇌는 외부 환경, 내적 상태, 감정, 과거 기억, 학습된 신호를 바탕으로 수많은 시냅스 간 상호작용 속에서 행동을 '계산'하며, 이 계산 결과가 의식에 도달한 시점은 이미 물리적 변화가 시작된 이후이기 때문입니다. 다시 말해, 의식은 뇌의 결정 결과를 뒤늦게 감지할 뿐, 그 결정을 이끌거나 지시하지 않는 것입니다. 자유의지가 개입했다고 주장하려면, 의식이 준비 전위보다 먼저 작동해야 한다는 실험적 증거가 필요하지만, 지금까지 그러한 증거는 없습니다. 따라서 '자유의지가 무의식에 결정할 준비를 시킨 것'이라고 하기는 어렵습니다.

## 무의식은 자유의지라고 볼 수 없다

또한 애초에 자유의지가 무의식의 영역에서 있는 것이라고도 볼 수 없습니다. 우선 이를 확인하기 위해서는 '자유의지'라는 개념의 정의부터 짚을 필요가 있습니다. 자유의지란 '내가 의식적으로 선택했고, 그 선택이 다른 가능성들 중에서 실제로 나의 통제 아래 이루어졌으며, 나의 책임이 있음을 알고 있다'는 것을 전제합니다. 다시 말해, 어떤 행동이 자유의지에 따른 것이라고 하려면, 그 선택은 내가 통제할 수 있었고 의식적으로 의도했음과 더불어 다른 방식으로도 행동할 수 있었던 가능성의 여지를 포함해야 합니다. 그런데 이를 구의식에 적용하게 되면, 곧장 두 가지 문제가 발생합니다.

첫째는 통제 불가능성의 문제입니다. 무의식적 과정은 본질적으로 의식적 통제나 개입이 어렵거나 불가능한 정보처리 영역입니다. 우리가 배고프다고 느끼거나 낯선 사람에게 처음부터 호감이나 거부감을 느끼는 경우처럼, 무의식은 환경 자극이나 과거 경험, 정서적 편향, 과거 학습 내용 등에 기반하여 자동적으로 반응합니다. 이때 그 반응이 아무리 결과적으로 행동을 유도한다고 해도, 그것을 '내가 의도적으로 선택했다'고 보기는 어렵습니다. 예컨대, 앞서 언급한 리벳과 헤인즈의 실험에서 무의식적으로 먼저 결정된 신호는 피험자가 의도를 인식하기 전에 일어났기 때문에 수정할 수 없었습니다. 이처럼 무의식은 행동을 유도하는 인과적 기제일 수 있으나, 책임성과 자기 통제성이 결여된다는 점에서 자유의지의 요건을 만족시키기 어렵습니다.

둘째는 의지의 주체성에 대한 문제입니다. 우리가 자유의지를 논할 때 중요한 요소 중 하나는 '이 의지를 발동시킨 주체가 나인가?'에 대한 문제입니다. 무의식이 행동을 유발했다 하더라도, 그 무의식이 '나의 것'이라는 실체가 없거나 모호하다면, 그것이 자유의지라고 보기 어렵습니다. 뇌는 다양한 모듈이 병렬적으로 작동하는 구조를 갖고 있으며, 특정 행동이나 판단은 그중 일부 회로가 우세한 영향을 끼친 결과로 나타납니다. 심지어 행동 후 해석조차 좌뇌 해석기에 의해 사후적으로 덧붙여지는 구조이기 때문에, 우리는 결과를 보고 '스스로 선택했다'라고 착각하지만, 그 착각의 기반이 되는 주체는 실체적 자아가 아닌 뇌의 자동 메커니즘에 불과할 수 있습니다. 뇌 속에 저장되어 있던 정보들, 예를 들어 관찰 학습한 내용 등을 기반으로 행동이나 생각이 자동적으로 출력되고, 그 이후에 해석기는 일관된 자아감을 유지하기 위해 '나는 ～한 이유로 이 행동을 선택한다'라고 이유를 덧붙이는 것입니다. 이는 데닛이 말한 바와 같이, '자아'란 내러티브 중심의 산물이지, 결정의 주체는 아니라는 맥락과도 맞닿아 있습니다. 우리는 보고 들으면서 학습한 것대로 습관적 반응을 하면서도, 자유의지 발휘라고 착각하고 있을 수도 있습니다. 이는 타인의 욕망을 욕망하는 조건 달성 게임에서 현대인이 살게 된 이유이기도 할 것입니다.

물론 '무의식이 자유롭게 반응하는 구조를 갖고 있으니 그것도 하나의 의지'라고 말할 수도 있습니다. 하지만 그때의 '의지'는 더 이상 우리가 통상적으로 말하는 '자유의지'의 개념과는 완전히 달라집니다. 그것은 책임성과 대안 가능성을 상실한, 기능적 자동성에 가깝습니다. 예를 들어 심장이 박동하는 것이나, 고속도로에서 브레이크를 밟는 반사 행동을 '심장의 자유의지'나 '발의 자유의지'라고 부를 수는 없는 것처럼요. 결론적으로 말하자면, 무의식이 행동을 유도하는 주요 기제라는 점에는 과학적 합의가 존재하지만, 그 무의식적 작동을 자유의지라고 부르기는 어렵습니다.

어쩌면 우리의 의식은 자연의 섭리에 따라 톱니바퀴처럼 한 부품으로 돌아가는 기계에 지나지 않았을 수 있습니다. 막상 그 톱니바퀴는 "내 주체적인 결정에 의해 돌고 있어."라고 느끼지만 사실은 연쇄작용에 의해, 옆 톱니바퀴가 굴러감에 따라 의지와 상관없이 굴러가고 있던 것일 수 있습니다. 결국, 우리 정신마저도 '자연'이라는 거대한 몸집의 한 부분으로 중앙 통제의 명령을 충실히 이행하그 있던 것일지도 모릅니다.

### 작동 방식에 대한 정확한 이해가 필요하다

'자아'와 마찬가지로 '자유의지'도, 많은 오해가 있었을지라도 인간의 인지적인 능력이나 자유의지를 완전히 부정해야 하는 것은 아닙니다. 의식적 선택이 모든 무의식적 처리 이후에 나타난다 하더라도, 의식은 여전히 그 결과를 승인하거나 억제하는 조절자로 작용할 수는 있습니다. 실제로 리벳 본인조차 그의 실험 이후에 자유의지를 완전히 부정하지 않았으니까요. 그는 "자유의지는 사전 결정된 행동을 취소하거나 수정할 권한이 있는 거부권(veto power)일 수 있다"라고 주장했습니다. 즉, 우리가 무의식적으로 어떤 행동을 '하려는' 준비 상태에 있더라도, 의식은 그 행동을 멈출 수 있는 마지막 조율권을 행사할 수 있는 것입니다. 이는 무의식과 의식이 협력적으로 작동하며, 의식이 여전히 선택의 '일부'를 담당하고 있음을 시사합니다. 우리가 생각한 만큼 100%의 지휘권을 쥐고 있는 것은 아니지만요.

자기 조절과 실행 기능을 담당하는 뇌 영역들, 특히 전전두엽의 역할은 '사후 거부권'인 자유의지를 실질적으로 뒷받침합니다. 이 영역은 감정 충동을 억제하고, 장기적 목표에 맞는 행동을 선택하며, 사회적 규범에 맞춰 자신을 조절하는 데 핵심적입니다. 신경 신호가 10초 전부터 움직일 가능성을 높인다고 해서, 그 신호가 실제 선택을 완전히 결정짓는다고 단정할 수는 없습니다. 행동은 확률 기반의 가능성들과, 실시간 피드백 정보, 내부 목표 간의 복합적 상호작용에 의해 만들어지며, 그 중심에서 인간은 크진 않더라도 의식적으로 선택의 여지를 행사할 수 있습니다.

## 사색, 인간성과 인간 지위를 위한 필수 활동

여기서 중요한 전환점이 있습니다. 자유의지 존재 유무에 대해 이분법적으로 공방을 벌여야 할 것 아니라, '인간은 어떻게 존재하는가'라는 방식으로 질문을 던져야 하는 것입니다. 이는 '내'가 느끼는 주체적인 감각을 어떻게 받아들여야 하는지와 관련되어 있습니다. 자유의지가 행동의 최초가 아닌 의사결정의 최종 편집자, 또는 자동 반응을 미세하게 조율하는 조정자라면, 우리는 그 의미를 다시 생각해야 합니다. 사람은 완전히 수동적이지도 않지만, 완전히 자유롭지도 않습니다. 우리의 선택은 무수한 신경 처리, 감정 반응, 기억 조각들의 산물이며, 그 위에서 의식은 자동 반응에 앞서 타이밍 좋게 개입해 '이건 아니다.'라고 판단할 수 있는 권한 정도만 행사합니다.

우리는 생각보다 덜 자유롭고, 훨씬 더 복잡한 기계적 조율 속에서 움직이고 있습니다. 그러므로 주체적으로 살고 있다는 감각을 전부 진실이라고 믿어서는 안 될 수 있습니다. 자유롭게 선택하고 있다는 느낌은 뇌가 만든 정교한 착각일 수 있습니다. '내 자유의지로 선택했다'라는 감각은 실제가 아닐 수 있는 것입니다. 우리가 바라는 것들, 예를 들어 '높은 사회적 지위'를 향해 몰두하는 경향성은 어쩌면 사회에서 학습한 행위의 자동적인 출력이기 때문에 '충분히 주체적이다.'라고 하기 어려울 것입니다. 진짜 자신의 이성을 활용한 판단 결과가 되기 위해서 많은 검증과 깊은 사색이 필요한 이유입니다.

여기서 인간성은 더 자세히 드러납니다. '내 인생을 내가 만들어가고 있다'라는 생각이 100% 진실이 되려면 자유의지의 실제 얼굴인 '사후 조정 기능'을 잘 갈고 닦아야만 합니다. 충동을 점검하고 자신의 경향성을 한번 더 검토하는 방식으로 삶을 꾸려야 하는 것입니다. 습관적으로 내리던 결정들에 앞서 진짜 '자신의 선택'인지를 고민해야 하며(예를 들어 기계적으로 일터에 나가기로 하는 매일 아침의 결정들), 삶이 제시하는 질문에 의식적으로 답하려는 시도가 필요합니다. 그렇지 않으면 우리는 외부로부터 학습한 대로 자동적으로 반응하는, 기계와 가까운 존재로 살아갈 수밖에 없게 됩니다. 앞으로 어떻게 살아갈 것인지는 '절반의 자유의지'로만 수정될 수 있으며, 이를 발휘하지 않고서는 '인간'이라고 불릴 수 있는 자격을 상실해버릴 지도 모르는 일입니다.

　이것이 바로 '인간성'의 핵심입니다. 인간다움은 사색을 통해 비로소 가능하다는 것을 다시 한번 지지합니다. 깊은 삶은 생각보다 작은 자유의지를 최대한 발휘하여 '진짜 주체적으로' 생각하고 결정하는 삶입니다.


　이 문제는 요즘 사회에서 중요하게 다뤄지는 주제로도 이어집니다. '인공지능과 인간을 구분 짓는 최후의 경계는 무엇인가'에 대한 것이죠. 과연 인공지능보다 우리가 낫다는 것을 무엇으로 증명할 수 있을까요? 사람들은 흔히 'AI는 자아가 없고 인간은 자아가 있다'라는 통념을 마지막 희망으로 붙잡고 있습니다. 인공지능은 주체라고 할 수 있는 '자아'가 없으므로 인간과 동급이 되거나 더 우월해질 수 없다고 믿고 있는 것입니다. 그러나 인간에게 '자아'라고 부를 수 있는 단일한 실체는 없으며 자의식은 기계와 마찬가지로 여러 가지 부위와 기능들이 병렬적으로 작동한 결과일 뿐입니다. 자유의지에 의한 행동이라 생각했던 것들도 대부분 잠재의식에 의한 자동적 반응이었을 수 있죠.

자아의 작동 방식이 AI와 차이가 없다면, 인간과 AI를 구분 짓는 것은 무엇일까요. 오늘의 대규모 모델과 체화형 로보틱스는 인간과 놀랄 만큼 유사한 계산 구조를 보입니다. 이 차원만 놓고 '자아의 유무'로 인간과 AI를 가르기는 점점 어려워질 것입니다. 일론 머스크는 'X'라는 플랫폼에서 2030년까지 인공지능이 인류 전체의 지능을 합친 것보다 더 뛰어나게 될 확률은 거의 100%에 가깝다고 말했습니다. 이렇듯 지능 구조가 유사해질수록 인간과 기계의 구분선은 '이성을 충분히 활용하는가'로 이동할 것입니다. 그 이동이야말로 인간성의 시험대가 될 것입니다. 시험에 통과하고 싶다면 첫 스텝은 우선 '자문하는 것'입니다. '나는 충분히 인간답게 살고 있는 것일까?'라는 물음을 스스로에게 던져보는 것이죠. 자아에 갇히지 않은 관점으로 삶에 대해, 세상에 대해 더 많이 사색하고 사명을 실천하고자 할 때 더욱 인간다워질 수 있음을 견지한다면, 인공지능 시대에서도 인간의 천부적 지위는 실추되지 않고 더 견고해질 수 있을 것입니다.

**삶의 깊이를 더하는 질문**

여러분은 실제로 얼마큼이나 자유의지를 발휘하며 살아오신 것 같나요? 지금껏 올라왔던 충동, 욕구, 감정, 생각과 행동이 무의식적 반응의 출력은 아니었는지 점검해보면 좋겠습니다. 그리고 앞으로는 어떻게 사후 조정 기능 뿐인 자유의지를 활용하면 좋을지 고민해보면 좋겠습니다.

# 7

# '현실'이라는 환각에 속지 말자

"인간들 틈바구니에 섞여 살다 보면 인간들이 어떤 존재인지 잊어버린다.
인간들은 모두 눈앞의 것에 너무 연연해 한다."

- 니체

"우리는 모두 항상 환각을 보고 있다. 다만 서로 동의하는 환각을 현실이라
고 부를 뿐."

- 아닐 세스

저는 대학에 진학하면서부터 공통적으로 주조된 '현실'이라는 거대한 환각 속에서 모두가 똑같은 꿈을 꾸고, 똑같은 불안에 떠는 모습을 보기 시작했습니다. '돈'과 '안정'을 향해 미친 듯이 질주해야만 '정상적인 인간'이라는 타이틀을 거머쥘 수 있다는, 암묵적으로 동의된 환상은 그들의 시야를 좁혔습니다. 저 역시 그 불안의 소용돌이 속에 휩싸였고, 사회가 말하는 '걸작'이 되기 위해 고통 속으로 몸을 밀어넣기 시작했습니

다. 다들 그러하고 있었으니, 이십 대 초반의 어른아이는 '이게 맞나 보다'하고 따라갈 수밖에 없었습니다. 생존 불안은 그렇게 실체 없는 환각에 불과한 것들을 '진짜 현실'로 믿게 만들었습니다. '연봉이 얼마 이상이 안 되면 실패한 인생이다.', '노동 시장에서의 대체 불가능한 능력과 결혼 시장에서의 상품성을 인정받지 않으면 사회에서 도태될 것이다.'와 같은 환각들을 말이죠.

그러나 어느 날 '현실'은 합의된 환각에 불과하며 제게는 세상에 대한 잘못된 믿음이 있었다는 것을 알게 되었습니다. 이후부터 스스로 의문이 들기 시작했습니다. '내가 믿는 현실이 정말 세상을 그대로 반영한 것이 맞는가?'하고요. 당연히 그렇지 않았습니다. 제가 바라보고 있던 현실은 그저 조건 달성 게임에서의 조건부 행복 가설과 타인의 욕망이 만든, 뇌의 편향된 예측 모델일 뿐이었죠. 그리고 이 모델은 지속적으로 제게 잘못된 믿음을 주입하고 있었습니다.

이를 깨달은 뒤로는 '현실을 보라'는 말에 쉽게 휘둘리지 않게 되었습니다. 환각에 매몰되지 않는 태도는 지속적으로 저로 하여금 사명을 품은 의미 있는 삶을 살고자 하는 의지에서 멀어지지 않도록 돕기 때문입니다.

## 최선의 추측 결과인 내면 감각

아닐 세스는 사람들이 환각을 보면서 '현실'이라 부른다고 말했습니다. 그는 뇌를 '세상을 있는 그대로 수동적으로 받아들이는 기계가 아니라, 적극적으로 예측하고 구성하는 기관'이라고 봅니다. 뇌는 감각 입력을 토대로 과거 경험에 비춘 예상을 끊임없이 만들어내고, 최선의 추측으로 현실을 구축한다는 것이죠. 따라서 우리가 보는 세계는 뇌가 안팎의 정보를 통합하여 만들어낸 일종의 가상 모델이기 때문에, '현실'이라고 불리는 것들은 '통제된 환각'이라는 것입니다.

세스는 의식 연구에서 '예측 처리 이론'을 적극 채택합니다. 뇌는 내내 가설을 세우고 그 가설에 맞춰 감각 정보들을 해석하는데, 그 결과물이 의식적 경험이 된다는 이론입니다. 이 작동 방식은 가정이 맞았는지에 대해서 '예' 혹은 '아니오'만 클릭하면 되기 대문에 뇌가 상황에 효과적으로 대응할 수 있는 가장 효율적인 방식입니다. 예측 결과를 확인하고 틀렸을 경우에만 가설을 수정하면 되기 때문입니다.

세스는 '내가 존재한다'는 주관적 느낌마저도 뇌가 한 최선의 예측이라고 말합니다. 그는 '고무손 착시' 실험을 언급하면서 신체에 대한 자기 인식이 얼마나 쉽게 조작될 수 있는지를 설명했습니다. '고무손 실험'이란 피험자의 진짜 손을 시야에서 숨기고 가짜 고무 손을 눈앞에 둔 채, 실험자가 두 손(진짜 손과 고무 손)을 똑같이 붓으로 쓰다듬었을 때, 대부분의 피험자는 가짜 손을 자신의 손처럼 느끼는 착각에 빠진다는 것을 보여준 연구입니다. 이는 뇌가 시각과 촉각 신호의 동기화를 토대로 잘못된 신체 소유감을 만들어낸다는 것을 시사합니다. 들어온 감각 정보를 통해 가짜 손을 보면서 '이것은 내 몸이다'라는 예측을 하는 것입니다.

세스는 신체 감각과 마찬가지로 우리 몸에 대한 경험조차도 뇌의 최선의 추측에 불과하다고 설명합니다. 실제로 고무손 착시의 변형 실험으로, VR 헤드셋을 이용해 가상의 손이 자신의 심장박동과 맞춰 붉게 빛날 때 피험자는 그 가상 손을 더욱 자기 신체로 느끼게 된다는 결과도 있습니다. 이는 내부 감각(심박 등)과 외부 감각을 통합하여 뇌가 '나의 몸'이라는 모델을 형성함을 보여줍니다. 결국 '살아있는 신체를 유지하려는 뇌의 기본 욕구'가 외부 세계의 지각뿐 아니라 내 몸과 자아에 대한 지각까지 예측을 통해 만들어낸다는 것이 세스의 통찰입니다.

### '현실'이라는 합의된 환각

세스는 이를 확장해 지각은 현실의 수동적 복제가 아니라, 뇌의 능동적 구성물이며 착각에 지나지 않음을 설명합니다. 뇌는 감각 입력과 예측을 통해 우리가 보는 세계를 '통제된 환각'에서부터 만들어내기 때문에 우리가 '현실'이라고 부르는 것은 집단적으로 동의된 환각이라는 것입니다. 자아 감각이 쉽게 조작될 수 있는 것처럼 현실을 보는 것 또한 이와 다를 바가 없다는 것이 그의 주장입니다. 뇌의 가설과 예측이 일부 사람들에게 공유되어 일치된 환각을 만들면 사람들은 그것을 객관적 현실로 여기기 시작합니다.

현대 사회가 말하는 '현실'은 돌처럼 단단한 사실이 아닙니다. 사람들 사이에서 반복되고, 체제와 말로 굳어진 기대치에 가깝습니다. '요즘은 이렇게 살아야 정상'이라는 말은 자연법칙이 아니라, 오랜 반복 끝에 굳어진, 지극히 편향된, 일부 사람들에게만 해당될 수 있는 당위적 명제입니다. 이 편향된 규범을 '인생의 진리' 혹은 '모두에게 적용되는 것'으로 착각하면 문제는 시작됩니다. '돈이 인생의 전부'와 같은 편향된 환각을 진리로 받아들이게 되면, 주체적인 판단력을 잃고 타인이 만든 환각에 빨려 들어갈 수 있게 되기 때문입니다.

자본주의 체제에서의 상술 전략에 따른 정보들(마케팅, 자기 계발 자극, 투자, 재테크 유도 등)은 온갖 심리 전술을 가져다 쓰기 때문에 감각은 조작되기 쉽습니다. "모두가 투자로 자산을 불리는 요즘, 여러분의 재테크는 안녕하신가요?" "발 빠른 사람들은 이미 AI를 활용해 업무 효율을 높이고 있습니다. 하나부터 열을 알려주는 AI강의, 안 보면 손해!" 그렇게 현실은, 사회가 공들여 주조한 '환각'으로 구성됩니다. 재테크로 한탕 크게 남겨야 살아남을 수 있는 시대, 월급만으로는 살기 힘든 서울, AI로 부업을 하지 않으면 도태될 21세기. 사람들은 환각에서 벗어나려는 노력을 방치하고, 상술가들은 소비자들이 환각에서 깨어나 자동적 소비 패턴을 검토하려는 계몽을 방해합니다. 환각에 불과한 '현실'을 진실로 믿게 하여 사회의 입맛대로 행동하게 만듭니다.

## 환각에 대한 동조 현상

우리는 왜 이렇게 타인의 말에, 욕망에, 환각에 휘둘리는 걸까요? 이는 심리학자 솔로몬 애쉬(Solomon Asch)가 입증한 사회 동조 현상으로 설명해볼 수 있습니다. '동조'란 자신의 신념이 분명하지 않을 때, 실제적 압력 혹은 상상된 압력의 결과로 신념 혹은 행동에서의 변화'를 일컬으며, 집단 기준에 근거하여 자신의 신념과 행동을 변화시키는 경향을 의미합니다. 애쉬는 사회 동조 경향성을 측정하기 위해 피험자들을 모아놓고 왼쪽 카드에 그려진 선과 길이가 같은 것을 오른쪽 카드의 세 선분 가운데서 하나를 찾아달라고 요청했습니다. 한 집단마다 7~9명으로 구성되었는데, 사실 진짜 피험자는 단 한 명이었고, 나머지는 연기자들이었습니다.

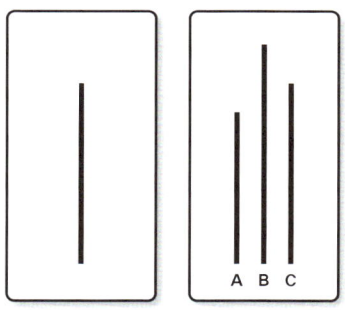

연기자들은 모두 의도적으로 틀린 답인 A를 말했습니다. 이에 마지막 순서로 배치된 피험자들은 생각해둔 답변과 다르게 나오는 대답들을 보며 당황했고 결국 123명의 피험자 가운데 76.4%가 적어도 한 번은 분위기에 휩쓸려 틀린 답을 내놓았습니다. 혼자 있을 경우에는 정답률이 99%인 문제에서 말입니다.

동조가 일어나는 이유는 단순합니다. 인간은 사회적 신호에 민감하게 반응하도록 진화했습니다. 무리에서 벗어나는 것은 불안합니다. 그러므로 혼자만 튀기보다는 안전하게 '다수 중 한 명(one of them)'이 될 수 있는 선택을 하려고 합니다. 이러한 특성으로 인해 "다들 이렇게 산다"라는 말은 생각보다 강력한 동조 현상을 일으킵니다. 잘못된 신호라고 하더라도 반복될 경우 그 힘은 더욱 강해져 쉽게 동조 행동을 유발합니다. 이렇게 타인들에 의해 만들어진 환각은 서서히 우리 눈을 가리고 동조 행위를 자극하여, '먹고 사는 문제를 해결하지 않으면 당장이라도 목에 칼이 들어오는 상황'이라는 장막을 우리의 눈 앞에 '현실'이라는 이름으로 펼쳐 놓습니다.

## 환각이 만든 왜곡된 믿음

환각은 종종 각자의 세계관, 즉 세상을 바라보는 믿음을 형성합니다.

제 친구는 언젠가 이렇게 말했습니다. 자신에게 세상이란 '나를 언제든 도태시키려고 들 것 같은 엄격한 관리자'와 같은 존재라고요. 그래서 '부'에 집착하게 된다고요. 이는 환각이 형성한 믿음이나 결코 실재가 아닙니다. 세상에 대한 진짜 얼굴을 묘사하고 있지 않습니다. 모건 스콧 펙 박사는 정신과 치료를 할 때 환자의 세계관부터 교정해야 한다고 말했습니다. 대부분은 자신이 사는 세상에 대한 믿음이 심각하게 왜곡되어 있기 때문에 정신적인 문제가 기인하는 것이라며, 인지적인 신념을 수정함으로써 필요 이상의 불안과 강박 등을 없애야 한다는 것입니다.

누군가는 경험상 '사회는 차갑고 냉혹한 곳'이라는 인상이 실제 확인되는 경우가 많았으므로, 이는 '현실'이 맞다고 생각할 수도 있습니다. 돈이 없으면 아무것도 못하는 세상, 심지어 절대 행복할 수도 없는 세상인 것은 명백하다고요. 그러나 이것은 '보고 싶은 것만 보는' 뇌의 특성 때문에 신념이 강화된 것일 수 있습니다.

인간의 뇌에는 망상(網狀)활성계(Reticular Activating System), 간단히 말해 RAS가 있는데 이는 뇌의 GPS와도 같습니다. 감각기관으로 입력되는 대부분의 정보들 중 익숙한 것과 생존을 위협하는 것, 당장 알아야 할 정보를 우선적으로 선별하여 수집하기 때문입니다. 『결국 해내는 사람들의 원칙』에서는 RAS에 대해, 기존 신념을 강화하는 정보만 알아보거나 선별하는 식으로 신념체계도 제어하고 있다는 과학자들의 주장을 설명합니다. 사람이 현재 믿거나 고민하고 있는 것에 집중하여 믿기로 선택한 것에 도움되는 정보만 가져온다는 것입니다. 이 책은 사람들이 명백한 거짓을 진실로 믿는 것도 결국 RAS 부위의 책동임을 꼬집습니다. 미국의 저명한 임상심리학자 타라 브랙(Tara Brach)은 『삶에서 깨어나기』에서 자신과 세상에 대한 믿음은 특정 행동과 사건을 일으키고, 그 행동과 사건은 다시 그 믿음을 확인해주기 때문에 이 믿음을 자각하지 못하면 그것이 우리의 운명이 된다고 경고했습니다. 그래서 '어떻게 믿는가'는 미래를 만들어 가는 핵심 열쇠라고 할 만큼 중요합니다.

사회가 합의한 환각은 수많은 왜곡된 믿음을 형성합니다. 여러분은 세상에 대해 어떤 믿음을 가지고 계신가요. 주변 사람들보다 성공하지 않으면 결코 행복할 수 없을 것이라는 믿음, 비참하고 말 것이라는 믿음, 사회와 사람들의 기대에 부응하지 않으면 결국 도태될 것이라는 믿음, 기성세대의 루트대로 가야 안정적으로 성공할 것이라는 믿음이 있진 않으신가요? 삶을 조건 달성 게임으로 전환시키는 세계관을 자각하지 못한다면 그것은 우리의 운명이 될 수 있습니다. 행복을 추구하면서도 결코 행복과 가까워지지 않는 고통의 굴레가 운명으로 굳어질 수 있는 것입니다.

### 환각의 균열에서 피어나는 겸허한 행복

자신이 현재 어떤 환각에 사로잡혀 있는지를 알고 싶다면 주변 사람들을 관찰해보면 됩니다. 명품 소비 1위를 자랑하는 한국에서 그런 경향성이 유독 강한 집단에 속하게 되면 '명품이 있어야 한다'라는 환각은 현실로 굳어질 것입니다. 아이의 행복보다 당장의 성적이 중요하다고 생각하는 집단에 속하고 있다면 "현실적으로" 양육자로서 아이를 의사로 키우는 것이 가장 중요한 문제가 되겠죠.

우리는 그간 환각이 만들어낸 불안과 욕망에 휩쓸려, 너무 쫓기듯 살아왔는지도 모릅니다. 저는 이 환각과 왜곡된 세계관으로 인해 여러분들이 힘들어하지 않으셨으면 좋겠습니다. 그래서 세상에 대한 자신의 믿음과 환각을 해부하고 잘못된 신념을 찾아서 파쇄하길 바라는 마음입니다. 편향된 신념일수록 사고의 틀을 좁히기 때문입니다. 이 편향성은 사명이 '나'의 위에서 세워지는 것을 방해하고 '세상에 대한 믿음' 위에 건축하기를 종용합니다. 삶이 깊어지는 것을 방해합니다.

흔들림 없이 믿었던 '현실'과 '나'라는 존재가 사실은 뇌의 최선이 담긴 예측과 왜곡된 믿음에서 비롯되었을 수도 있다는 진실은, 끝없는 욕망의 쳇바퀴에서 벗어나게 하는 첫걸음을 떼게 만듭니다. 상술가들이 만들어낸 환각의 감옥에 갇히지 않고, '인간'의 지위를 다지는 인간성에 귀기울이는 계기를 선물합니다.

세스는 '우리는 자연의 일부이며, 의식도 일종의 자연 현상일 뿐'이라는 겸허한 결론을 내립니다. 자연을 통치 대상이자 가용자원으로 보는 인간의 오만함에 충격을 가하는 관점입니다. 인류도 시스템의 한 부분에 지나지 않는 것입니다. 생태계라는 시스템 말입니다. AI가 기계적 시스템의 일부인 것처럼 말이죠. 그러므로 자신이 믿고있던 것들이 사실은 전부가 아닐 수 있다는 깨달음 하나를 안은 채, '나'를 최상위의 존재로 생각하던 것을 내려놓고, '현실'의 승리자가 되기 위한 의미 없는 싸움에서 한 발짝 멀어져 보는 것을 권해봅니다. 우리 존재를 자연의 일부로서 범우주적인 관점에서 사유하고 더불어 사는 공동체를 지향하면서 사는 것을 제안합니다. 인간성을 회복할 때 우리는 비로소 행복해질 수 있다는 것을 깨닫기를 바라봅니다. 굳이 자신을 괴롭히는 환각과 세계관 속에서 살 이유는 없는 것 아니겠습니까. 의미도 없고 승리자도 없는 싸움에서 발을 빼는 사람만이 조건 달성 게임에서 벗어나 진짜 자유로워질 수 있을 것입니다. 더 행복해질 수 있을 것입니다.

**Q** 삶의 깊이를 더하는 질문

여러분은 '현실'을 무엇이라고 믿고 계신가요? 여러분의 현실에 대한 믿음은 어떻게 구성되어 있으신가요? 여러분의 주변은 어떤 환각을 보고 있나요? 눈앞에 보이는 것에 연연해하면 우리 삶은 다시 조건 달성 게임으로 전환될 수밖에 없습니다. 사명감과 사랑을 품고 주체적으로 살고 싶다면, 게임 양식으로 돌아가게 만드는 현실을 환각이라고 의심하고 동조 경향성을 경계하는 태도가 필요합니다.

# 여러분이 '더' 행복해졌으면 좋겠습니다

여기까지 읽으신 여러분에게 저는 한 가지 말을 꼭 건네고 싶습니다. 여러분이 지금까지 조건을 채우느라 겪어낸 고통과 수고는 결코 헛되지 않았습니다. 충분히 성실했고, 충분히 버텼고, 충분히 애썼습니다. 다만 그 노력의 방향이 '남이 준 답안'으로만 향해 있었다면, 그 닻이 사회의 기준에 내려져 있었다면 마음의 충만은 따라오지 않았을 수 있습니다. 인간은 본래 의미를 추구하는 존재이기 때문입니다. 의미 없는 성실함은 인간을 살리지 못합니다. 그래서 여러분이 느끼는 공허감은 실패의 증거가 아니라, 더 깊은 삶을 향해 가라는 내면의 구조적 신호일 수도 있습니다. 그 신호를 기쁘게 받아들이면 좋겠습니다.

이제는 '조건을 채우느라 바빴던 삶'에서 '나만의 답을 찾아가는 삶'으로 이동하길 바랍니다. 그 이동은 과감한 단절도, 소유에 대한 단념도, 쌓아온 업적에 대한 포기도 아닙니다. 그저 조용한 전환일 뿐입니다. 외형은 당장 같아 보일 수 있습니다. 여전히 일하고, 돈을 벌고, 책임을 다하고, 가족을 돌보며 살아가는 형태일 수 있겠죠. 그러나 가장 먼저 달라져야 하는 것은 생각 그리고 삶의 깊이입니다. '소유지향적 양식'보다는 '사랑'을 통해 타인과의 합일을 경험하겠다는 결심이 서게 된다면, 그때부터는 사회적 기준에 끌려 다니는 삶, 조건에 행복을 걸어놓는 삶이 아닌, 나만의 속도로 사명을 실천해가는 행복한 삶이 될 수 있을 것입니다.

그때부터 우리는 비로소 이렇게 말할 수 있게 될 것입니다. 나는 단지 살아남기 위해 산 것이 아니라, 나만의 이유와 가치, 태도로 살아냈다고. 그 선언이 가능해지는 순간, 조건 달성 게임은 끝나고 우리 자신만의 '깊은 삶'은 진가를 발휘할 것입니다. 그 속에서 우리는 가장 인간답고 행복하며 자유를 만끽할 수 있을 것입니다. 더 이상 불행 속에서 허우적 대지 않을 수 있을 것입니다.

"새로운 집단적 우매함이 서양 사회를 침범하고 있다. '행복합시
다.'라고 떠드는 행복교가 그것이다. 행복해야만 한다는 의무가
새로운 이데올로기로 등장한 것이다."

- 파스칼 브뤼크네르

"우리는 '강철같이 단단한 껍질'에 갇혔다. 합리성과 효율만이
지배하는 체제 속에서 수단이 체계의 궁극 목적처럼 굴러간다."

– 막스 베버

"삶의 의미는 자신의 재능을 발견하는 것이고, 삶의 목적은 그 재능으로 누군가의 삶이 더 나아지게 돕는 것이다."

– 파블로 피카소

"인간 삶의 목적은 섬기는 것이며, 연민을 베풀고 다른 이들을
돕고자 하는 의지를 보이는 것이다."

– 알베르트 슈바이처

"당신의 믿음은 생각이 되고, 생각은 말이 되며, 말은 행동이 되고, 행동은 습관이 된다. 그리고 습관은 결국 당신의 가치관이 되고, 그 가치관이 곧 당신의 운명이 된다."

- 마하트마 간디